国家出版基金项目
NATIONAL PUBLICATION FOUNDATION

总顾问：王汉斌
总主编：沈德咏

刑事诉讼与辩护代理

主　编：徐志新
撰　稿：于　明　陈文婷
　　　　张天一　王亚南

中国民主法制出版社
全国百佳图书出版单位
2014·北京

图书在版编目(CIP)数据

刑事诉讼与辩护代理 / 徐志新主编. —北京：中国民主法制出版社，2014.9

(中华人民共和国重要法律知识宣讲)

ISBN 978-7-5162-0608-9

Ⅰ. ①刑… Ⅱ. ①徐… Ⅲ. ①刑事诉讼－基本知识－中国 ②刑事诉讼－辩护－基本知识－中国 Ⅳ. ①D925.2

中国版本图书馆 CIP 数据核字(2014)第 218701 号

图书出品人：肖启明
图 书 策 划：刘海涛
责 任 编 辑：胡玉莹

书　名/刑事诉讼与辩护代理
主　编/徐志新
撰　稿/于　明　陈文婷　张天一　王亚南

出 版 · 发 行/中国民主法制出版社
地　址/北京市丰台区玉林里 7 号(100069)
电　话/63055259(总编室)　63057714(发行部)
传　真/63055259
http://www.npcpub.com
E-mail:mzfz@npcpub.com
经　销/新华书店
开　本/16 开　710 毫米 × 1000 毫米
印　张/18.5　**字数**/247 千字
版　本/2014 年 10 月第 1 版　2014 年 10 月第 1 次印刷
印　刷/航远印刷有限公司

书　号/ISBN 978-7-5162-0608-9
定　价/36.00 元

总　序

落实依法治国基本方略
加快建设社会主义法治国家

依法治国，是坚持和发展中国特色社会主义的本质要求和重要保障，是实现国家治理体系和治理能力现代化的必然要求，事关我们党执政兴国、事关人民幸福安康、事关党和国家长治久安。2012年12月4日，习近平总书记在首都各界纪念现行宪法公布施行三十周年大会上的重要讲话指出，要落实依法治国基本方略，加快建设社会主义法治国家，强调要以宪法为最高法律规范，继续完善以宪法为统帅的中国特色社会主义法律体系，把国家各项事业和各项工作纳入法制轨道，实行有法可依、有法必依、执法必严、违法必究，维护社会公平正义，实现国家和社会生活制度化、法制化。2013年11月，党的十八届三中全会通过《中共中央关于全面深化改革若干重大问题的决定》，确立了推进法治中国建设的总体目标，对加快建设社会主义法治国家作了全面部署，要求必须坚持依法治国、依法执政、依法行政共同推进，坚持法治国家、法治政府、法治社会一体建设。同时要求全面深化司法体制改革，加快建设公正高效权威的社会主义司法制度，维护人民权益，让人民群众在每一个司法案件中都感受到公平正义。2014 年 10 月，党的十八届四中全会专题研究了全面推进依法治国的若干重大问题，必将为法治中国建设不断注入强劲动力。

以习近平同志为总书记的新一届中央领导集体将依法治国提到了前所未有的高度，进一步表明了党中央全面推进依法治国、走中国特色法治化道路的坚定决心和信心。全面推进依法治国，必须全面推进科学立法、严格执法、公正司法、全民守法进程，确保宪法法律得到一体遵循。新中国成立以来特别是改革开放三十多年来，党带领人民坚持不懈加强立法工作，取得了举世瞩目的成就，一个立足中国国情和实际、适应改革开放和社会主义现代化建设需要、集中体现党和人民意志的，以宪法为统帅，以宪法相关法、民法商法等多个法律部门的法律为主干，由法律、行政法规、地方性法规等多个层次的法律规范构成的中国特色社会主义法律体系已经形成，国家经济建设、政治建设、文化建设、社会建设以及生态文明建设的各个方面总体实现了有法可依，为实现全面建成小康社会宏伟目标奠定了坚实的法律基础。

法律的生命力在于实施。新的历史条件下，确保宪法法律实施的任务越来越重，严格执法、公正司法的要求越来越高，维护社会公平正义的责任越来越大。法律要发挥作用、得到全面实施，就需要全社会尊重和信仰法律。2014 年 1 月 7 日，习近平总书记在中央政法工作会议上的重要讲话强调，要深入开展法制宣传教育，弘扬社会主义法治精神，引导群众遇事找法、解决问题靠法，逐步改变社会上那种遇事不是找法而是找人的现象。认真贯彻习近平总书记重要讲话精神，必须大力加强法制宣传教育，不断探索法律知识教育传播的新途径，为确保法律正确实施，确保严格执法、公正司法、全民守法作出积极贡献。

中国民主法制出版社作为国家级法律专业出版社，始终秉持“立足人大工作，服务民主法制”的出版宗旨，不断推出高质量的图书产品，积极宣传宪法法律和人民代表大会制度，为社会主义民主法制建设作出了重要贡献。为认真贯彻落实习近平总书记系列重要讲话精神特别是关于法治建设的重要论述，积极推进依法治国进程，中国民主法制出版社经过反复研究论证，决定推出《中华人民共和国重要法律知识宣讲》丛书。

该套丛书采取宣讲要点、典型案例、专家评析、法条指引的形式，紧紧围绕法治建设的重点、群众关注的焦点、社会关注的热点、司法实践的难点问题，对法律规定、法律原则、法律精神及其应用问题进行全面阐释。该丛书涵盖中国特色社会主义法律体系方方面面，全面收录各类法律法规，同时筛选了涉及经济、政治、文化、社会和生态文明建设的各类典型案例，清晰展现执法司法工作的生动实践，具有很强的实用性和操作性，对于法学研究和司法实务具有较好的参考价值。

该丛书的出版有助于广大司法实务工作者准确把握法律应用方面的最新情况，解决实际工作中存在的司法疑难问题；有助于广大法律工作者进一步优化知识结构，丰富相关法律知识储备，提高司法工作水平；有助于公民了解最新的法律规定，掌握多样的权利救济途径，依照法定程序理性表达诉求、维护合法权益。诚然，中国特色社会主义建设的实践是永无止境的，立法亦必将随之而不断丰富和完善。丛书出版后，还应当结合最新的立法动态和执法、司法实践，及时进行修订完善和内容更新，确保读者及时、准确掌握最新法律信息，使丛书的社会应用价值不断提升，为社会公众提供更加全面的法律知识信息服务。

全面建成小康社会、实现中华民族伟大复兴的中国梦，必须全面推进依法治国。落实依法治国基本方略，必须不断提高全社会的法律应用水平。出版这套丛书，就是为了有效传播法律知识，弘扬社会主义法治精神，让宪法和法律真正做到家喻户晓，使广大公务人员善于运用法治思维和法治方式推动工作，带头在宪法法律范围内活动，使执法司法工作人员始终坚持严格执法、公正司法，不断提升执法司法能力，使广大人民群众牢固树立法制观念、规则意识，充分相信法律、自觉运用法律、紧紧依靠法律，真正认识到法律不仅是全体公民必须遵循的行为规范，更是保护自身权利的有效方式，促进全社会形成学法、尊法、守法、用法的良好氛围。本套丛书的出版凝聚着编者的心血，衷心期待这套丛书能够实现其出版初衷。

是为序。

最高人民法院常务副院长 沈德咏*

---

* 沈德咏，一级大法官，中国政法大学兼职教授、博士生导师。

编写说明

本书是《中华人民共和国重要法律知识宣讲》丛书之一，具体内容是宣讲和普及我国刑事诉讼辩护与代理中对广大群众最为重要的相关制度和规范，涉及的法律主要包括《中华人民共和国刑事诉讼法》《最高人民法院关于适用〈中华人民共和国刑事诉讼法〉的解释》《人民检察院刑事诉讼规则（试行）》和《中华人民共和国刑法》。

刑事诉讼法是与实体法刑法相对应的程序性法律规范，它直接涉及公民个人的生命、自由、财产、隐私等基本人权，也被称为“小宪法”。为了推进法治中国建设，也为了更好地维护自身权益，应让广大人民群众更加深入地了解刑事诉讼的相关法律规范，理解司法机关的合法做法，同时，懂得拿起法律武器维护自身的合法权益。在这些法律规范中，关于刑事辩护与代理的规范与人民群众的生活有密切的联系，并且贯穿整个刑事诉讼的全过程。如果本法实施不当，将会对公民的人权造成侵犯，对其生活产生巨大的负面影响。

本书在编辑过程中注重传递十八大关于法治中国的精神内涵，突出2012年刑事诉讼法的修改亮点，精心选取与人民群众关系密切的70个问题进行讲解。如突出对律师辩护权利（会见通讯权、阅卷权等）的介绍；在审前程序，包括立案、侦查、提起公诉环节中，更为关注强制措施的适用条件与相关程序性措施；在审判程序中，本书强调了有关程序启动与救济的问题；在特殊程序中，则更多地介绍了未成年犯罪案件程序和当事人和解程序。宣讲方式为问答式，每个问题分别由四个部分组成，依次为【宣讲要点】【典型案例】【专家评析】和【法条指引】。其中，宣讲要点主要对问题进行解答；典型案例尽可能地选取典型性、时效性并且与问题联系紧密的案例；专家评析中，作者通过案例进一步解答题目问题，并就相关问题进行扩展；法条指引中，会将与问题和选取案例有关的法律、法规摘选出来，以方便读者查阅与思考。

本书由徐志新主编，于明、陈文婷、张天一、王亚南等撰写。本书当中阐述具体问题的一些观点，只是作者的个人见解，不一定正确，仅供参考。我们诚挚地希望本书能对读者学习和理解刑事诉讼中的辩护与代理制度有所帮助。因为时间仓促、水平有限，本书可能存在不妥甚至谬误的地方，恳请各位读者批评、指正。

编著者

2014 年 6 月

CONTENTS

目录

第一章 总　　则

▶ 1. 什么是刑事辩护？

【宣讲要点】

刑事辩护，是指刑事案件的被追诉人（即犯罪嫌疑人、被告人）及其辩护人反驳对被追诉人的指控，提出有利于被追诉人的事实和理由，论证被追诉人无罪、罪轻或者应当减轻、免除处罚，维护被追诉人的程序性权利，以保障被追诉人合法权益的诉讼活动。

有的人不能理解，为什么要允许“犯罪分子”进行辩护，使他们有机会逃脱法律对他们的制裁呢？

首先要说明的第一点，未经人民法院依法判决，对任何人都不得确定有罪。这句话的意思是，不能把被追诉人，还未审判就贴上罪犯的标签，这是对犯罪嫌疑人、被告人人权的漠视和身心的伤害。从更准确的法律称谓上来说，被追诉人自侦查机关立案到检察院提起公诉前这段时间，称为“犯罪嫌疑人”；在人民检察院向人民法院提起公诉后，称为“被告人”；只有经人民法院依法审判，生效裁判确定有罪以后，被追诉人才能被称为“罪犯”。

关于为什么要给予犯罪嫌疑人、被告人辩护的权利。面对强有力的国家司法机关，犯罪嫌疑人、被告人明显处于十分弱小的地位，如果不给予他们一定的权利，没有一定的制度作保障，很容易造成对犯罪嫌疑人、被告人合法权益的漠视。诉讼过程简单粗暴，诉讼结果不公，有违正义。因此，法律赋予被追诉人辩护的权利，就是要改变这种情况，力求达到控辩双方的平衡。需要进一步指出的是，辩护权的受益者不仅仅是犯罪嫌疑人、被告人个人，更是全体社会公民。因为，任何公民都有可能因为涉嫌犯罪而成为犯罪嫌疑人、被告人，若是含冤被捕，这个时候，试想如果没有辩护权，连诉说冤情的机会都没有，更遑论沉冤得雪。所以，辩护权的存在就成为了公民维护自身合法权益的法律屏障，借此来抵御国家司法权的滥用。

根据相关法律规定，我国的刑事辩护有以下三种形式：

（1）自行辩护。自行辩护是指犯罪嫌疑人、被告人针对控诉，自己进行的反驳、辩解的行为，也就是说自己为自己辩护。

（2）委托辩护。委托辩护是指犯罪嫌疑人、被告人依法委托律师或者其他公民担任辩护人协助其进行辩护。

第一，委托辩护的时间。具体可分为两个阶段，一是犯罪嫌疑人自被侦查机关第一次讯问或者采取强制措施之日起，有权委托律师做辩护人；二是进入到法院审判阶段，被告人有权随时委托辩护人。

第二，委托辩护的人数。犯罪嫌疑人、被告人可以委托 1 至 2 人作为辩护人，在共同犯罪案件中，一名辩护人不能为两名以上的同案被告人辩护。

第三，委托权的行使人。犯罪嫌疑人、被告人除了可以自己委托辩护人外，还可以由其监护人、近亲属代为委托辩护人。

（3）指定辩护。指定辩护是指在犯罪嫌疑人、被告人没有委托辩护人的情况下，根据本人及其近亲属的申请，或者公安司法机关的通知，由法律援助机构指派律师为犯罪嫌疑人、被告人提供辩护。

第一，指定辩护的时间。指定辩护可以发生在侦查、审查起诉和审判的任何阶段。

第二，指定辩护的辩护人要求。指定辩护的辩护人只能是律师。

第三，指定辩护的种类。可以分为通知指定和申请指定。通知指定，是指犯罪嫌疑人、被告人是盲、聋、哑人，或者是尚未完全丧失辨认或者控制自己行为能力的精神病人，或者可能被判处无期徒刑、死刑，或者是未成年人，没有委托辩护人的，人民法院、人民检察院和公安机关应当通知法律援助机构指派律师为其辩护。申请指定，是指犯罪嫌疑人、被告人因经济困难或者其他原因没有委托辩护人的，本人及其近亲属可以向法律援助机构提出申请，对于符合法律援助条件的，法律援助机构应当指派律师为其提供辩护。

【典型案例】

2010 年 12 月 3 日下午，肖女士拿着“勤勉尽责、为民服务”的锦旗，带着感激的心情来到某律师事务所胡律师的办公室，对刑事法律事务部律师为其丈夫王某涉嫌销售伪劣产品一案上诉取得巨大成功表示衷心的感谢。

由某省公安厅侦查终结并移送检察机关提起公诉的王某涉嫌销售伪劣产品一案，经一审人民法院审理后被判处有期徒刑 9 年，罚金 55 万元人民币。被告人王某不服一审判决，委托该律师事务所资深刑辩律师胡律师作为二审辩护人提起上诉。胡律师接案后，对案卷材料进行了认真研究，数次会见被告人王某，从而发现了本案的若干有利于被告人的疑点，在辩护过程中胡律师从法、理、情多方面多角度提出了有力的辩护意见，最终得到了二审法院的支持。二审法院已作出了大幅度减轻刑罚的终审判决，有期徒刑从 9 年减为 5 年，罚金从 55 万元减为 30 万元。该所刑事法律事务部刑辩律师的力辩取得了非常重大的成功。被告人王某家属肖女士送来锦旗时，一再表示：“多亏了律师同志的辩护工作做得好，实在太感谢各位了！”

【专家评析】

辩护现象从古至今都存在，无论是古罗马时代出现的“保护人”“雄辩家”“辩护士”，还是中国古代的“状师”“讼师”，都是针对辩护现象出现的群体或职业。到了现代刑事诉讼，辩护已成为法律规范的一种诉讼活动，并且成为现代法治国家法律制度的重要组成部分。它反映了一国刑事诉讼的民主和公正程度，对保障人权和维护司法公正具有十分重要的意义。可以毫不夸张地说，一个不提供辩护制度保障，不给予犯罪嫌疑人、被告人辩护权利的国家，是落后的，文明程度不高的国家。只有不断完善发展辩护制度，充分给予被追诉者辩护权，才可能形成合理的刑事诉讼结构，才可以保障犯罪嫌疑人、被告人的合法权益，真正地实现、维护司法公正。

在上述案例中，被告人王某对其一审判决不服，依照法律程序委托律师作为二审辩护人提起上诉。律师在接受委托之后，深入研究案情，发现有利于被告人的疑点，在庭审中提出了有力的辩护意见，最终得到了二审法院的支持，切实维护了当事人的权益。这个案例清楚明了地向我们展示了刑事辩护制度给人们带来的实实在在的益处。

【法条指引】

中华人民共和国刑事诉讼法

第三十二条第一款 犯罪嫌疑人、被告人除自己行使辩护权以外，还可以委托一至二人作为辩护人。下列的人可以被委托为辩护人：

（一）律师；

（二）人民团体或者犯罪嫌疑人、被告人所在单位推荐的人；

（三）犯罪嫌疑人、被告人的监护人、亲友。

第三十三条 犯罪嫌疑人自被侦查机关第一次讯问或者采取强制措施之日起，有权委托辩护人；在侦查期间，只能委托律师作为辩护人。被告人有权随时委托辩护人。

侦查机关在第一次讯问犯罪嫌疑人或者对犯罪嫌疑人采取强制措施的时候，应当告知犯罪嫌疑人有权委托辩护人。人民检察院自收到移送审查起诉的案件材料之日起三日以内，应当告知犯罪嫌疑人有权委托辩护人。人民法院自受理案件之日起三日以内，应当告知被告人有权委托辩护人。犯罪嫌疑人、被告人在押期间要求委托辩护人的，人民法院、人民检察院和公安机关应当及时转达其要求。

犯罪嫌疑人、被告人在押的，也可以由其监护人、近亲属代为委托辩护人。

辩护人接受犯罪嫌疑人、被告人委托后，应当及时告知办理案件的机关。

第三十四条　犯罪嫌疑人、被告人因经济困难或者其他原因没有委托辩护人的，本人及其近亲属可以向法律援助机构提出申请。对符合法律援助条件的，法律援助机构应当指派律师为其提供辩护。

犯罪嫌疑人、被告人是盲、聋、哑人，或者是尚未完全丧失辨认或者控制自己行为能力的精神病人，没有委托辩护人的，人民法院、人民检察院和公安机关应当通知法律援助机构指派律师为其提供辩护。

犯罪嫌疑人、被告人可能被判处无期徒刑、死刑，没有委托辩护人的，人民法院、人民检察院和公安机关应当通知法律援助机构指派律师为其提供辩护。

最高人民法院、最高人民检察院、公安部、国家安全部、司法部、全国人大常委会法制工作委员会关于实施刑事诉讼法若干问题的规定

第四条第一款　人民法院、人民检察院、公安机关、国家安全机关、监狱的现职人员，人民陪审员，外国人或者无国籍人，以及与本案有利害关系的人，不得担任辩护人。但是，上述人员系犯罪嫌疑人、被告人的监护人或者近亲属，犯罪嫌疑人、被告人委托其担任辩护人的，可以准许。无行为能力或者限制行为能力的人，不得担任辩护人。

最高人民法院关于适用《中华人民共和国刑事诉讼法》的解释

第三十八条　一名被告人可以委托一至二人作为辩护人。

一名辩护人不得为两名以上的同案被告人，或者未同案处理但犯罪事实存在关联的被告人辩护。

第三十九条　被告人没有委托辩护人的，人民法院自受理案件之日起三日内，应当告知其有权委托辩护人；被告人因经济困难或者其他原因没有委托辩护人的，应当告知其可以申请法律援助；被告人属于应当提供法律援助情形的，应当告知其将依法通知法律援助机构指派律师为其提供辩护。

告知可以采取口头或者书面方式。

第四十条 审判期间，在押的被告人要求委托辩护人的，人民法院应当在三日内向其监护人、近亲属或者其指定的人员转达要求。被告人应当提供有关人员的联系方式。有关人员无法通知的，应当告知被告人。

第四十一条 人民法院收到在押被告人提出的法律援助申请，应当在二十四小时内转交所在地的法律援助机构。

人民检察院刑事诉讼规则（试行）

第三十四条 人民检察院在办案过程中，应当依法保障犯罪嫌疑人行使辩护权利。

第三十五条 辩护人、诉讼代理人向人民检察院提出有关申请、要求或者提交有关书面材料的，案件管理部门应当接收并及时移送相关办案部门或者与相关办案部门协调、联系，具体业务由办案部门负责办理，本规则另有规定的除外。

第三十六条 人民检察院侦查部门在第一次开始讯问犯罪嫌疑人或者对其采取强制措施的时候，应当告知犯罪嫌疑人有权委托辩护人，并告知其如果经济困难或者其他原因没有聘请辩护人的，可以申请法律援助。对于属于刑事诉讼法第三十四条规定情形的，应当告知犯罪嫌疑人有权获得法律援助。

人民检察院自收到移送审查起诉的案件材料之日起三日以内，公诉部门应当告知犯罪嫌疑人有权委托辩护人，并告知其如果经济困难或者其他原因没有聘请辩护人的，可以申请法律援助。对于属于刑事诉讼法第三十四条规定情形的，应当告知犯罪嫌疑人有权获得法律援助。

告知可以采取口头或者书面方式。口头告知的，应当记入笔录，由被告知人签名；书面告知的，应当将送达回执入卷。

第三十七条 人民检察院办理直接受理立案侦查案件、审查逮捕案件和审查起诉案件，在押或者被指定居所监视居住的犯罪嫌疑人提出委托辩护人要求的，侦查部门、侦查监督部门和公诉部门应当及时向其监护人、近亲属或者其指定的人员转达其要求，并记录在案。

▶ 2. 什么是刑事代理?

【宣讲要点】

从广义上讲，根据代理产生的根据不同，刑事诉讼中的代理分为法定代理和委托代理。

（1）法定代理是基于法律规定产生的代理，在刑事诉讼中，法律一般只对未成年人、无行为能力人或者限制行为能力人设定法定代理人，而且代为行使诉讼权利的权限也由法律加以规定。法定代理人包括被代理人的父母、养父母、监护人和负有保护责任的机关、团体的代表。

（2）委托代理是基于被代理人委托授权行为而产生的代理。我们一般讲的刑事诉讼活动中的代理即是此种。具体来讲，是指代理人接受公诉案件的被害人及其法定代理人或者近亲属、自诉案件的自诉人及其法定代理人以及附带民事诉讼的当事人及其法定代理人的委托，以被代理人的名义参加诉讼、进行活动，由被代理人承担代理行为法律后果的一项法律制度。刑事代理制度是一项重要的法律制度，代理人可以为被代理人提供法律上的帮助，还可以代理那些不能亲自参加诉讼的被代理人参加诉讼，同时，可以协助人民法院准确及时地查明案情，正确处理案件。

在不同的案件中关于代理的规定也不一致。主要包括以下三类：

第一，公诉案件中的代理，是指律师或其他公民接受公诉案件被害人及其法定代理人或者近亲属的委托，担任诉讼代理人的活动。根据刑事诉讼法第44条之规定，公诉案件的被害人及其法定代理人或者近亲属，自案件移送审查起诉之日起，有权委托诉讼代理人。人民检察院自收到移送审查起诉的案件材料之日起3日以内，应当告知被害人及其法定代理人或者其近亲属有权委托诉讼代理人。

第二，自诉案件中的代理，是指在刑事自诉案件中，律师或者其他公民接受自诉人及其法定代理人的委托作为代理人参加诉讼。刑事诉讼法规定，自诉案件的自诉人及其法定代理人，有权随时委托诉讼代理人。人民法院自受理自诉案件之日起3日以内，应当告知自诉人及其法定代理人有权委托诉讼代理人。

自诉人应当同诉讼代理人签订委托协议书，载明代理事项、代理权限、代理期间等重大事项。在自诉案件中，如果被告人提出反诉，被告人可以委托辩护人担任代理人，但需另行办理委托手续。

第三，附带民事诉讼中的代理，是指律师或者其他公民接受附带民事诉讼的当事人及其法定代理人的委托，以被代理人的名义进行的活动。由刑事诉讼法第44条，我们可知，公诉案件的被害人及其法定代理人或者近亲属，附带民事诉讼的当事人及其法定代理人，自案件移送审查起诉之日起，有权委托诉讼代理人。人民检察院自收到移送审查起诉的案件材料之日起3日以内，应当告知被害人及其法定代理人或者其近亲属、附带民事诉讼的当事人及其法定代理人有权委托诉讼代理人。自诉案件的自诉人及其法定代理人，附带民事诉讼的当事人及其法定代理人，有权随时委托诉讼代理人。人民法院自受理自诉案件之日起3日以内，应当告知自诉人及其法定代理人、附带民事诉讼的当事人及其法定代理人有权委托诉讼代理人。

由于附带民事诉讼的代理实质上属于民事代理，因此关于诉讼代理人在附带民事诉讼中的相关规定，可以参照民事诉讼代理的部分规定。

【典型案例】

2010年，一起恶性杀人事件将药某推到了全国舆论的风口浪尖。事情经过是这样的，2010年10月20日23时许，药某，西安某大学一名大三的学生，正驾驶红色雪佛兰小轿车从西安长安送完女朋友返回西安。当行驶至西北大学长安校区外西北角学府大道时，撞上前方同向骑电动车的被害人，后药某下车查看，发现被害人倒地呻吟，因怕她看到车牌号，以后找麻烦，便产生杀人灭口之恶念，遂转身从车内取出一把尖刀，上前对倒地的被害人连捅数刀，致其当场死亡。杀人后，药某驾车逃离现场，当车行至一十字路口时又将一对情侣撞伤，逃逸时被附近群众抓获，后被公安机关释放。2010年10月23日，被告人药某在其父母陪同下投案。2011年

1 月 11 日，西安市人民检察院以故意杀人罪对药某提起了公诉。同年 4 月 22 日在西安市中级人民法院一审宣判，药某犯故意杀人罪，被判处死刑，剥夺政治权利终身，并赔偿被害人家属经济损失 45498.5 元。5 月 20 日，陕西省高级人民法院对药某案二审维持一审死刑判决。2011 年 6 月 7 日上午，药某被执行死刑。

然而，这一案件引起的波澜并未彻底平息。2011 年 8 月 4 日，药某的父亲把药案被害人的代理人张某告上了法庭。

药父称，自 2010 年底至今，张某在其开设的多个微博、博客上捏造药父是“官僚”“富商”等，对他进行恶意攻击和诽谤，并暗指药家动用关系拖延、阻挠诉讼程序，引起公众对自己产生误解，煽动民众对药某以及整个药家的敌视和仇恨。很多网友看过张某对他的诽谤性文字，通过跟帖、留言以及发表文章的形式，使得这些不利于他的文字流传甚广。张某的行为使他的社会评价急剧降低，精神上承受巨大压力，侵犯了他的名誉权。

在药父诉张某名誉侵权案庭审前，张某的微博里还保留着“药家若无实力，能案发后一个半月后才见报，见报后才正式拘捕，5 个月后才首次开庭”“这个军代表的家庭到底是什么背景”“据媒体披露，药家在西安市区居然有 4 处房子”等言论。而张某自己在接受媒体采访时曾承认，他所发布的关于药家有背景等信息，“有的是从微博后面评论里转帖来的，“没有时间核实”，还有一些是自己认为的合理猜测。他坚持声称，即使自己的言语可能有些出位，但那也是为了监督法院，防止司法腐败。

2012 年 7 月，人民法院对药父诉张某名誉权纠纷一案作出一审判决。判决被告人张某立即停止侵权行为，删除仍然保留在网页上、其发表的有侵权内容的微博 1 条、博文 2 篇，并在其微博、博客上连续 30 日分别刊登致歉声明向原告赔礼道歉，消除影响，支付原告精神损害抚慰金人民币 1 元、公证费 5960 元。一审宣判后，药父以一审判决对张某的侵权行为未予全面认定、对张某的惩戒力度较小等为由提起上诉。西安市中级人民法院二审判决驳回上诉人药父的上诉请求，维持原审判决。

【专家评析】

药某一案轰动全国，引发了国人对教育、道德、法律全方位的思考和讨论，这里我们单单只说说有关诉讼代理人部分。

张某担任药案被害人的诉讼代理人，从资格上来说，是完全符合法律规定的，程序上也并未出任何差错，但其后来的所作所为，引起了舆论的巨大争议，还有媒体送其“激情代理人”的称号，最后，甚至发展到被告人药某的父亲为其名誉不惜将张某告上法庭，这非常值得人深思。

《最高人民法院关于适用〈中华人民共和国刑事诉讼法〉的解释》第56条规定：“诉讼代理人有权根据事实和法律，维护被害人、自诉人或者附带民事诉讼当事人的诉讼权利和其他合法权益。”但是，这个维护是否意味着在诉讼代理人看来，只要是维护当事人合法权益的，就可以随心所欲不负责任的胡来吗？就如本案当中，张某不经查证核实，转发药某是“富二代”“军二代”的不实言论，煽动群众对药某及其父母的反感情绪，此间“药某必死”的言论不绝于耳。

在美国，律师和检察官可以公开发表的言论，仅限于非常基本的诉讼事实，而对司法审判极有可能产生重大偏见的消息，律师和检察官都不得发布。比如被害人、被告人、证人的品行、声望的信息等，但凡被认为有可能影响公正审判，律师和检察官都不能发布。同样的，在中国，也对律师有相关的言论限制规定。但是对普通公民代理人，却没有任何规定对其进行约束，使得公民代理人只能凭着自己对道德、法律、公平正义的理解行事。现今是有一个“激情代理人”张某被报道了出来，为大众所熟知，事实上司法实践中的“张某”绝非少数，这样的现状委实令人忧心。诉讼代理人在行使权利的过程中应当将自己的行为规范在什么范围以内，以及法律应如何规制诉讼代理人的权限，都应是广大公民以及司法人员日后该好好衡量和思考的问题。

【法条指引】

中华人民共和国刑事诉讼法

第四十四条　公诉案件的被害人及其法定代理人或者近亲属，附带民事诉讼的当事人及其法定代理人，自案件移送审查起诉之日起，有权委托诉讼代理人。自诉案件的自诉人及其法定代理人，附带民事诉讼的当事人及其法定代理人，有权随时委托诉讼代理人。

人民检察院自收到移送审查起诉的案件材料之日起三日以内，应当告知被害人及其法定代理人或者其近亲属、附带民事诉讼的当事人及其法定代理人有权委托诉讼代理人。人民法院自受理自诉案件之日起三日以内，应当告知自诉人及其法定代理人、附带民事诉讼的当事人及其法定代理人有权委托诉讼代理人。

最高人民法院关于适用《中华人民共和国刑事诉讼法》的解释

第五十四条　人民法院自受理自诉案件之日起三日内，应当告知自诉人及其法定代理人、附带民事诉讼当事人及其法定代理人，有权委托诉讼代理人，并告知如果经济困难的，可以申请法律援助。

第五十六条　诉讼代理人有权根据事实和法律，维护被害人、自诉人或者附带民事诉讼当事人的诉讼权利和其他合法权益。

第五十八条　诉讼代理人接受当事人委托或者法律援助机构指派后，应当在三日内将委托手续或者法律援助手续提交人民法院。

人民检察院刑事诉讼规则（试行）

第五十五条　人民检察院自收到移送审查起诉的案件材料之日起三日以内，应当告知被害人及其法定代理人或者其近亲属、附带民事诉讼的当事人及其法定代理人有权委托诉讼代理人。

告知可以采取口头或者书面方式。口头告知的，应当制作笔录，由被告知人签名；书面告知的，应当将送达回执入卷；无法告知的，应当记录在案。

被害人有法定代理人的，应当告知其法定代理人；没有法定代理人的，应当告知其近亲属。

法定代理人或者近亲属为二人以上的，可以只告知其中一人，告知时应当按照刑事诉讼法第一百零六条第三、六项列举的顺序择先进行。

当事人及其法定代理人、近亲属委托诉讼代理人的，参照刑事诉讼法第三十二条和本规则第三十八条、第三十九条、第四十四条的规定执行。

▶ 3. 如何理解保障诉讼参与人的诉讼权利原则？

【宣讲要点】

我国刑事诉讼法第14条规定："人民法院、人民检察院和公安机关应当保障犯罪嫌疑人、被告人和其他诉讼参与人依法享有的辩护权和其他诉讼权利。诉讼参与人对于审判人员、检察人员和侦查人员侵犯公民诉讼权利和人身侮辱的行为，有权提出控告。"这一规定确立了保障诉讼参与人诉讼权利的原则。对于此项原则的理解，主要有两个方面：

第一，辩护权和其他诉讼权利是犯罪嫌疑人、被告人和其他诉讼参与人所享有的法定权利。诉讼参与人是指当事人、法定代理人、诉讼代理人、辩护人、证人、鉴定人员和翻译人员，他们在刑事诉讼活动中，参与诉讼的目的和要求以及所处的诉讼地位不大相同，依法享有的诉讼权利也各不相同。但不论他们享有的是具体的何种权利，作为国家专门机关的人民法院、人民检察院和公安机关在进行刑事诉讼活动的时候，不得以任何方式对诉讼参与人的诉讼权利加以剥夺，并且有义务保障诉讼参与人充分行使其诉讼权利，对于刑事诉讼中妨碍诉讼参与人的各种行为，有责任采取措施予以制止。

第二，对于侵犯诉讼参与人的诉讼权利的行为，审判人员、检察人员和侦查人员应承担相应的法律后果。诉讼参与人的诉讼权利受到侵害的时候，有权使用法律手段维护自己的诉讼权利，如控告或请求专门机关予以制止，有关机关对于侵犯诉讼权利的行为应当认真查证。如果查证属实，人民法院、人民检察院、公安机关应当严肃处理，构成犯罪的，应当依法追究其刑事责任。

只有切实保障诉讼参与人的诉讼权利，尤其是犯罪嫌疑人、被告人的辩护权，才能使诉讼参与人受到有尊严的对待，为其充分行使诉讼权利保驾护航；才可以确保国家专门机关严格依法进行诉讼活动，避免使犯罪嫌疑人、被告人的权利和自由受到无理的限制和剥夺；确保犯罪嫌疑人、被告人充分参与刑事诉讼活动，有效对抗国家专门机关的刑事追诉活动；确保犯罪嫌疑人、被告人以及社会成员对公安机关、人民检察院、人民法院的诉讼活动保持信任和尊重。

【典型案例】

薄某受贿、贪污、滥用职权一案，由山东省济南市中级人民法院于2013年9月22日一审宣判。法庭对被告人薄某以受贿罪、贪污罪、滥用职权罪依法判处刑罚，数罪并罚，决定判处无期徒刑，剥夺政治权利终身。被告人薄某的3名亲属，媒体记者及各界群众100余人旁听了宣判，薄某当庭未表示是否上诉。然而在闭庭后，在上诉期限内，薄某不服一审判决，通过山东省济南市中级人民法院向山东省高级人民法院递交上诉状。10月8日上诉期满后，山东省高级人民法院经审查，依法决定予以受理。山东省高级人民法院2013年10月21日16时发布公告，该院定于2013年10月25日10时在第22审判庭公开宣判上诉人薄某受贿、贪污、滥用职权一案。

山东省高级人民法院认为上诉人薄某身为国家工作人员，利用职务便利，为他人谋取利益，非法收受他人财物，其行为构成受贿罪；薄某身为国家工作人员，利用职务便利，伙同他人侵吞公款，其行为构成贪污罪；薄某身为国家机关工作人员，滥用职权，致使国家和人民利益遭受重大损失，其行为构成滥用职权罪，情节特别严重。薄某犯受贿罪、贪污罪、滥用职权罪，应依法惩处，并数罪并罚。一审判决认定的事实清楚，证据确实、充分，定罪准确，量刑适当，审判程序合法，对其以受贿罪判处无期徒刑，已经充分考虑了其犯罪的具体事实、性质、情节和对于社会的危害程度，量刑适当。辩护人的辩护意见不能成立，不予采纳。作出二审判决为：裁定驳回上诉，维持一审无期徒刑判决。

【专家评析】

保障犯罪嫌疑人、被告人的辩护权利是保障诉讼参与人诉讼权利的核心内容。2012 年对刑事诉讼法的修改，在完善犯罪嫌疑人、被告人的辩护权及相关制度方面着墨很多，但是，“徒法不能自行”，要看是否切实维护被追诉人的权益，还要看法律实施过程中的权利行使。

薄某涉嫌受贿、贪污、滥用职权一案影响巨大，媒体报道很多，有不少人对该案审判是否公平，是否只是走个过场等都存有疑虑。而在 2012 年刑事诉讼法修改半年后进行的这场庭审，通过对庭审活动创举性的微博直播，让人们真真切切地感受到，在该案的审理过程中，被告人薄某的辩护权得到了充分保障，打消了人们之前的疑虑。

首先，在法庭审判之前的准备方面。据悉，庭审前，薄某自己选择的律师，薄某的辩护人、北京某律师事务所律师李某、王某表示，在本案侦查阶段，被告人家属代为聘请了包括他们在内的多名律师。最后，经被告人本人选择确认，聘请他们两人担任他的辩护人。在审查起诉和审判阶段，则由被告人直接确认继续聘请他们担任他的辩护人，出庭为他进行辩护。同时，辩护律师还依法查阅了全部案卷材料，复制了相关证据，与被告人会见多达 20 余次，就辩护思路等与薄某充分交换了意见。可以说，犯罪嫌疑人和辩护律师的会见权、通信权、调查取证权、阅卷权或证据开示权等都得到了充分的行使。

其次，在法庭审理方面。通过微博直播庭审，我们可以清楚地看到庭审全过程严格遵循法律程序进行，薄某了解自己在法庭上享有回避申请权、质证权、举证权、辩论权、最后陈述权等一系列重要的诉讼权利，且其充分地行使了各项诉讼权利。尤其值得注意的是，关键证人徐某等出庭作证，并与被告人反复对质，特别是被告人与证人徐某对质时，连续发问

20余次，可见质证之充分。薄某的妻子因夫妻关系不便出庭作证，因而出具了视频证言，这与书面证词相比，更具真实性和证明力。这些都对保证案件公正审理，防止庭审流于形式，切实帮助被告人行使辩护权利起到了重要作用。

最后，在贯穿始终的权利救济方面。辩护权还包括犯罪嫌疑人、被告人在诉讼过程中的诉讼权利以及其他合法权利不受侵犯的权利，如非法证据排除权、程序违法上诉权、申诉权，等等。

本案控辩双方都充分发表了意见，并通过微博传送了信息，以示案件实现程序的公平、公正。

【法条指引】

中华人民共和国刑事诉讼法

第十一条 人民法院审判案件，除本法另有规定的以外，一律公开进行。被告人有权获得辩护，人民法院有义务保证被告人获得辩护。

第十四条 人民法院、人民检察院和公安机关应当保障犯罪嫌疑人、被告人和其他诉讼参与人依法享有的辩护权和其他诉讼权利。

诉讼参与人对于审判人员、检察人员和侦查人员侵犯公民诉讼权利和人身侮辱的行为，有权提出控告。

▶ 4. 哪些人可以担任刑事诉讼辩护人？

【宣讲要点】

刑事案件发生后，为了维护犯罪嫌疑人、被告人的诉讼权利，需要确定的就是由谁来负责为其辩护。负责辩护的人就是辩护人。辩护人，是指接受犯罪嫌疑人、被告人的委托或人民法院的指定，帮助犯罪嫌疑人、被告人行使辩护权，以维护其合法权益的人。

（1）我国刑事诉讼法第32条第1款规定，下列的人可以被委托为辩护人：

第一，律师。律师，是指通过全国统一司法考试，并取得律师执业资格证的人。但是如果执业律师在担任各级人民代表大会常务委员会组成人员期间，不得执业；曾担任法官或检察官的律师，从人民法院或人民检察院离任后的2年内，也不得担任诉讼代理人或辩护人；并且外国人或无国籍的犯罪嫌疑人委托律师辩护的，只能委托中国律师作为其辩护人。

第二，人民团体或者犯罪嫌疑人、被告人所在单位推荐的人。这里的人民团体，主要是指妇联组织、共青团以及工会组织。

第三，犯罪嫌疑人、被告人的监护人、亲友。监护人，是指对无民事行为能力人或限制民事行为能力人的人身安全、财产代为管理、负责的人。亲友，是指犯罪嫌疑人、被告人的近亲属与朋友。由于“友”的范围无法界定，所以，事实上，一切有诉讼能力且不符合辩护人禁止性规定的人，都可以担任刑事辩护人。同时，我国法律规定，犯罪嫌疑人或被告人除可以选择律师作为自己的辩护人外，还可以自主选择监护人或其他亲戚朋友作为自己的辩护人。

（2）根据刑事诉讼法第32条第2款和《最高人民法院关于适用〈中华人民共和国刑事诉讼法〉的解释》第35条第2款的规定，下列人员不得担任辩护人：①正在被执行刑罚的人（包括被宣告缓刑和刑罚尚未执行完毕的人）；②依法被剥夺、限制人身自由的人；③无行为能力或者限制行为能力的人；④人民法院、人民检察院、公安机关、国家安全机关、监狱的现职人员；⑤本院的人民陪审员；⑥与本案审理结果有利害关系的人；⑦外国人或者无国籍人。法律之所以如此规定，是因为前三类人是因为不具有诉讼能力而不得担任刑事诉讼的辩护人。第4至第6项所指的人大都是国家司法工作人员，基于保证审判公正的考虑，原则上，他们不得担任辩护人。除非他们是为自己的近亲属或被监护人辩护。这些人往往在刑事诉讼中发挥着重要的作用，承担相应的责任。如果他们能够担任辩护人，会造成“一身二职”的情况。同时，他们也会与案件具有利害关系，不利于司法审判的公开与公正，提升司法公信力。

同时，一名犯罪嫌疑人、被告人可以委托2个辩护人。这并不意味着一名犯罪嫌疑人、被告人至多可以委托2个辩护人，而是说，他可以委托许多辩护人，但是能以辩护人名义进行辩护的最多有2个人。

【典型案例】

犯罪嫌疑人王某，男，1986年生。犯罪嫌疑人张某，男，1983年生。2002年1月9日王某、张某在县城里的台球厅玩台球，后因金钱问题与台球厅老板李某发生激烈争执并且怀恨在心伺机报复。当晚21时许，2人用事先准备的木棒将窗户上的玻璃敲碎，然后将汽油泼洒在台球厅的木门上和屋内，并点燃台球厅，以致发生火灾。所幸并无人员伤亡，只是造成了相应的财产损失。

事故发生后的第一时间，公安机关迅速排查相关犯罪嫌疑人，将王某、张某逮捕。公安机关在对二人进行讯问时均未通知他们的父母等到场。张某的父亲请求会见张某并为其聘请辩护律师，侦查人员以公诉案件需等到案件移送审查起诉时才可委托辩护人为由拒绝。案件经侦查终结后，公安机关以王某、张某涉嫌故意毁坏财物罪移送至市人民检察院审查起诉。市人民检察院于接到移送审查起诉后，第5天告知王某和张某有权委托辩护人。张某委托其舅舅赵某（自来水公司职员）担任其辩护人，王某表示不委托辩护人。赵某经检察院许可会见了张某。之后，赵某又私自向被害人和相关证人进行了调查取证。市人民检察院认为本案事实证据充分，以故意毁坏财物罪向市人民法院提起公诉。由于王某家境贫寒，生活条件困难，他申请法律援助，希望法院为他指派一名律师。经法律援助机构审查认为，王某符合法律援助的条件。随后由承担法律援助义务的律师孙某担任辩护人。王某不同意孙某担任其辩护人。法院拒绝了王某的这一请求，让其自行辩护。

经审判，法院依法判决被告人张某有期徒刑5年，被告人王某有期徒刑4年。

【专家评析】

在本案中，两个被告人张某、王某都依照法律规定委托了辩护人。被告人张某委托其舅舅赵某（自来水公司职员）担任其辩护人是符合我国法律有关辩护人的规定的。根据我国刑事诉讼法第 32 条第 1 款第 3 项的规定，作为张某舅舅的赵某可以担任他的辩护人。张某的舅舅相对了解张某的实际情况，更有利于开展辩护工作，维护张某的合法权益。同时，我国刑事诉讼法允许亲友担任辩护人，可以缓解我国律师数量不足、供不应求的局面，也缓解了犯罪嫌疑人、被告人请律师带来的资金紧张的问题。但是，赵某作为张某的非律师辩护人未经人民检察院或者人民法院许可并且未经被害人或者其近亲属、被害人提供的证人同意向他们收集与本案有关的材料是不对的，因为非律师不享有上述权利。

本案的另一位被告人王某是未成年人。法律援助机构为他指定了律师孙某为其辩护。这是符合法律的相关规定的。但王某拒绝辩护时，法院不应准许其自行辩护。因为对于未成年人拒绝法律援助机构指派的辩护人的，法院应当准许，但是被告人需另行委托辩护人或者法院通知法律援助机构为其指定辩护人。除非王某再次拒绝法律援助机构指派的辩护人的，人民法院才可以拒绝王某的请求，但依旧不得让王某自行辩护。

【法条指引】

中华人民共和国刑事诉讼法

第三十二条 犯罪嫌疑人、被告人除自己行使辩护权以外，还可以委托一至二人作为辩护人。下列的人可以被委托为辩护人：

（一）律师；

（二）人民团体或者犯罪嫌疑人、被告人所在单位推荐的人；

（三）犯罪嫌疑人、被告人的监护人、亲友。

正在被执行刑罚或者依法被剥夺、限制人身自由的人，不得担任辩护人。

最高人民法院关于适用《中华人民共和国刑事诉讼法》的解释

第三十八条 一名被告人可以委托一至二人作为辩护人。

一名辩护人不得为两名以上的同案被告人，或者未同案处理但犯罪事实存在关联的被告人辩护。

人民检察院刑事诉讼规则（试行）

第三十八条 在侦查期间，犯罪嫌疑人只能委托律师作为辩护人。在审查起诉期间，犯罪嫌疑人可以委托律师作为辩护人，也可以委托人民团体或者所在单位推荐的人以及监护人、亲友作为辩护人。但下列人员不得被委托担任辩护人：

（一）人民法院、人民检察院、公安机关、国家安全机关、监狱的现职人员；

（二）人民陪审员；

（三）外国人或者无国籍人；

（四）与本案有利害关系的人；

（五）依法被剥夺、限制人身自由的人；

（六）处于缓刑、假释考验期间或者刑罚尚未执行完毕的人；

（七）无行为能力或者限制行为能力的人。

一名辩护人不得为两名以上的同案犯罪嫌疑人辩护，不得为两名以上的未同案处理但实施的犯罪相互关联的犯罪嫌疑人辩护。

本条第一款第一至四项规定的人员，如果是犯罪嫌疑人的近亲属或者监护人，并且不属于第一款第五至七项情形的，犯罪嫌疑人可以委托其担任辩护人。

第三十九条 审判人员、检察人员从人民法院、人民检察院离任后二年以内，不得以律师身份担任辩护人。

检察人员从人民检察院离任后，不得担任原任职检察院办理案件的辩护人。但作为犯罪嫌疑人的监护人、近亲属进行辩护的除外。

检察人员的配偶、子女不得担任该检察人员所任职检察院办理案件的辩护人

▶ 5. 犯罪嫌疑人、被告人什么时候可以聘请律师?

【宣讲要点】

刑事立案后，犯罪嫌疑人、被告人都会考虑聘请有能力的辩护人帮助其维护诉讼权利和其他合法权益。但是，犯罪嫌疑人、被告人何时可以委托辩护人?

首先，通常情况下，在处于侦查阶段与审查起诉阶段的公诉案件的被刑事追究的人称为犯罪嫌疑人。把处于审判阶段的公诉案件与自诉案件的被控方统称为被告人。所以，犯罪嫌疑人的称谓只适用于公诉案件的侦查阶段与审查起诉阶段。被告人的称谓适用于公诉案件的审判阶段与自诉案件的全过程。

其次，根据刑事诉讼法第 33 条第 1 款的规定，犯罪嫌疑人可以在被侦查机关第一次讯问或者采取强制措施之日起聘请辩护人。被告人可以随时委托辩护人。不过需要注意的是，犯罪嫌疑人在侦查阶段，只能聘请律师担任辩护人。

再次，值得注意的是，新刑事诉讼法较原刑事诉讼法相比，明确了侦查阶段犯罪嫌疑人可以聘请律师担任辩护人。原刑事诉讼法第 96 条规定，在侦查阶段，律师可以为犯罪嫌疑人提供法律帮助、代理申诉、控告。但第 96 条规定在“侦查”一章之下，排除在“辩护与代理”一章之外。由此带来了对侦查阶段辩护律师的定性之争。司法实践中，侦查机关更是对辩护律师在侦查阶段的工作添加干扰。为了排除上述困惑，新刑事诉讼法作出了明确规定，肯定了律师在侦查阶段的辩护人地位。从此，辩护律师可以在侦查阶段名正言顺地开展辩护工作。

需要指出的是，法律为何规定，在侦查阶段只能聘请律师作为辩护人呢? 在侦查阶段，公安机关处于案件的侦破过程之中，对犯罪嫌疑人的犯罪证据还在搜查之中。侦查机关还尚无充分证据对“犯罪嫌疑人”涉嫌的犯罪作出清晰的判断。许多工作尚处于保密阶段，许多信息还不适宜公开。因此，如果允许非律师的其他辩护人介入侦查阶段，可能会导致因其专业性差、欠缺经验以及缺乏职业纪律的约束而对侦查工作的开展设置障碍。相反，律师都经过专业的法律训练，长期的执业经历更是积累了大量的工作经验，对侦查阶段的相关事宜相对清楚并受职业道德、职业纪律的约束。法律允许律师介入侦查阶段，为犯罪嫌疑人提供法律帮助，一是能更好地维护犯罪嫌疑人的诉讼权利和其他合法权益；二是能避免非律师辩护人介入后出现的违法违纪问题。

最后，为了保障这一规定的具体落实，法律还规定了办案机关要在对犯罪嫌疑人第一次采取强制措施或者第一次询问的时候，告知其有权委托辩护人，并承担及时转达委托辩护请求的义务。辩护律师接受委托后，可以持律师执业证书、律师事务所证明和委托书或者法律援助公函，会见犯罪嫌疑人、被告人并了解有关案件的情况。

【典型案例】

黄某的丈夫李某是某银行的出纳员。他利用职务上的便利，挪用公款，用于自己公司经营周转。后因上级检查，他的行为败露。侦查机关将犯罪嫌疑人李某抓捕归案。在侦查机关对犯罪嫌疑人李某进行询问时，李某闭口不言，要求委托他的哥哥（非律师）担任其辩护人。侦查机关称李某的请求违反法律规定，因此不予准许。侦查终结后，侦查机关以犯罪嫌疑人李某涉嫌挪用公款罪向检察院移送审查起诉。检察院依法讯问了李某，告知其有权委托辩护律师。李某委托了大庄律师事务所的一名辩护律师。

李某的妻子黄某心急如焚，四处托人打探李某的消息。黄某找到张某。因为张某的丈夫是人民法院刑庭的法官，黄某想让其帮忙打通关系，并表示愿意给予一定酬劳。张某回家后，将情况告诉了丈夫。法官对张某的做法表示愤怒，称坚决不可以。张某大发雷霆，骂其夫愚钝，声称要与其离婚！接下来的几日，张某一哭二闹三上吊，用尽各种办法让法官答应帮忙办这件事。其丈夫没有办法，对张某说："对方能给多少钱?"张某便高兴地告诉黄某去准备酬劳。黄某从四人处借来2万元，送给张某。随后，法官用尽自己的关系将被告人李某的案件变由自己主审。并在提审被告人李某时，支走书记员，告诉李某如何在庭审中发言与回答公诉机关的问题。后来，由于借钱给黄某的人与黄某发生纠纷，便将此事举报到检察机关。人民检察院立案调查后，将张某以及她的丈夫涉嫌受贿罪提起公诉。被告人李某的案子也被交由其他法官重新审理。

【专家评析】

本案中，在侦查阶段，犯罪嫌疑人李某要求委托他的哥哥担任其辩护人。侦查机关拒绝其请求的做法是符合法律规定的。刑事诉讼法第33条第1款规定，犯罪嫌疑人自被侦查机关第一次讯问或者采取强制措施之日起，有权委托辩护人。在侦查期间，只能委托律师作为辩护人。由于李某的哥哥并非一名律师，所以李某的请求不能得到允许。但是，侦查机关的做法仍然存在不合法之处。刑事诉讼法第33条第2款规定，侦查机关在第一次讯问犯罪嫌疑人或者对犯罪嫌疑人采取强制措施的时候，应当告知犯罪嫌疑人有权委托辩护人。可是，本案的侦查机关并未告知李某此项权利，致使李某未能及时维护其合法权益。因此，侦查机关的做法是错误的。随后，人民检察院在依法提审犯罪嫌疑人李某时，告知其有权委托辩护律师为其辩护，该做法是符合法律规定的。

本案的李某本来是能够在审前维护其合法权利的，但是因为侦查机关的疏忽导致其合法权益受损。侦查机关未能很好地贯彻“维护犯罪嫌疑人、被告人的诉讼权利和其他合法权益”这一刑事诉讼法的重要原则。基于本原则，刑事诉讼法将犯罪嫌疑人、被告人委托辩护人的时间提前。通常看来，所谓辩护就是对被告人是否构成犯罪发表辩护意见。这是实体法意义上的辩护。但实体公正与程序公正都是现代司法的重要目标。因此，辩护还具有程序法上的意义。法律规定犯罪嫌疑人可以在侦查阶段聘请辩护律师，就是要求辩护律师在审前进行程序辩护，维护犯罪嫌疑人的合法权利。实体辩护与程序辩护都是辩护工作的重要部分，不存在谁更重要的问题。

最后需要指出的是，本案中张某并非国家工作人员，但是却被人民检察院以涉嫌受贿罪提起公诉。人民检察院的指控是否存在问题？我们认为，人民检察院的指控是正确的。受贿罪的构成要件要求主体具备国家工作人员身份。张某不具有国家工作人员身份，其夫具有国家工作人员身份。张某是无身份者，其夫是有身份者。张某诱导其夫从事受贿行为，两人构成共同犯罪。用法律术语讲，本案情况属于无身份者教唆有身份者从事共同犯罪的情形，张某是教唆犯。

【法条指引】

中华人民共和国刑事诉讼法

第三十三条 犯罪嫌疑人自被侦查机关第一次讯问或者采取强制措施之日起，有权委托辩护人；在侦查期间，只能委托律师作为辩护人。被告人有权随时委托辩护人。

侦查机关在第一次讯问犯罪嫌疑人或者对犯罪嫌疑人采取强制措施的时候，应当告知犯罪嫌疑人有权委托辩护人。人民检察院自收到移送审查起诉的案件材料之日起三日以内，应当告知犯罪嫌疑人有权委托辩护人。人民法院自受理案件之日起三日以内，应当告知被告人有权委托辩护人。犯罪嫌疑人、被告人在押期间要求委托辩护人的，人民法院、人民检察院和公安机关应当及时转达其要求。

……

中华人民共和国律师法

第三十三条第一款 律师担任辩护人的，有权持律师执业证书、律师事务所证明和委托书或者法律援助公函，依照刑事诉讼法的规定会见在押或者被监视居住的犯罪嫌疑人、被告人。辩护律师会见犯罪嫌疑人、被告人时不被监听。

▶ 6. 哪些人可以委托辩护人？

【宣讲要点】

刑事诉讼发生后，犯罪嫌疑人、被告人首先要考虑的问题就是委托一位律师或者其他人，帮助其维护自己的合法权益。这种情况就是委托辩护。但是，是否只有犯罪嫌疑人、被告人可以委托辩护人？还有哪些人可以委托辩护人？

在以往的司法实践中，在押的犯罪嫌疑人、被告人因各种原因不能聘请辩护人，其近亲属、监护人代其委托辩护人的，如何处理？各地做法不一。有些办案机关肯定这一法律行为的效力；而有些办案机关却拒绝这一做法，禁止辩护人与犯罪嫌疑人、被告人会见。新修订的刑事诉讼法第 33 条第 3 款对这一问题进行了明确规定。犯罪嫌疑人、被告人在押的，也可以由其监护人、近亲属代为委托辩护人。我们可以看出委托辩护人的主体有了新变化，也就是说当犯罪嫌疑人、被告人在押时，有权委托辩护人的主体范围可以扩展到监护人和近亲属。但需要指出的是，主体扩展的条件是当犯罪嫌疑人、被告人“在押时”，他们的监护人和近亲属才有权委托辩护人为其提供辩护，除此之外不享有独立的委托权。

法律之所以这样规定，主要是基于对犯罪嫌疑人、被告人的权利保护以及审判公正性的考虑。一方面，在押的犯罪嫌疑人与被告人因处于羁押状态，不具备充分行使辩护权的条件。其近亲属或监护人帮助其找到合适的辩护人，有助于其辩护权的实现，防止他的合法权益受到侵害。另一方面，如果不赋予近亲属与监护人委托辩护权，在押的犯罪嫌疑人与被告人基本上会出现只能自行辩护的情况，那么，面对强大公诉机关，被追诉的被告人显然处于劣势。但是，如若其近亲属与监护人可以帮助他委托辩护人进行辩护，则控辩双方的地位得以平衡，也有利于人民法院查明案情，综合各方意见，作出公平、公正的判决，防止冤假错案的发生。

综上，在我国能够委托辩护人的主体是犯罪嫌疑人、被告人及其监护人与近亲属。其中，法律规定“监护人”主要针对的是限制行为能力人和无民事行为能力人。

【典型案例】

汪某，17 周岁，因涉嫌故意杀人罪被公安机关逮捕。在公安机关侦查过程中，汪某希望聘请一名律师为他进行辩护。在公安机关对汪某进行询问时，汪某要求有律师在场。侦查人员答复说，公诉案件中的犯罪嫌疑人只有在案件移送审查起诉之日起才能委托辩护人，侦查阶段不能聘请辩护律师。汪某拒绝回答公安机关的一切问题。公安机关在调取了充分的证据后，向人民检察院移送审查起诉。人民检察院在收到移送审查起诉的案件材料后的第 4 天，汪某被告知他有权委托辩护人。此时，汪某对工作人员说自己是未成年人，希望检察院通知法律援助机构为其委托一名律师。但是人民检察院拒绝了被告人汪某的要求。检察院的理由为汪某不符合申请法律援助的条件。

汪某的母亲在得知儿子两次要求委托辩护人被拒绝后，便要求聘请一名律师为汪某辩护。但汪某母亲提出的这项要求因为委托主体不符合而遭到拒绝。随后市人民检察院对汪某以故意杀人罪向市中级人民法院提起公诉，市中级人民法院在开庭前 10 日将起诉书副本送达了汪某。市中级人民法院发现他还没有委托辩护人，就通知法律援助机构为汪某指定该市的一名承担法律援助义务的律师陈某为汪某辩护。但事情发展得并不顺利，审判中汪某拒绝陈某为其辩护，并且经市中级人民法院劝说也挽回不了局面。最后不得不同意汪某在没有辩护律师的情况下接受审判，并最终作出了一审判决。

【专家评析】

本案中，公安机关拒绝汪某在侦查阶段会见律师的做法是错误的。公安机关以公诉案件只能在案件移送审查起诉后才能委托辩护人的说法于法无据。事实上，公安机关的观点是旧刑事诉讼法的内容。新修订的刑事诉讼法对何时犯罪嫌疑人、被告人可以委托辩护人的问题进行了修改。刑事诉讼法第 33 条第 1 款规定，犯罪嫌疑人自被侦查机关第一次讯问或者采取强制措施之日起，有权委托辩护人；在侦查期间，只能委托律师作为辩护人。被告人有权随时委托辩护人。所以，本案中，汪某在侦查阶段要求会见律师是维护自身合法权益的表现。对于公安机关的违法行为，根据《人民检察院刑事诉讼规则（试行）》第 10 条的规定，汪某可以亲自或者委托其辩护律师向市检察院进行申诉或者控告，要求公安机关改正这一违法行为。市检察院在查证属实后，会通知公安机关予以纠正，并书面通知汪某。

需要指出的是，市人民检察院以汪某的母亲不属于委托主体为由，拒绝她为儿子汪某委托律师的请求的做法是错误的。刑事诉讼法第33条第3款规定，犯罪嫌疑人、被告人在押的，也可以由其监护人、近亲属代为委托辩护人。所谓近亲属是指，夫、妻、父、母、子、女、同胞兄弟姊妹。如果继父母与继子女间有抚养关系，则近亲属可以包括继父母子女。汪某的母亲当然属于近亲属的范畴。根据前述法律的规定，汪某的母亲自然有权为汪某聘请一位律师。市检察院的做法是毫无依据，明显违背法律的。对于市检察院的违法行为，汪某的母亲可以向市人民检察院或者上一级检察院进行申诉。

最后需要指出的是，汪某是未成年人，必须有辩护人出庭为他辩护。市人民法院不得在汪某没有辩护人的情况下，作出一审判决。汪某可以辩护权受到侵犯为由上诉，要求二审法院撤销一审判决。

【法条指引】

中华人民共和国刑事诉讼法

第三十三条 犯罪嫌疑人自被侦查机关第一次讯问或者采取强制措施之日起，有权委托辩护人；在侦查期间，只能委托律师作为辩护人。被告人有权随时委托辩护人。

侦查机关在第一次讯问犯罪嫌疑人或者对犯罪嫌疑人采取强制措施的时候，应当告知犯罪嫌疑人有权委托辩护人。人民检察院自收到移送审查起诉的案件材料之日起三日以内，应当告知犯罪嫌疑人有权委托辩护人。人民法院自受理案件之日起三日以内，应当告知被告人有权委托辩护人。犯罪嫌疑人、被告人在押期间要求委托辩护人的，人民法院、人民检察院和公安机关应当及时转达其要求。

犯罪嫌疑人、被告人在押的，也可以由其监护人、近亲属代为委托辩护人。

辩护人接受犯罪嫌疑人、被告人委托后，应当及时告知办理案件的机关。

人民检察院刑事诉讼规则（试行）

第五十八条 辩护人、诉讼代理人认为其依法行使诉讼权利受到阻碍向人民检察院申诉或者控告的，人民检察院应当在受理后十日以内进行审查，情况属实的，经检察长决定，通知有关机关或者本院有关部门、下级人民检察院予以纠正，并将处理情况书面答复提出申诉或者控告的辩护人、诉讼代理人。

▶ 7. 犯罪嫌疑人、被告人如何获得法律援助？

【宣讲要点】

当刑事诉讼发生后，犯罪嫌疑人、被告人大多会迅速委托辩护人，及时维护其合法权益。但是，有些犯罪嫌疑人、被告人由于经济困难或者其他情形，不能及时获得律师的法律帮助。

法律援助，是指由政府设立的法律援助机构组织法律援助的律师，为经济困难或特殊案件的人给予无偿提供法律服务的一项法律保障制度。在刑事诉讼法中，刑事法律援助又可分为酌定法律援助和法定法律援助。两种制度在适用范围等方面均存在差异。

（1）法定法律援助制度。法定法律援助，是指犯罪嫌疑人、被告人因符合刑事诉讼法第 34 条第 2 款的条件而没有委托辩护人的，不必经他们的申请，由法律援助机构直接为其指派辩护律师免费为其提供法律服务的制度。

法定法律援助适用于犯罪嫌疑人、被告人是存在生理缺陷（盲、聋、哑人或者是限制行为能力、无民事行为能力）的人，没有委托辩护人的；犯罪嫌疑人、被告人可能被判处无期徒刑、死刑，没有委托辩护人的以及犯罪嫌疑人、被告人是未成年人，没有委托辩护人的情形。对于法定法律援助的情形，人民法院、人民检察院和公安机关应当通知法律援助机构指派律师为其提供辩护。

（2）酌定法律援助制度。酌定法律援助，是指犯罪嫌疑人、被告人因经济困难或者其他情形没有委托辩护人，向法律援助机构申请，经审查，法律援助机构对于符合法律援助条件的人免费提供法律帮助的制度。

首先，根据刑事诉讼法第34条第1款的规定，酌定法律援助适用于因被告人经济困难或者其他情形没有委托辩护人的情形。何谓经济困难？《最高人民法院、最高人民检察院、公安部、司法部关于刑事诉讼法律援助工作的规定》第4条规定，公民经济困难的标准，按案件受理地所在的省、自治区、直辖市人民政府的规定执行。何谓其他情形？该规定第2条第2款又规定，具有下列情形之一，犯罪嫌疑人、被告人没有委托辩护人的，可以申请法律援助：①有证据证明犯罪嫌疑人、被告人属于一级或者二级智力残疾的；②共同犯罪案件中，其他犯罪嫌疑人、被告人已委托辩护人的；③人民检察院抗诉的；④案件具有重大社会影响的。

其次，酌定法律援助的提起方式为要求犯罪嫌疑人、被告人向法律援助机构提出申请。对于符合法律援助条件的，法律援助机构才会指派辩护人。如果法律援助机构拒绝指派辩护律师，申请人可以向主管法律援助机构的上级司法机关进行复议。上级主管部门经审查认为申请人符合法律援助条件的，应当以书面形式责令法律援助机构及时对该申请人提供法律援助，同时通知申请人；认为申请人不符合法律援助条件的，应当维持法律援助机构不予援助的决定，并书面告知申请人。

最后，当酌定法律援助的情形消失时，法律援助机构会终止法律援助。上述规定第22条规定，具有下列情形之一的，法律援助机构应当作出终止法律援助决定，制作终止法律援助决定书发送受援人，并自作出决定之日起3日内函告公安机关、人民检察院、人民法院：①受援人的经济收入状况发生变化，不再符合法律援助条件的；②案件终止办理或者已被撤销的；③受援人自行委托辩护人或者代理人的；④受援人要求终止法律援助的，但应当通知辩护的情形除外；⑤法律、法规规定应当终止的其他情形。公安机关、人民检察院、人民法院在案件办理过程中发现有前款规定情形的，应当及时函告法律援助机构。

刑事法律援助是维护犯罪嫌疑人、被告人的合法权益，贯彻保障人权理念的重要制度。犯罪嫌疑人、被告人要善于运用刑事法律援助制度，维护自己的合法权益。同时，相关司法机关要做好保障措施。

【典型案例】

张某，男，北京某大学大四学生。张某的家境并不好，但花钱却大手大脚。大四刚开学，张某就买了一部手机，所剩积蓄无几。张某苦于生活费短缺，这时，他发现同寝室汪某经常将电脑放置在桌面上。张某便打起了汪某电脑的主意。2012 年 9 月 22 日早上，在被害人汪某洗漱的空隙，张某将被害人汪某放于桌子上的笔记本电脑藏于衣柜后面。当时，其他室友都在熟睡，张某的行为未被发现。汪某洗漱回来，发现笔记本电脑不见了，便号召大家帮忙寻找，但却不见电脑踪影。汪某将此事反映给了学校的保卫处。当日下午，张某见寝室无人，便立刻把汪某笔记本电脑转移至卫生间的窗外角落。随后，张某与校外的二手电器回收商店联络，声称自己要出售一台二手电脑。张某与店主陈某达成3000元的交易价格，双方约定隔日拿货取款。当晚23时许，张某从卫生间取出汪某的笔记本电脑，并用校服包裹好，准备第二天将其卖出。由于张某疏忽，忘记锁好厕所的门，张某整个包裹电脑的过程恰好被舍友付某发现。付某在第一时间便喊起了正在睡觉的其他同学，张某发现情况不对立马转身想从卫生间的窗户跳出。付某身手敏捷，在第一时间将张某截获，并从其校服包裹里拿出汪某的电脑。此时，人赃并获。

次日汪某便将张某偷盗电脑一事向学校所在地的区公安机关报案。区公安机关将张某带回警局讯问。张某对自己的犯罪事实供认不讳。随后，公安机关以犯罪嫌疑人张某涉嫌盗窃罪向区人民检察院移送审查起诉。区人民检察院审查起诉后，区人民检察院告知张某有聘请辩护人的权利。被告人张某称其家庭条件十分困难，无法承担聘请辩护人的费用。随后区人民检察院告知张某，因经济困难而没有委托辩护人的，可以向法律援助机构提出法律援助的申请。张某向法律援助中心提出法律援助的申请。综合考虑张某的情况，法律援助中心认为被告人张某不符合法律援助申请的要求，拒绝了张某的请求。张某在得知这一消息后，向主管的上级司法行政机关申请复议。经审查，上级机关认为张某符合法律援助申请的条件，责令法律援助机构为张某指派辩护律师。法律援助机构委派出承担法律援助义务的李律师作为其辩护人出庭辩护。

最后，北京市某区人民法院认为被告人张某盗窃罪成立，判处张某有期徒刑6个月，缓期执行。张某表示不上诉。

【专家评析】

本案中，虽然被告人张某因为一时的贪念铸成大错，但是法律还是要保护他的诉讼权利和相关合法权益。张某家庭生活条件困难，没有能力聘请辩护律师为其辩护。但是，张某的情况符合刑事诉讼法第34条第1款的规定。所以，该区人民检察院告知张某可以向法律援助机构申请法律援助。随后，被告人张某向法律援助机构提出了刑事法律援助的申请。经一次审查与复议后，法律援助机构为其指派了辩护律师辩护。

如果法律援助机构拒绝了申请人的申请，犯罪嫌疑人、被告人要怎么做？根据《最高人民法院、最高人民检察院、公安部、司法部关于刑事诉讼法律援助工作的规定》第23条的规定，申请人可以向主管该法律援助机构的司法行政机关申请复议。上级主管机关要在收到复议之日起5个工作日内进行审查。审查后，上级主管机关认为：法律援助机构拒绝行为错误的，应该责令其为申请人指派辩护律师，并书面告知申请人。上级主管机关经审查后认为：法律援助机构的做法并无不当的，应该维持法律援助机构的决定书，并书面告知申请人。本案中，被告人张某在法律援助机构拒绝其申请后，向上级主管机关申请复议。上级主管机关认为法律援助机构的行为错误，责令其改正。最终，法律援助机构为其指派了辩护律师。张某也维护了自己接受辩护的权利。

需要注意的是，虽然我国完善了刑事法律援助的相关制度，但是我们还是要加强对律师开展法律援助活动的指导监督。通过对立法的完善、司法的监督以及执法的遵守，使更多的犯罪嫌疑人、被告人能够得到更优质的刑事法律援助服务，从而更好地保障人权。

【法条指引】

中华人民共和国刑事诉讼法

第三十四条 犯罪嫌疑人、被告人因经济困难或者其他原因没有委托辩护人的，本人及其近亲属可以向法律援助机构提出申请。对符合法律援助条件的，法律援助机构应当指派律师为其提供辩护。

犯罪嫌疑人、被告人是盲、聋、哑人，或者是尚未完全丧失辨认或者控制自己行为能力的精神病人，没有委托辩护人的，人民法院、人民检察院和公安机关应当通知法律援助机构指派律师为其提供辩护。

犯罪嫌疑人、被告人可能被判处无期徒刑、死刑，没有委托辩护人的，人民法院、人民检察院和公安机关应当通知法律援助机构指派律师为其提供辩护。

最高人民法院关于适用《中华人民共和国刑事诉讼法》的解释

第三十九条第一款 被告人没有委托辩护人的，人民法院自受理案件之日起三日内，应当告知其有权委托辩护人；被告人因经济困难或者其他原因没有委托辩护人的，应当告知其可以申请法律援助；被告人属于应当提供法律援助情形的，应当告知其将依法通知法律援助机构指派律师为其辩护。

最高人民法院、最高人民检察院、公安部、司法部关于刑事诉讼法律援助工作的规定

第二条 犯罪嫌疑人、被告人因经济困难没有委托辩护人的，本人及其近亲属可以向办理案件的公安机关、人民检察院、人民法院所在地同级司法行政机关所属法律援助机构申请法律援助。

具有下列情形之一，犯罪嫌疑人、被告人没有委托辩护人的，可以依照前款规定申请法律援助：

（一）有证据证明犯罪嫌疑人、被告人属于一级或者二级智力残疾的；

（二）共同犯罪案件中，其他犯罪嫌疑人、被告人已委托辩护人的；

（三）人民检察院抗诉的；

（四）案件具有重大社会影响的。

第四条 公民经济困难的标准，按案件受理地所在的省、自治区、直辖市人民政府的规定执行。

第二十二条 具有下列情形之一的，法律援助机构应当作出终止法律援助决定，制作终止法律援助决定书发送受援人，并自作出决定之日起三日内函告公安机关、人民检察院、人民法院：

（一）受援人的经济收入状况发生变化，不再符合法律援助条件的；

（二）案件终止办理或者已被撤销的；

（三）受援人自行委托辩护人或者代理人的；

（四）受援人要求终止法律援助的，但应当通知辩护的情形除外；

（五）法律、法规规定应当终止的其他情形。

公安机关、人民检察院、人民法院在案件办理过程中发现有前款规定情形的，应当及时函告法律援助机构。

第二十三条第一款 申请人对法律援助机构不予援助的决定有异议的，可以向主管该法律援助机构的司法行政机关提出。司法行政机关应当在收到异议之日起五个工作日内进行审查，经审查认为申请人符合法律援助条件的，应当以书面形式责令法律援助机构及时对该申请人提供法律援助，同时通知申请人；认为申请人不符合法律援助条件的，应当维持法律援助机构不予援助的决定，并书面告知申请人。

▶ 8. 被告人不愿意当前辩护人为自己辩护，可不可以另行委托?

【宣讲要点】

被告人拥有聘请辩护人为其提供法律服务的权利。但是，如果被告人不愿意当前辩护人为自己辩护，可否另行委托其他辩护人？这里就涉及刑事诉讼法有关被告人拒绝辩护制度的规定。我们知道，法律赋予了被告人一项诉讼权利——委托辩护权。因此，被告人是否委托辩护人，委托什么身份的辩护人都是他自己的私事。如果被告人对当前的辩护人不满意，拒绝其为自己辩护，当然可以另行委托其他辩护人。但是，基于诉讼效率以及司法公正的考虑，法律对于被告人拒绝辩护的适用前提、次数以及处理都进行了限定。

根据法律的规定，被告人拥有两次拒绝辩护的权利。但是，两次拒绝辩护后的处理却存在差异。

第一，被告人首次提出拒绝辩护人为其辩护后，根据刑事诉讼法第 43 条的规定，如果被告人是委托辩护或者属于“可以提供法律援助”的情形的，被告人拒绝辩护后，可以另行委托辩护或者自行辩护。根据《最高人民法院关于适用〈中华人民共和国刑事诉讼法〉的解释》第 45 条的规定，如果被告人属于“应当提供法律援助”的情形，被告人拒绝辩护的，应当向法院提供正当理由。正当理由成立的，法院准许其另行委托辩护人。如果被告人没有委托辩护人的，法院应当通知法律援助机构另行指派辩护律师为其辩护。人民法院要将拒绝辩护的情况记录在案。

第二，被告人再次提出拒绝辩护人为其辩护后，根据《最高人民法院关于适用〈中华人民共和国刑事诉讼法〉的解释》第 254 条第 3 款的规定，如果被告人是委托辩护或者属于“可以提供法律援助”的情形的，被告人拒绝辩护后，人民法院可以准许，但是只能由被告人自行辩护，不得另行委托辩护人。根据上述司法解释同条第 4 款的规定，如果被告人属于

“应当提供法律援助”的情形，被告人拒绝辩护的，人民法院不予准许。

第三，被告人当庭要求更换辩护人的，刑事诉讼法规定，被告人拒绝辩护人辩护后，没有辩护人的，应当宣布休庭；仍有辩护人的，庭审可以继续进行。对于存在多名被告人的情形，某些被告人要求更换辩护人的，根据案件性质的不同，可以对这些被告人另案处理，其他被告人的庭审继续进行。法律之所以这样规定是基于诉讼效率的考虑。如果被告人拥有两位辩护人，其只要求更换其中一位辩护人，人民法院宣布延期审理显然是有违效率要求的。因为，另一位辩护人可以继续为其进行辩护。所以，一味地延期处理会造成诉讼拖延与司法资源的浪费，也不利于保障被告人的合法权益。

【典型案例】

肖某，男，曾任某国有商业银行分理处副主任。被告人肖某于1998年起的近3年时间里，利用担任副主任职务上的便利，贪污公款418万元。同时，肖某将贪污款用于个人享乐，并与多名女子保持不正当关系。后来，肖某感觉形势不妙，意欲逃跑。2001年6月7日，他销毁了相关罪证。7月27日，市检察院将其抓捕归案。在检察机关审讯期间，肖某退回了赃款21万余元。并且检举他人违法犯罪事实，称要立功。同时，检察机关追回价值17万元的财物。市检察院以犯罪嫌疑人肖某涉嫌贪污罪向市中级人民法院提起公诉。

在审理过程中，被告人肖某称：“我不同意辩护律师的意见。辩护律师尚不熟悉案情，所以我要求更换辩护律师。”市法院未采纳被告人的意见。法院审理后认为：被告人肖某利用职务之便，先后92次贪污公款418万元，其行为已经构成贪污罪。被告人所称的检举事实并不真实，不构成立功。鉴于被告人贪污数额巨大，对国有资产造成了极大的损失，情节特别严重，判处被告人肖某死刑，剥夺政治权利终身。随后，被告人肖某以一审法院未听取其另行委托辩护人的请求，严重侵犯其诉讼权利以及拥有立功表现等事项，向省高级人民法院提出上诉。省高级人民法院认为，一审法院对被告人在庭审中要求另行委托辩护人的意见未予采纳，严重剥夺了被告人的诉讼权利。根据刑事诉讼法以及相关司法解释的规定，省高级人民法院以本案存在程序违法为由，撤销原判，发回一审法院重新审理。

发回重审后，市中级人民法院依旧作出与原判决相同的判决结果，判处被告人肖某死刑，剥夺政治权利终身。被告人肖某再次向省高级人民法院提起上诉。省高级人民法院认为：一审法院事实认定清楚、法律适用准确、量刑适当，驳回了被告人的上诉请求，维持了一审法院的判决。根据刑事诉讼法及相关法律的规定，省高级人民法院向最高人民法院报请死刑复核。最高人民法院审理后认为，被告人肖某在担任国有商业银行分理处副主任期间，利用职务之便，先后92次贪污公款418万元，贪污数额特别巨大，造成了国有财产的极大损失，犯罪情节极其严重。并经查，被告人肖某并不存在立功表现。两审裁判事实认定清楚，法律适用正确，量刑适当。根据相关法律规定，最高人民法院核准了被告人肖某死刑的裁定。

【专家评析】

本案中，被告人肖某经过了多次审判。事实上，如果一审法院在第一次审判时，严格地遵从法律程序，就不会走弯路，就不会造成二审法院第一次审理以一审法院剥夺了被告人肖某的辩护权为由，撤销原判，发回重审。这样就更不会造成司法资源的浪费。一审法院第一次审判的错误在于对辩护权的理解尚不深刻。

辩护权是被告人极其重要的权利。本案被告人的辩护人系委托辩护，市中级人民法院在第一次的庭审过程中，并未采纳被告人肖某关于更换辩护人的意见，剥夺了其辩护权，致使其合法权益严重受损。被告人有委托辩护人辩护的权利，更有辞去当前辩护人，另行委托他人辩护的权利。被告人拒绝辩护本应是辩护权的应有内容，法律允许被告人拒绝辩护是为了加强对辩护权的保障，更是强调对于人权的尊重。

另外，从肖某所判刑期的法定刑来看，肖某可能被判处无期徒刑或者死刑，属于“应当提供法律援助”的情形。本案中，被告人肖某不同意其辩护律师的意见，认为其辩护律师不熟悉案情，所以要求更换辩护律师，属于正当理由，人民法院应当准许被告人肖某的请求，肖某可以另行委托辩护。但如果其未能委托辩护人辩护，人民法院应当依法通知法律援助机构为其指定辩护律师。这时，鉴于被告人肖某属于“应当提供法律援助”的情形，就不得再次拒绝辩护。

需要说明的是，法律对于被告人拒绝辩护的次数进行限制是出于对诉讼效率的考虑。虽然被告人拥有拒绝辩护的权利，但是，如果被告人无休止地拒绝辩护，就会造成诉讼拖延，严重浪费司法资源。所以，基于诉讼效率的考虑，我国法律对被告人拒绝辩护的次数进行了限制。

【法条指引】

中华人民共和国刑事诉讼法

第四十三条 在审判过程中，被告人可以拒绝辩护人继续为他辩护，也可以另行委托辩护人辩护。

最高人民法院关于适用《中华人民共和国刑事诉讼法》的解释

第四十五条 被告人拒绝法律援助机构指派的律师为其辩护，坚持自己行使辩护权的，人民法院应当准许。

属于应当提供法律援助的情形，被告人拒绝指派的律师为其辩护的，人民法院应当查明原因。理由正当的，应该准许，但被告人须另行委托辩护人；被告人未另行委托辩护人的，人民法院应当在三日内书面通知法律援助机构另行指派律师为其提供辩护。

第二百五十四条 被告人当庭拒绝辩护人辩护，要求另行委托辩护人或者指派律师的，合议庭应当准许。被告人拒绝辩护人辩护后，没有辩护人的，应当宣布休庭；仍有辩护人的，庭审可以继续进行。

有多名被告人的案件，部分被告人拒绝辩护人辩护后，没有辩护人的，根据案件情况，可以对该被告人另案处理，对其他被告人的庭审继续进行。

重新开庭后，被告人再次当庭拒绝辩护人辩护的，可以准许，但被告人不得再次另行委托辩护人或者要求另行指派律师，由其自行辩护。

被告人属于应当提供法律援助的情形，重新开庭后再次当庭拒绝辩护人辩护的，不予准许。

人民检察院刑事诉讼规则（试行）

第四十三条 犯罪嫌疑人拒绝法律援助机构指派的律师作为辩护人的，人民检察院应当查明拒绝的原因，有正当理由的，予以准许，但犯罪嫌疑人需另行委托辩护人；犯罪嫌疑人未另行委托辩护人的，应当书面通知法律援助机构另行指派律师为其提供辩护。

▶ 9. 辩护人的责任是什么？

【宣讲要点】

辩护人在刑事诉讼中具有重要地位。我国法律设置辩护人制度的最主要的目的在于维护犯罪嫌疑人、被告人的诉讼权利与其他合法权益。但是，如何评价辩护人是否尽职尽责地维护其当事人的权利？我国刑事诉讼法以辩护人的责任为评价标准，评断辩护人的辩护活动是否恪尽职守地维护了犯罪嫌疑人、被告人的诉讼权利和其他合法权益。刑事诉讼法第35条规定，辩护人的责任是根据事实和法律，提出犯罪嫌疑人、被告人无罪、罪轻或者减轻、免除其刑事责任的材料和意见，维护犯罪嫌疑人、被告人的诉讼权利和其他合法权益。根据这一条文，我们需要从三个层次来理解辩护人的责任。

第一，辩护人的责任是维护犯罪嫌疑人、被告人的诉讼权利和其他合法权益。辩护人是犯罪嫌疑人、被告人聘请的。犯罪嫌疑人和被告人之所以聘请辩护人是为了其能为自己争取最大的利益。所以，辩护人的最主要的责任就是维护犯罪嫌疑人、被告人的诉讼权利和其他合法权益。这就要求辩护人在开展辩护活动的过程中，凡事都要为他的当事人着想，一切行为都是为了维护他的当事人的最大利益。

第二，辩护人维护犯罪嫌疑人、被告人诉讼权利和其他合法权益的方式是提出犯罪嫌疑人、被告人无罪、罪轻或者减轻、免除其刑事责任的材料和意见。辩护人面对公诉机关的指控可以采取不同的辩护策略。一般情况下，辩护人的辩护策略要么是无罪辩护，要么是罪轻辩护。基于不同的辩护策略，辩护人要提出不同的意见与材料。如果采取无罪辩护，辩护人要提出被告人无罪的意见和材料，或者辩驳公诉机关的证据链条不完整，或者辩驳公诉机关所认定的犯罪存在错误。如果采取罪轻辩护，辩护人要积极提出被告人罪轻、减轻的证据与材料。但须注意的是，辩护人无论如何都不对被告人的有罪负有举证责任。因为，公诉机关对于被告人的有罪负有唯一的举证责任。

第三，辩护人维护其当事人合法权益必须有事实和法律上的依据。所谓事实上的依据，是指辩护人必须有相应的证据进行佐证，不是空口无凭。所谓法律上的依据，是指辩护人必须能提出相应的利于犯罪嫌疑人、被告人的法律意见。比如，犯罪嫌疑人有重大立功的表现、有自首的情节、犯罪时处于精神病状态或者其他减轻、从轻或者免除犯罪嫌疑人、被告人刑事责任的事实依据。辩护人，尤其是辩护律师维护犯罪嫌疑人、被告人的合法权益不能胡说、瞎说。这种行为不仅会损坏司法权威，而且也违背了辩护人，尤其是辩护律师的职业道德。辩护人履行责任的行为准则就是用事实说话，用法律说理。

最后需要指出的是，这一条文在别国法律中并不多见，是我国立法者关于辩护人在刑事诉讼中依法进行辩护职责的纲领。这一条文对于辩护人进行辩护工作具有非常重要的指导意义。

【典型案例】

张某，男，36 周岁。2012 年 9 月，张某应邀去王某家喝酒。酒桌上，二人交谈甚欢。席间，张某不胜酒力，由于胃部不适去王某家外 500 米处的公共厕所方便。张某如厕出来后，碰上从旁边女厕所出来的小莉。小莉是张某的初恋情人。虽然二人均已成家，但是双方还互有好感。多年来，张某更是一直对小莉有爱慕之情。由于当时张某喝醉，其意识不太清醒，借着酒劲希望与小莉亲热。小莉见张某举止轻佻便立即制止。但这时张某产生了犯罪的念头，将小莉拉到旁边的厕所内要实施强奸。小莉大声呼喊救。

张某怕被人发现，用拳头狠狠击打小莉的头部，致使小莉昏迷。张某在公共厕所内对小莉实施了强奸行为。实施强奸行为后，张某回到家中向其母亲说出了自己的犯罪行为。张某的母亲听后雷霆大怒，劝说张某立即向所在地区的公安局投案自首。张某刚刚迈出家门就被公安机关抓获。被公安机关询问时，张某打电话委托了大智律师事务所的贺律师担任其辩护人。在侦查过程中，贺律师要求会见犯罪嫌疑人张某。该县公安局以侦查阶段不方便会见为由拒绝了贺律师的请求。贺律师立即指出该县公安局的违法行为，要求立即会见张某。在贺律师的努力下，他会见了张某，并就相关情况进行了了解。张某对于其所犯强奸罪的事实供认不讳。贺律师在与张某的交谈中，确定了罪轻的辩护策略。之后，该县公安局对张某实施了逮捕，并在完成侦查后向县检察院移送审查起诉。该县检察院在审查后，以强奸罪对张某提起公诉。该县法院受理了此案，并在10日内将起诉状送达了张某及其辩护律师，又在开庭前3日将开庭时间通知了诉讼参与人。由于本案涉及个人隐私，法院决定不公开审理本案。在法庭审理过程中，辩护人对于检察院关于强奸罪的指控事实无异议，但出示了被告人张某在公安局的讯问笔录，证明张某在犯罪行为实施后，立即自首。贺律师认为张某存在法定从轻的量刑情节，恳请法院对张某从轻处罚。该县检察院对辩护律师的观点持有异议。该县检察院认为，被告人张某并非主观意愿上存在自首情节，实际是被逼迫投案。检察院认为辩护人的观点不能成立。最后，该县法院在听取了控辩双方的意见后，认定张某强奸罪成立，鉴于张某存在自首情节，判处张某有期徒刑5年。张某在法院宣判后并未上诉。该案一审终结。

【专家评析】

本案中，张某的辩护人贺律师努力维护犯罪嫌疑人、被告人张某的诉讼权利和合法权益。在县公安局拒绝贺律师会见当事人的情况下，贺律师据理力争会见了犯罪嫌疑人张某，为其提供法律意见，确定了罪轻的辩护策略。在庭审上，贺律师提出被告人张某自首的法定量刑情节，希望法庭从轻处罚。并在庭审中，与公诉机关对于张某是否属于自首展开了激烈的辩驳。贺律师从审前程序到审判程序，都最大程度地维护了被告人张某的诉讼权利和其他合法利益。最终，被告人张某被法院从轻判处了有期徒刑5年。

本案中，贺律师的辩护工作不仅仅局限于庭审过程中。在审前程序中，贺律师也开展了扎实的辩护工作。这实际上也反映出新修订的刑事诉讼法强化程序辩护的精神内涵。新刑事诉讼法第35条较原来相比，将“维护犯罪嫌疑人、被告人的合法权益”，修改为“维护犯罪嫌疑人、被告人的诉讼权利和其他合法权益”，突出了对于犯罪嫌疑人、被告人诉讼权利的保护。也就是说，辩护人不仅仅是对于犯罪嫌疑人、被告人有罪无罪提出法律意见，也要对刑事诉讼过程中，公安机关、检察院和法院的违法行为进行监督，提出申诉或者控告，最大范围地维护当事人的合法权益。一直以来，我们将辩护仅仅局限在实体辩护上，对于程序辩护未能给予充分关注。事实上，实体辩护与程序辩护息息相关。实体辩护一般在审判阶段，程序辩护更多在审前阶段。如果审前阶段程序辩护不能有效展开，产生了非法证据，法院在庭审过程中基于非法证据作出了不公正的判决，那么就会影响审判的公正与司法的权威。所以，新修订的刑事诉讼法强化了程序辩护的精神，突出了对于犯罪嫌疑人、被告人诉讼权利的保障。这也无疑对辩护人开展辩护工作提出了新的要求。

本案最后需要说明的是，被告人张某存在自首情节。所谓自首，是指犯罪嫌疑人、被告人自动投案，如实供述自己的罪行。法院在量刑时，可以从轻或者减轻处罚。根据《最高人民法院关于处理自首和立功若干具体问题的意见》第1条的规定，自首要体现犯罪嫌疑人投案的主动性和自愿性。张某本身想去投案自首，具有了自动投案的自愿性与主动性。虽然，张某刚出门就被公安机关捕获，但不能因此认定张某的自首情节不能成立。人民法院也是基于张某的主动性与自愿性，判定其自首情节成立，对他从轻处罚。

【法条指引】

中华人民共和国刑事诉讼法

第三十五条 辩护人的责任是根据事实和法律，提出犯罪嫌疑人、被告人无罪、罪轻或者减轻、免除其刑事责任的材料和意见，维护犯罪嫌疑人、被告人的诉讼权利和其他合法权益。

▶ 10. 刑事诉讼过程中，控辩双方的举证责任有何差别？

【宣讲要点】

在法庭审理过程中，辩护人通常会提出被告人无罪、罪轻、减轻或者免除刑事责任的材料和意见。这就涉及了刑事诉讼法对于举证责任的规定。

举证责任，是指控方和辩方在向法院提出自己诉讼主张的同时，应当承担提供充足的证据加以证明，使法官确信其举出的证据事实，能够证明其诉讼主张确实性的责任。举证责任包括主观举证责任和客观举证责任。所谓主观举证责任，是指刑事诉讼中的控辩双方向法院提出证据证明自己的诉讼主张成立，以促进诉讼活动的进行；所谓客观举证责任，是指当证据所证明的案件事实处于真伪不明时，由谁承担败诉的不利风险。控辩双方都承担主观意义上的举证责任，都负有向法庭提出证据促进诉讼活动进行的责任。但控辩双方对于客观举证责任却有很大差别。根据我国刑事诉讼法及相关司法解释的规定，控辩双方的举证责任如下：

（1）控诉方承担的举证责任：

第一，控诉方承担的主观责任。对于公诉案件，刑事诉讼法第 172 条规定，人民检察院向人民法院提起公诉，应当向人民法院移送案卷材料和证据。在庭审过程中，人民检察院要通过出示证据、询问被告人、证人、出示司法鉴定意见等方式，提供证据证明自己对于被告人的指控得以成立，从而达到自己的指控目的。对于自诉案件，自诉人要提供证据证明被告人的犯罪事实成立，从而促进诉讼活动的顺利进行。

第二，控诉方承担的客观责任。我国刑事诉讼法第49条规定，公诉案件中被告人有罪的举证责任由人民检察院承担，自诉案件中被告人有罪的举证责任由自诉人承担。对于公诉案件，人民检察院要承担被告人有罪的举证责任。如果人民检察院不能提供充分的证据证明被告人的罪名成立，人民法院要对被告人作出无罪判决。对于自诉案件，自诉人要提供证据证明被告人的罪名成立，否则，在庭审前，人民法院会不予受理，在审判中，人民法院则有很大可能判定指控罪名不成立。

（2）辩护方承担的举证责任：

第一，辩护方的主观举证责任。辩护方同控诉方一样，都负有提出证据证明自己的诉讼主张，从而推进法院审判程序顺利进行的责任。根据刑事诉讼法的规定，辩护方要在法庭审理过程中，出示证据，询问证人、被告人；对于鉴定意见有异议的，可以申请专家辅助人出庭作证；对于有些证据，辩护律师可以申请人民法院调取证据；等等。

第二，辩护方的客观举证责任。虽然我国刑事诉讼法规定，控诉方承担被告人有罪的举证责任。辩护方不承担被告人有罪的举证责任。但不意味着，辩护方在刑事诉讼中就不承担任何客观意义上的举证责任，只不过其只承担有限意义上的客观责任。这种有限性表现为举证责任范围的有限性、证明标准的程度较低和辩护方完成该责任方式的非强制性。首先，辩护方只对被告人有法律上的无罪（正当防卫、紧急避险、意外事件和不可抗力以及不在犯罪现场的证据等）、罪轻、减轻和免除刑事处罚的情节负举证责任。其次，辩护方对这些主张的证明标准不必达到控诉方那样排除合理怀疑的程度。最后，辩护方完成该举证责任是自愿的。辩护方可以通过提出被告人存在无罪、从轻或者减轻刑事处罚的相关意见进行辩护，也可以通过驳斥控诉方的证据尚未能排除合理怀疑进行辩护。

无论如何，辩护方都不会对被告人的有罪负有举证责任。

【典型案例】

1998年4月22日，昆明警方接报，称在昆明市园西路一车内发现两具尸体。昆明警方迅速采取行动，对现场进行了勘查。警方发现：车内有一男一女2具尸体，并且车内财物被洗劫一空。经查，男死者王某为原路南县公安局副局长，女死者王某某为昆明公安局通讯处民警。由于两名公安干警被杀，案情重大，昆明市公安局成立了由市公安局刑侦支队、通讯处、戒毒所、五华公安分局、原路南县公安局有关人员组成的专案组。在专案组进一步勘查中，警方发现两名死者是被人枪杀。所用手枪为男死者的“七·七”式手枪。但该手枪在案发后下落不明。鉴于本案有两名警察被枪杀，并且男死者手枪下落不明，一时舆论哗然，各种消息纷纷散播。上级要求专案组抓紧时间，迅速破案。通过进行一系列的工作，女死者王某某的丈夫、昆明市公安局民警杜某某最先进入专案组的视线。专案组认为，杜某某发现其妻子王某某与男死者有奸情便伺机杀死二人。于是专案组传讯了杜某某，但杜某某坚决否认。之后，专案组又扩大视线，围绕杀人抛尸现场走访了数百名群众，查证了上万条信息线索，在确定了一个又一个的嫌疑人后，经查证后又一个一个地排除了。与此同时，专案组又对现场进行勘查分析，研究案情，并对杜某某进行了一系列的鉴定、测试、检测，均无法否认杜某某作案的可能。自此，杜某某被确定为重大嫌疑人，但杜某某对此一直拒不承认。

1998年7月2日，专案组邀请检察院有关人员一起研究对杜某某采取强制措施。当晚8时，专案组对杜某某宣布刑事拘留。两天后，杜某某开始“交代问题”，每次均向专案组陈述基本一致的“作案经过”，但对杀害“二王”所用的“七·七”式手枪及“二王”身上的物品去向“交代”不明，案情进展缓慢。

同年7月26日，昆明市公安局以杜某某涉嫌故意杀人罪向昆明市人民检察院提请逮捕。市检察院在审讯杜某某时，其翻供称昆明市公安局对其刑讯逼供，自己根本无罪。杜某某向检察院人员出示了位于手腕处的伤痕。市检察院针对这一情况询问了警方。警方称，手腕处伤痕系长期使用手铐扣押所致，对待杜某某并未使用刑讯逼供，并提供了审讯杜某某的录像带和杜某某亲笔书写的供述材料给检察院审查。市检察院审查后，认为昆明警方并未对杜某某采取刑讯逼供。

10月20日，市人民检察院以杜某某涉嫌故意杀人罪向昆明市中级人民法院提起公诉。昆明市中级人民法院受理后，于1998年12月17日和1999年1月15日两次开庭审理了本案，庭审中，杜某某坚称自己无罪，其辩护人认为公诉机关对于所指控的犯罪事实尚未做到事实清楚，证据充分，尚未能排除合理疑点。1999年2月5日，昆明市中级人民法院作出判决，以杜某某犯故意杀人罪，判处死刑，剥夺政治权利终身。宣判后，杜某某不服，以“没有杀人，公安刑讯逼供，事实不清，证据不足”为由向云南省高级人民法院提出上诉。省高级人民法院在审理该案后，提出了对公诉机关在一审庭审中指控并经一审确认的鉴定证据和杜某某本人的亲笔供述等证据中的取证问题、鉴定时间问题、刑讯逼供问题以及作案时间、作案动机等方面的疑点。认为该案的主要证据是真实的，但存在的疑点不能排除，于1999年11月12日留有余地地将杜某某降格判处死刑，缓期2年执行。

2000年6月14日，昆明警方在开展侦破会战中，一举破获了杨某劫车杀人团伙案，在杨某等人交代的一件件惊天大案中，居然就包括了在海埂抢劫杀害2名警察的案件。犯罪嫌疑人交代，1998年4月一天的晚上，杨某犯罪集团准备以抓卖淫嫖娼敲诈钱财，结果在园西路发现一辆昌河面包车。杨某上前敲击车门后，车内人打开车门，杨某掏出手枪，假称自己为警察要求车内人员出示证件接受检查。紧接着杨某就发现车内人居然是真警察，本想逃跑。女死者要求看杨某的证件。杨某破绽百出，当即将两死者用手铐铐在车内。随后，杨某的团伙搜出男死者的“七·七”式手枪，并用手枪杀死2人。为掩饰罪行，该团伙作案人员洗劫了车内财物，掩饰了犯罪现场，之后逃离。根据3名犯罪嫌疑人的交代，公安机关在杨某的住处搜出“七·七”式手枪1支，弹匣2个。经鉴定，该枪就是男死者所配的被用于枪杀“二王”的枪支。此外，还查获微型录音机1台，与男死者购物发票上记载的录音机与查获的录音机机身号完全一致。至此，一个惊天的真相浮出水面。杜某某并非杀人犯，他是被冤枉的！所谓专案组专办的杜某某杀人案是一桩错案！

杜某某于2000年7月11日出狱，但那时他已经在监狱里服刑近1年。

【专家评析】

杜某某一案发生的原因是多方面的，其中一个原因就在于主审本案的人民法院对辩护方举证责任的错误分配——将证实被告人无罪的举证责任强加到辩护方。

这种错误的分配举证责任深层次原因是审判人员并未深刻理解无罪推定原则。无罪推定原则是刑事诉讼法中的一个基本原则。该原则的含义为，在未经法庭审判前，每个犯罪嫌疑人都被推定为无罪。无罪推定是对所有人从事实上的有罪到法律上的有罪设置的一个障碍。必须逾越过法庭审判这个障碍，才可以确定为有罪。而本案中的审判人员认为：如果被告人并未提出充分证据证明自己无罪，那么，被告人就是有罪的。本案中两级法院都坚持了有罪推定的审判逻辑。这种逻辑是极其错误的！

鉴于此，新修订的刑事诉讼法第49条确定了举证责任的分配标准。虽然，我们完善了相关法律规定，但是对于刑事诉讼一些基本原则（无罪推定原则等）与理念（保障人权等）的宣扬与学习还是有必要进一步深入的。这些做法都有利于避免更多的类似杜某某冤案的发生。

总之，辩护方不对被告人有罪负有举证责任。新修订的刑事诉讼法第35条为辩护人的辩护策略提供了广阔的空间。辩护人可以通过提出被告人无罪、罪轻或者减轻、免除其刑事责任的材料和意见进行辩护，也可以通过对控诉方指控的犯罪事实与证据之间的证明程度进行辩护；更可以通过对法律适用发表辩护意见。

【法条指引】

中华人民共和国刑事诉讼法

第三十五条 辩护人的责任是根据事实和法律，提出犯罪嫌疑人、被告人无罪、罪轻或者减轻、免除其刑事责任的材料和意见，维护犯罪嫌疑人、被告人的诉讼权利和其他合法权益。

第四十九条 公诉案件中被告人有罪的举证责任由人民检察院承担，自诉案件中被告人有罪的举证责任由自诉人承担。

▶ 11. 辩护律师在代理过程中发现委托人准备犯罪，应该怎么做?

【宣讲要点】

辩护律师在开展辩护工作的过程中，会接触到大量有关犯罪嫌疑人、被告人的个人信息。辩护律师对于这些信息应该保密。但是，如果辩护律师在代理过程中发现委托人准备实施犯罪或者正在实施犯罪，这里涉及了有关律师保守执业秘密权及其例外的相关法律规定。

根据刑事诉讼法第 46 条和律师法第 38 条第 2 款的规定，律师对在执业活动中知悉的委托人和其他人不愿泄露的情况和信息，应当予以保密。这是律师的义务，也是律师职业道德的基本要求。

然而，律师也并不是对委托人的所有情况予以保密。根据刑事诉讼法第46 条的规定，如果律师在执业活动中知悉委托人或者其他人准备或者正在实施危害国家安全、公共安全以及严重危害他人人身安全的犯罪的，应当及时告知司法机关。一方面，律师在执业过程中，只有知道委托人准备或正在实施犯罪的，才应当及时告知司法机关。如果律师知道委托人曾经实施犯罪的，不能将有关信息透露给别人。另一方面，辩护律师并不是能将委托人所有的准备或正在实施犯罪的信息报告给司法机关，仅仅针对三类犯罪：危害国家安全、公共安全以及严重危害他人人身安全的犯罪。法律如此规定的理由在于这三类犯罪的巨大社会危害性。一旦这三类犯罪实施完毕，将造成不可估量的社会危害。

所以，当辩护律师在代理过程中发现委托人准备或者正在实施上述三类犯罪的，应当及时告知司法机关。同时，司法机关也要及时将案件移送有关机关依法处理，并且为辩护律师保密。

【典型案例】

王某，男，30 周岁，重庆人。王某因涉嫌黑社会性质组织犯罪被公安机关刑事拘留。随后，王某聘请了辩护律师刘某。在刘某与王某的会见中，刘某发现王某说话犹豫，似乎有意隐瞒一些事情。刘某认真的开导了王某，希望他能够说出整个案情。于是，王某向刘某交代了两件事。一件是王某曾在被拘留的前两天，遵照他上级的安排，拿着砍刀砍伤了一个人。由于伤人是在晚上，王某不知道这人是死是活。公安机关还尚未掌握这个犯罪事实。但是刀还在自己的家里。王某害怕公安机关会对他的家进行搜查，希望刘某帮助他把刀销毁。另一件是，自己在被拘留之前，曾与朋友张某约好杀害两人共同的仇人李某，并准备当晚动手。王某已经购买好了刀具交予张某，但是由于自己现在被拘留了，不能参加这次行动。请刘某将自己的状况告诉张某，让张某自己单独行动。刘某听后，说："对于你的两个请求，我都不会答应你。"

随后，刘某将王某、张某密谋杀害李某的事情向公安机关报案。当天晚上，张某见王某怎么都等不到，便自己动手实施杀人行为。所幸公安机关及时赶到犯罪现场，解救了李某，抓获了犯罪嫌疑人张某。

王某知道后，非常气愤，强烈要求更换了辩护律师。王某又聘请了另一位律师作为自己的辩护人。后来，检察院以王某涉嫌故意杀人罪和黑社会性质组织罪，向人民法院提起公诉。在法庭审理过程中，王某对黑社会性质组织罪供认不讳，但反对公诉机关对他的故意杀人罪的指控。

人民法院在听取了控辩双方的意见后，认为王某犯故意杀人罪和黑社会性质组织罪成立。由于王某、张某实施的故意杀人罪未遂，对王某从轻处罚，数罪并罚判处王某有期徒刑10年。

【专家评析】

本案中，被告人王某向辩护律师刘某透露了两个消息：一个是王某在未被拘留之前，曾恶意砍伤一人；另一个是王某准备与张某实施杀害李某的犯罪行为。王某要求刘某为其保密。但刘某拒绝了王某对其犯罪行为保密的请求。正是因为刘某的及时告知，才让公安机关及时制止了张某的犯罪行为，挽救了李某的生命。

根据刑事诉讼法第46条、律师法第38条的规定，本案中，律师刘某的行为是合法的，是不违背律师职业道德的。由于王某拒绝的第二件事是王某准备实施的犯罪行为，并且涉嫌故意杀人。因此，律师刘某根据刑事诉讼法第46条的规定，将其在执业活动中知悉委托人王某和张某准备实施的严重危害他人人身安全的犯罪，及时告知了司法机关。刘某的这一做法并不违反律师的职业道德。本案中，如果刘某不向公安机关报案，李某的生命很可能危在旦夕。正是律师刘某的报案，才挽救了李某的生命。刑事诉讼法第46条也表现出了对于律师职业道德与社会公共利益的价值权衡。由于危害国家安全、公共安全以及严重危害他人人身安全的犯罪社会危害性极其巨大，所以要求律师可以免受执业保守秘密权的约束。

需要说明的是，本案中，虽然王某没有参与实施杀人行为，但是张某、王某2人之前已经密谋好，2人成立了共同犯罪。根据刑法的规定，在共同犯罪中，如果有犯罪嫌疑人不准备继续实施犯罪的，应当采取措施及时有效制止其他犯罪嫌疑人实施犯罪，否则，依旧成立共同犯罪。同时，张某与王某的故意杀人行为因公安机关的及时介入而造成犯罪不能，成立故意杀人罪的未遂状态。所谓未遂犯是指，犯罪分子已经着手实行犯罪，因为其意志以外的原因而未能完成犯罪的状态。根据刑法第23条的规定，对于未遂犯，可以比照既遂犯从轻或者减轻处罚。本案中，人民法院也正是依据该条法律规定，对被告人王某从轻处罚，判处其有期徒刑10年。

【法条指引】

中华人民共和国刑事诉讼法

第四十六条 辩护律师对在执业活动中知悉的委托人的有关情况和信息，有权予以保密。但是，辩护律师在执业活动中知悉委托人或者其他人，准备或者正在实施危害国家安全、公共安全以及严重危害他人人身安全的犯罪的，应当及时告知司法机关。

中华人民共和国律师法

第三十八条第二款 律师对在执业活动中知悉的委托人和其他人不愿泄露的情况和信息，应当予以保密。

最高人民法院关于适用《中华人民共和国刑事诉讼法》的解释

第六十条 辩护律师向人民法院告知其委托人或者其他人准备实施、正在实施危害国家安全、公共安全以及严重危害他人人身安全犯罪的，人民法院应当记录在案，立即转告主管机关依法处理，并为反映有关情况的辩护律师保密。

人民检察院刑事诉讼规则（试行）

第五十九条 辩护律师告知人民检察院其委托人或者其他人员准备实施、正在实施危害国家安全、公共安全以及严重危害他人人身安全犯罪的，人民检察院应当接受并立即移送有关机关依法处理。

人民检察院应当为反映有关情况的辩护律师保密。

▶ 12. 侦查阶段，辩护律师如何开展辩护工作？

【宣讲要点】

根据刑事诉讼法第33条第1款的规定，犯罪嫌疑人、被告人在侦查阶段就可以聘请律师担任辩护人。第36条规定，辩护律师在侦查期间可以开展以下四个方面的工作：

（1）为犯罪嫌疑人提供法律帮助。辩护律师的主要工作就是为犯罪嫌疑人提供法律帮助。但是，因所处诉讼阶段的不同，辩护律师的工作也会相应地有所差别。此处更多地侧重在侦查阶段。在侦查阶段，公安机关尚处在对犯罪嫌疑人违法犯罪证据的搜集过程中，案件的真相还有赖于进一步调查。一切都处于不确定之中。所以，辩护律师在此阶段的工作重点是程序辩护，对侦查机关的侦查行为进行监督。如果侦查机关的行为违反了刑事诉讼法的相关规定，辩护律师就要维护其当事人的诉讼权利和其他合法利益。比如，对于被采取取保候审措施的当事人来说，如果侦查机关既要求保证人又要求保证金的，辩护律师要及时制止侦查机关的这一行为。对于侦查机关扣押、查封、冻结与案件无关的物品时，辩护律师要依法要求解除查封、扣押。总之，只要是有利于维护犯罪嫌疑人诉讼权利和其他合法利益的事项，辩护律师都有义务提供优质的法律服务。

（2）代理犯罪嫌疑人的申诉、控告，为犯罪嫌疑人申请变更强制措施。犯罪嫌疑人只不过是被认为有实施犯罪行为的嫌疑，但并不一定是真正的犯罪者或者应该负刑事责任。如果辩护律师掌握了犯罪嫌疑人不在犯罪现场、不满刑事责任年龄以及实施犯罪时处于不能控制其行为的精神状态的证据、或者其他能使犯罪嫌疑人免于刑事追诉、刑事处罚的证据，都要及时向侦查机关反映、申诉，讲明具体实情。

所谓控告，是指在侦查机关违反刑事诉讼法的相关规定，实施了侵害犯罪嫌疑人人身权、财产权或者其他合法权益的行为时，犯罪嫌疑人有权对侦查机关的违法行为提起控告，要求其改正。犯罪嫌疑人不便控告的，可以委托其辩护律师代为控告。辩护律师要就相关事实进行必要的调查，然后向检察机关提出控告，要求其依法办理。最常见的控告是侦查机关实施了刑讯逼供行为，犯罪嫌疑人或者其辩护律师向人民检察院提出控告。

（3）强制措施，是侦查机关为了保障刑事诉讼活动的顺利进行，对犯罪嫌疑人采取的限制或剥夺其人身自由的手段。我国强制措施主要为取保候审、监视居住、拘传、拘留和逮捕。如果侦查机关对犯罪嫌疑人采取了剥夺其人身自由的强制措施，待某些情形消灭后，侦查机关应该取消对其采取限制人身自由的措施，那么辩护律师要向侦查机关提出为犯罪嫌疑人变更强制措施的申请。

（4）向侦查机关了解犯罪嫌疑人涉嫌的罪名和案件有关情况，提出意见。程序辩护是辩护律师的重要工作，但是辩护律师还是要就案件涉嫌的实体罪名等进行充分的了解与准备。虽然在侦查阶段一切还尚不能确定，但是辩护律师也要向侦查机关就犯罪嫌疑人涉嫌的罪名和案件的有关情况进行了解。这样做方便辩护律师在庭审过程中开展实体辩护工作。根据刑事诉讼法第 159 条的规定，在案件侦查终结前，对于辩护律师提出的书面意见，侦查机关应当认真听取，并附卷。

【典型案例】

2008年11月底，北京W报记者关某来到山西某市采访一家房地产企业涉嫌土地违规的事情。在几天的走访调查中，关某掌握了一些并不为大众所知的内幕消息，但他的暗访也已被人发现。12月1日下午，关某在向报社汇报完情况后，便失去了消息。随后，报社和家人向警方报案。警方调取了12月1日当天酒店的监控视频。视频显示，关某被5名便衣男子带走。但案件的调查就此停滞不前。后W报编辑助理李某将关键的消息发布到网上后，立刻引来网民和舆论的关注。有网民进行人肉搜索后称，关某已经被山西某市警方刑事拘留。后来，该警方证实，关某于2008年12月1日下午被该市警方以涉嫌受贿带走。该市警方声称，案情不便对外透露，因为对于关某涉嫌非国家工作人员受贿罪的案件依旧在侦查过程中。随后，关某的家属为其聘请了辩护律师。律师与该市警方交涉了解相关案情，并会见了犯罪嫌疑人关某，随后书面向警方提出要求变更强制措施，申请采取取保候审措施的意见，该市警方认真听取后，将书面意见附卷，并采纳了辩护律师的意见。

【专家评析】

本案中，辩护律师在案件侦查阶段，首先就案件的相关情况向警方进行了了解。在大致了解了案情的基础上，辩护律师向侦查机关申请采取取保候审措施。辩护律师并未急于对涉嫌非国家工作人员受贿罪进行辩护。因为，本案现在处于侦查阶段。在侦查阶段，侦查机关只是了解了一些案件情况，并未搜集到充分的证据。只能说犯罪嫌疑人关某很有可能实施这一犯罪，但不能说关某确实实施了犯罪行为。如果侦查机关对关某涉嫌非国家工作人员受贿罪有充足的证据的话，就会向该市人民检察院移送审查起诉了，而不是仍停留在侦查阶段。所以，此时辩护律师的辩护工作更多的是侧重于程序辩护，比如，为犯罪嫌疑人申请变更强制措施、代为申诉、控告或者向侦查机关了解犯罪嫌疑人涉嫌的罪名和案件的有关情况等。

本案中，辩护律师所做的主要工作在于向该市警方申请将拘留措施变更为取保候审。一般情况下，拘留适用于紧急情况下抓捕犯罪嫌疑人。比如，犯罪嫌疑人企图自杀或者逃跑、犯罪后及时被发觉等。一般情况下，拘留不超过10天。对于流窜作案、结伙作案或者集团作案的拘留期限最多也不超过37天。而所谓取保候审是指公安机关、人民检察院和人民法院对未被羁押的犯罪嫌疑人、被告人，为防止其逃避侦查、起诉和审判，责令其提出保证人或者交纳保证金，保证在一定期限内随传随到的强制措施。本案并非特殊案件，只是一般的刑事案件。犯罪嫌疑人关某从被拘留到被家人发现行踪，应该达到了拘留的限制日期。所以本案的辩护律师申请变更强制措施，要求采取取保候审措施。当然，本案的辩护人也就涉嫌的罪名、案情与公安机关进行了咨询。随后，辩护律师对于本案的实体方面提出了自己的辩护意见。

【法条指引】

中华人民共和国刑事诉讼法

第三十六条 辩护律师在侦查期间可以为犯罪嫌疑人提供法律帮助；代理申诉、控告；申请变更强制措施；向侦查机关了解犯罪嫌疑人涉嫌的罪名和案件有关情况，提出意见。

第一百五十九条 在案件侦查终结前，辩护律师提出要求的，侦查机关应当听取辩护律师的意见，并记录在案。辩护律师提出书面意见的，侦查机关应当附卷。

最高人民法院、最高人民检察院、公安部、国家安全部、司法部、全国人大常委会法制工作委员会关于实施刑事诉讼法若干问题的规定

第六条 刑事诉讼法第三十六条规定："辩护律师在侦查期间可以为犯罪嫌疑人提供法律帮助；代理申诉、控告；申请变更强制措施；向侦查机关了解犯罪嫌疑人涉嫌的罪名和案件有关情况，提出意见。"根据上述规定，辩护律师在侦查期间可以向侦查机关了解犯罪嫌疑人涉嫌的罪名及当时已查明的该罪的主要事实，犯罪嫌疑人被采取、变更、解除强制措施的情况，侦查机关延长侦查羁押期限等情况。

公安机关办理刑事案件程序规定

第四十七条 辩护律师向公安机关了解案件有关情况的，公安机关应当依法将犯罪嫌疑人涉嫌的罪名以及当时已查明的该罪的主要事实，犯罪嫌疑人被采取、变更、解除强制措施，延长侦查羁押期限等案件有关情况，告知接受委托或者指派的辩护律师，并记录在案。

▶ 13. 辩护律师如何与犯罪嫌疑人、被告人会见?

【宣讲要点】

律师会见，是指在刑事诉讼中律师接受犯罪嫌疑人、被告人的委托或者人民法院指定之后，依法与其面谈，了解犯罪嫌疑人涉嫌的罪名及有关案件情况，或者听取犯罪嫌疑人或被告人对指控犯罪的意见和理由，从而为犯罪嫌疑人提供法律帮助，为辩护做好进一步准备而进行的诉讼活动。律师会见的权利应包括以下内容：（1）侦查机关应提供条件使犯罪嫌疑人和律师会见；（2）侦查机关不应对律师会见作出限制；（3）律师会见犯罪嫌疑人的时候不被窃听、不经检查和谈话保密。可以这么说，在押的被追诉人与律师会见是被追诉人最基本的诉讼权利，同时也是获得律师帮助权利的重要体现，还是律师从事刑事辩护业务中的一项重要诉讼权利，它在保障被刑事追究者的知情权，增强辩方与控方的对抗力量，维持控辩平等中发挥着重要的作用。

具体来讲，辩护律师与犯罪嫌疑人、被告人会见要遵循以下程序：（1）提出要求。辩护律师会见在押的犯罪嫌疑人、被告人，应当向看守所提出会见的要求。（2）办理会见手续。辩护律师要求会见的，需要办理相应的会见手续，出示有关证件，主要是律师执业证书、律师事务所证明和委托书或者法律援助公函。其中，对于当事人委托的辩护律师，需要出示委托书；对于法律援助机构指派的辩护律师，需要出示由法律援助机构出具的法律援助公函。（3）安排会见。看守所应当及时安排会见，至迟不能超过48小时。一般来说，辩护律师提出会见要求之后，除了因没有会见场所造成无法安排会见等特殊情况之外，看守所都应该立即安排会见，不能找借口找理由故意拖延，而且，不论在哪种情况下，都应该在48小时以内安排妥当。

【典型案例】

站在山西省看守所门前的周律师显得颇为无奈，这已经是他不知第几次被拒于看守所门外了。

央视女记者李某因涉嫌受贿，被羁押于山西省看守所，李某的家人找到律师事务所，事务所派律师周某为其进行辩护。作为李某的辩护律师，周某一大早便来到山西省看守所，向看守所接待室的值班民警出示了律师执业证、律师事务所开具的专用介绍信，还有一封李某家人出具的委托书，要求到看守所会见李某，但是值班的警官说缺少了办案机关——该市某区人民检察院出具的准予会见文书，不能同意周某的会见。这一回答让周某一头雾水，律师法明文规定，律师会见只凭“三证”就可以要求看守所安排会见，哪里需要什么办案机关的批准呢？周某向值班警官解释了律师法的规定，可是警官却说本地有自己的规定，没有办案机关批准，不能安排会见。周某告诉警官，要求律师获得办案机关准予会见的文书才安排会见是违法的，可是值班警官依旧不同意，面有难色地叫周律师不要为难他。没有办法，周某只好当场拨打负责办案的检察官电话，试图向警官证明办案机关同意律师会见，可是电话却怎么也打不通了。周某无功而返。

周律师无奈地来到太原市该区人民检察院，于当日下午两点找到了李检察官，请求李开具一封准予律师会见的文书，李却说会见不需要检察院的批准，检察院是不会开具这一类的文书给律师的。

这样的踢皮球让周某疲惫不堪，只得下载了一份律师法的规定，打印整理好，再次来到了山西省看守所，试图向看守所证明自己上午所说的律师法的规定是事实。值班的警官一脸苦涩，他告诉周某，规定他知道，可是没有办案机关准予会见的文书不能安排会见。周某和警官僵持了很久，试图去说服警官让自己会见犯罪嫌疑人李某，可是警官却咬死了说缺少文书，没有任何缓和的余地。或许是警官看周某如此辛苦地来回奔走动了恻隐之心，值班的警官告诉他，其实并不需要什么检察院的文书，只是检察院说了，不允许任何人会见李某。

【专家评析】

“会见难”一直以来都被律师界称为律师辩护的“三难”之一，曾有调查表明，以某年北京市某区看守所为例，全部在押人员中侦查阶段律师会见率仅为14.6%，律师会见在押人员的次数平均为1.3次，人均每次会见持续的时间仅为24分钟，这严重限制了律师了解案件情况，帮助当事人的权利，进而削弱了辩护律师为犯罪嫌疑人、被告人进行辩护的能力。虽然2007年10月全国人大常委会通过的律师法有了突破性的规定：律师会见不论处在何种诉讼阶段，不再经批准，受限制，可以直接到看守所凭“三证”与在押的犯罪嫌疑人、被告人会见，并且“会见时不被监听”，只有非律师的辩护人会见犯罪嫌疑人、被告人，才需要得到办案机关的批准。但是，有关会见的实践做法并没有在律师法生效后得到贯彻执行。有关部门甚至还为自己的违法行为给出了荒唐的理由：刑事诉讼法作为国家基本法还没有修改，律师法作为普通法无权对刑事诉讼法进行修改。所以，2012年修改后的刑事诉讼法在这方面有了更加明确的规定，简化了会见手续，放宽了会见限制，消除了律师和当事人的后顾之忧，为真正维护犯罪嫌疑人、被告人的权利作出了保障。

在上述案例当中，李某的律师周某提出会见要求，并依法提供“三证”，合乎会见程序，若非危害国家安全犯罪、恐怖活动犯罪、特别重大贿赂犯罪案件，看守所就应当及时安排会见，而不是和办案机关检察院这样互相“传球”，将周律师拒之门外。行政机关和司法机关的工作人员没有树立法治观念，没有正确认识惩罚犯罪与保护人权的关系，做出这样的违法行为，大大侵害了律师的辩护权利，以及犯罪嫌疑人、被告人的诉讼权利，也不利于诉讼活动的正常展开。

【法条指引】

中华人民共和国刑事诉讼法

第三十七条 辩护律师可以同在押的犯罪嫌疑人、被告人会见和通信。其他辩护人经人民法院、人民检察院许可，也可以同在押的犯罪嫌疑人、被告人会见和通信。

辩护律师持律师执业证书、律师事务所证明和委托书或者法律援助公函要求会见在押的犯罪嫌疑人、被告人的，看守所应当及时安排会见，至迟不得超过四十八小时。

危害国家安全犯罪、恐怖活动犯罪、特别重大贿赂犯罪案件，在侦查期间辩护律师会见在押的犯罪嫌疑人，应当经侦查机关许可。上述案件，侦查机关应当事先通知看守所。

辩护律师会见在押的犯罪嫌疑人、被告人，可以了解案件有关情况，提供法律咨询等；自案件移送审查起诉之日起，可以向犯罪嫌疑人、被告人核实有关证据。辩护律师会见犯罪嫌疑人、被告人时不被监听。

辩护律师同被监视居住的犯罪嫌疑人、被告人会见、通信，适用第一款、第三款、第四款的规定。

中华人民共和国律师法

第三十三条 律师担任辩护人的，有权持律师执业证书、律师事务所证明和委托书或者法律援助公函，依照刑事诉讼法的规定会见在押或者被监视居住的犯罪嫌疑人、被告人。辩护律师会见犯罪嫌疑人、被告人时不被监听。

最高人民法院、最高人民检察院、公安部、国家安全部、司法部、全国人大常委会法制工作委员会关于实施刑事诉讼法若干问题的规定

7. 刑事诉讼法第三十七条第二款规定：“辩护律师持律师执业证书、律师事务所证明和委托书或者法律援助公函要求会见在押的犯罪嫌疑人、被告人的，看守所应当及时安排会见，至迟不得超过四十八小时。”根据上述规定，辩护律师要求会见在押的犯罪嫌疑人、被告人的，看守所应当及时安排会见，保证辩护律师在四十八小时以内见到在押的犯罪嫌疑人、被告人。

人民检察院刑事诉讼规则（试行）

第四十五条第一款 对于特别重大贿赂犯罪案件，犯罪嫌疑人被羁押或者监视居住的，人民检察院侦查部门应当在将犯罪嫌疑人送交看守所或者送交公安机关执行时书面通知看守所或者公安机关，在侦查期间辩护律师会见犯罪嫌疑人的，应当经人民检察院许可。

公安机关办理刑事案件程序规定

第四十八条 辩护律师可以同在押或者被监视居住的犯罪嫌疑人会见、通信。

第四十九条第一款 对危害国家安全犯罪案件、恐怖活动犯罪案件，办案部门应当在将犯罪嫌疑人送看守所羁押时书面通知看守所；犯罪嫌疑人被监视居住的，应当在送交执行时书面通知执行机关。

第五十条 辩护律师要求会见在押的犯罪嫌疑人，看守所应当在查验其律师执业证书、律师事务所证明和委托书或者法律援助公函后，在四十八小时以内安排律师会见到犯罪嫌疑人，同时通知办案部门。

侦查期间，辩护律师会见危害国家安全犯罪案件、恐怖活动犯罪案件、特别重大贿赂犯罪案件在押或者被监视居住的犯罪嫌疑人时，看守所或者监视居住执行机关还应当查验侦查机关的许可决定文书。

第五十二条第一款 辩护律师会见在押或者被监视居住的犯罪嫌疑人时，看守所或者监视居住执行机关应当采取必要的管理措施，保障会见顺利进行，并告知其遵守会见的有关规定。辩护律师会见犯罪嫌疑人时，公安机关不得监听，不得派员在场。

▶ 14. 新修订的刑事诉讼法如何保障辩护人的查阅案卷权？

【宣讲要点】

新修订的刑事诉讼法第38条对辩护人的查阅案卷权作出了具体规定。辩护律师自人民检察院对案件审查起诉之日起，可以查阅、摘抄、复制本案的案卷材料。其他辩护人经人民法院、人民检察院许可，也可以查阅、摘抄、复制上述材料。

新修订的刑事诉讼法对辩护人的此项权利作了如下保障：（1）在时间上，辩护人行使阅卷权的起始时间为人民检察院对案件审查起诉之日，也就是说，无论是审判阶段，还是审查起诉阶段，辩护人都有权阅卷；（2）在方式上，辩护人可以通过查阅、摘抄、复制等方式行使阅卷权；（3）在内容上，辩护人可以查阅的是本案的案卷材料，即侦查机关移送人民检察院和人民检察院移送人民法院的案卷中的所有材料，包括诉讼文书和技术性鉴定材料，还有指控犯罪的主要事实材料，但不包括合议庭、审判委员会的讨论记录以及其他依法不公开的材料；（4）对其他辩护人的特别规定，经人民法院、人民检察院许可，其他辩护人也可以查阅、摘抄、复制上述材料。更准确地说，在审查起诉阶段应当经人民检察院许可，在审判阶段应当经人民法院许可。这里值得注意的是，之所以要对辩护律师和辩护人作出不一样的规定，主要是考虑到，律师是依法取得律师执业证书、接受委托或者指定为当事人提供法律服务的执业人员，要接受司法行政部门的监督和指导，且一般与本案无其他利害关系，而其他辩护人则可能是犯罪嫌疑人、被告人的监护人、近亲属等，是否能查阅本案的案卷材料，需要由人民检察院、人民法院根据具体情况作出决定。至于许可的标准，一般来讲，只要让辩护人阅卷不会造成串供或者其他妨碍诉讼的情况，人民检察院、人民法院就应当予以许可。

【典型案例】

张律师是S省龙头律师事务所的刑事辩护律师。他办理过一起强奸案件。当事人孙某是一个中年男人，10年前就曾因犯强奸罪被抓入狱，不久前刚出狱。近日，一名少女报案称自己上完晚自习在从学校回家的路上，被人拖至小巷子里实施了强奸行为。因光线昏暗，被害人并未看清施暴者的面貌。有人声称，案发当晚曾在案发现场附近看到过孙某。有过犯罪前科的孙某立马就被视为重大嫌疑分子。

张律师查阅了侦查机关移送到人民检察院的案卷材料，根据自己掌握的情况仔细审查。对比被告人供述和受害人陈述，张律师惊讶地发现，被告人孙某供述的过程、动作、语言等，同受害人的陈述几乎完全一致，包括在强奸过程中说的一句无关紧要的话，二人都陈述得一致。对两份笔录进一步对照，张律师发现两份笔录并不是出自一个记录员之手，但标点符号、错别字居然都完全一致。张律师猜测侦查人员极有可能有先入为主的观念，在此基础上根据受害人的陈述，逼迫孙某认罪。于是张律师根据这一发现，又对相关事实进行了求证，最后，在法庭上对这些事实结合其他证据作了充分的论证，取得了极好的辩护效果。

【专家评析】

在我国，保障辩护人查阅案卷权具有重要意义。通常，辩护人获取证据资料有两个途径，其一是自己调查和收集；其二是通过查阅控方所收集的案卷。在大多数国家，后一种渠道是最主要的，因为控方拥有强大的侦查权和精良的设备，其证据收集能力远远大于辩护人。特别在我国，原本律师调查和收集证据的实际权限和能力比较弱，因此，通过查阅案卷获得证据对于实现成功的辩护就更加具有了非同寻常的意义。不仅如此，辩护人查阅案卷还可以对侦查机关的侦查活动进行事后的合法性监督，发现有无侵害犯罪嫌疑人、被告人权益的暴力取证等违法犯罪行为。同时，辩护人查阅案卷知道控方掌握的所有材料之后，就不会只听信犯罪嫌疑人、被告人的一面之词，反而可以对案情有更准确地把握，制定更恰当的刑事辩护策略。甚至在案件事实清楚、证据确凿的情况下，可以帮助说服犯罪嫌疑人、被告人认罪伏法，好好表现，积极立功，争取宽大处理。

上述案例就是律师利用查阅案卷权取得成功辩护的典范。在本案中，侦查人员有刑讯逼供的重大嫌疑，而律师也切实履行了自己的辩护义务，仔细深入地分析证据，维护当事人的权益。我们看到，如果不保障律师的查阅案卷权，律师得不到全部的案卷材料，是不可能发现这些疑点并用以对抗检方的控诉的。

【法条指引】

中华人民共和国刑事诉讼法

第三十八条 辩护律师自人民检察院对案件审查起诉之日起，可以查阅、摘抄、复制本案的案卷材料。其他辩护人经人民法院、人民检察院许可，也可以查阅、摘抄、复制上述材料。

中华人民共和国律师法

第三十四条 律师担任辩护人的，自人民检察院对案件审查起诉之日起，有权查阅、摘抄、复制本案的案卷材料。

最高人民法院关于适用《中华人民共和国刑事诉讼法》的解释

第四十七条 辩护律师可以查阅、摘抄、复制案卷材料。其他辩护人经人民法院许可，也可以查阅、摘抄、复制案卷材料。合议庭、审判委员会的讨论记录以及其他依法不公开的材料不得查阅、摘抄、复制。

辩护人查阅、摘抄、复制案卷材料的，人民法院应当提供方便，并保证必要的时间。

复制案卷材料可以采用复印、拍照、扫描等方式。

第五十九条 辩护人、诉讼代理人复制案卷材料的，人民法院只收取工本费；法律援助律师复制必要的案卷材料的，应当免收或者减收费用。

人民检察院刑事诉讼规则（试行）

第四十七条 自案件移送审查起诉之日起，人民检察院应当允许辩护律师查阅、摘抄、复制本案的案卷材料。

案卷材料包括案件的诉讼文书和证据材料。

第四十九条 辩护律师或者经过许可的其他辩护人到人民检察院查阅、摘抄、复制本案的案卷材料，由案件管理部门及时安排，由公诉部门提供案卷材料。因公诉部门工作等原因无法及时安排的，应当向辩护人说明，并安排辩护人自即日起三个工作日以内阅卷，公诉部门应当予以配合。

查阅、摘抄、复制案卷材料，应当在人民检察院设置的专门场所进行。必要时，人民检察院可以派员在场协助。

辩护人复制案卷材料可以采取复印、拍照等方式，人民检察院只收取必需的工本费用。对于承办法律援助案件的辩护律师复制必要的案卷材料的费用，人民检察院应当根据具体情况予以减收或者免收。

15. 辩护人认为司法机关收集的犯罪嫌疑人、被告人无罪或者罪轻的证据材料未提交的，可以怎么处理？

【宣讲要点】

根据刑事诉讼法第39条的规定，出现这种情况时，辩护人有权向人民检察院、人民法院申请调取这些无罪或者罪轻的证据材料。这里所说的“无罪或者罪轻的证据材料”，包括某些自相矛盾的证据材料中可能证明犯罪嫌疑人无罪或者罪轻的证据材料，也包括某个单独的可能证明犯罪嫌疑人无罪或者罪轻的证据材料。具体分为两种情况：

第一，辩护人认为在侦查期间公安机关收集的犯罪嫌疑人、被告人无罪或者罪轻的证据材料未提交的，有权申请人民检察院向公安机关调取。此时规定的“未提交”，是指公安机关因各种缘由未将证明犯罪嫌疑人无罪或者罪轻的证据材料放入案卷中并随案移送交至人民检察院。

第二，辩护人在审判阶段认为在审查起诉期间人民检察院收集的证明被告人无罪或者罪轻的证据材料未提交的，有权申请人民法院向人民检察院调取。首先要说明的是，人民检察院在审查起诉过程中，认为案件需要补充侦查的，可以退回公安机关补充侦查，也可以自行侦查。而这里说的“人民检察院收集”，就是指人民检察院在自行侦查的过程中收集证据的情况。同样的，“未提交”是指人民检察院没有将自行侦查时收集到的证明犯罪嫌疑人、被告人无罪或者罪轻的证据材料放入案卷中并随案移送交至人民法院。

那么，收到调取申请的人民检察院、人民法院，应当尊重辩护人的辩护权利，充分考虑辩护人的合理要求，对于辩护人提出的申请实在没有根据或者与案件确实没有关联的，可以决定不予调取，但应向辩护人说明理由。如果辩护人要求合理，可能存在需要调取证据的情况的，人民检察院、人民法院就应当准许予以调取，在接受申请后，应当向公安机关、人民检察院调取。收集证据的公安机关、人民检察院在知晓人民检察院、人民法院的调取决定后，应当积极配合，不得找出各种借口拒绝。公安机关、人民检察院移送相关证据材料后，人民检察院、人民法院应当及时通知辩护人。

【典型案例】

一年春节过后，河南省鹿邑县杨湖口乡接连发生十几起抢劫案。当地警方投入大量警力展开侦破，但一直没有大的进展。然而，一件绿色毛背心给这起案件带来突破性的进展。第二年2月，杨湖口乡小桥村村民卫某和阎胥庄村的胥某一起喝酒时，发现胥某脱掉外衣后露出了一件绿色毛背心，他认出这件毛背心是自己的妻妹编织的，而其妻妹正是这十几起抢劫案的被害人之一。

鹿邑县警方接到举报后，立即传唤胥某，当年4月1日将其刑事拘留。胥某大呼冤枉，称那件绿色毛背心是头年秋天，他和同乡一道在集市的地摊上买的旧衣物。警方呵斥其老实点儿，要求其供述作案过程。几天后，胥某承认：“这是我和梁某带来的‘青龙’‘绿龙’‘黑龙’等人干的，几次蒙面入室抢劫都是我们5个人一起去的。”后来，梁某被警方抓获。他否认与胥某共同入室抢劫，更不知道什么“红龙”“黑龙”。

当年4月13日，胥某被鹿邑县检察院批准逮捕，警方宣布连环抢劫案

“告破”。后来，案件移交到县公安局预审股。预审员李某详细审阅卷宗后，认为本案疑窦重重，随即向上级领导反映，认为胥某犯罪事实不能得到证实，案件暂时无法移送起诉。但后来几经波折，胥某涉嫌抢劫罪一案还是移送到了该县检察院。鹿邑县检察院、河南省检察院周口分院曾经7次退回补充侦查。4年多后，鹿邑县检察院对胥某提起了公诉。

鹿邑县法院一审以抢劫罪和盗窃罪，判处胥某有期徒刑16年。后胥某提出了申诉。河南省检察院在认真审查了全部卷宗后，认定胥某的抢劫案存在重大问题。河南省检察院检委会讨论后，认为胥某一案确系错案，遂后作出决定，指令鹿邑县检察院撤回对胥某的起诉，作不起诉处理，从检察环节终止了无限期的诉讼。

两天后，鹿邑县检察院向胥某宣读了不起诉决定书。服刑13年的河南省鹿邑县农民胥某终于跨出一道一道铁门，走出了监号。然而，这一天其实离胥某服刑期满只剩15天。

【专家评析】

这场错案过程曲折，委实让人揪心，我们不禁要思考，造成这迟到的正义的原因是什么？无疑，侦查过程中收集证据不全面、不客观，办案人员一味追求办案效率，重在收集犯罪嫌疑人的有罪证据，而完全漠视收集犯罪嫌疑人的无罪证据，是造成胥某含冤多年的一大主要原因。具体来讲，本案中，胥某招供自己的同伙梁某，但是事实上梁某否认与胥某一起抢劫，称案发时自己在山东济宁打工。后经查证，梁某的辩解的确属实。这么明显相互矛盾的供述和证词，侦查机关却视而不见。再就是关键证据绿色毛背心，胥某被捕之后多次申辩，称是与同乡在集市上买的旧衣服中的一件，而且有其同村村民作证，但未见这个重要证人的证词。侦查机关对关键证据的疑点不作他想，干脆不求证、不收录的做法委实令人心寒。

刑事诉讼法第39条的规定，就给予了辩护人申请调取在侦查、审查起诉阶段公安机关、人民检察院收集的证明犯罪嫌疑人、被告人无罪或者罪轻的证据材料，这将为辩护人和犯罪嫌疑人、被告人有效行使辩护权提供强有力的屏障。就如在本案中，辩护律师完全可以要求侦查机关提供梁某的证词，要求侦查机关采信并提交重要证人关于关键证据绿色毛背心的证词，同时，针对案卷材料时间错误、对象错误、事实错误、供证互相矛盾、无作案凶器、无犯罪同伙、无人证物证、无赃物等离奇状况，辩护律师都可以提出辩驳。赋予了这样的权利，才更有利于查清案件事实，有效打击犯罪，保障无罪的人不受刑事追究，少一些像胥某这样含冤入狱的人，多一些受惠于公平正义免遭刑罚的无辜人士。

另外需要指出的是，该法条也对辩护人的专业素养提出了更高的要求。辩护人要擦亮自己的“火眼金睛”，慧眼识珠，善于发现案件疑点，找寻这些无罪或者罪轻的证据，并依法向公安机关、人民检察院提供线索或者证据，进而保障当事人的合法权益。

【法条指引】

中华人民共和国刑事诉讼法

第三十九条 辩护人认为在侦查、审查起诉期间公安机关、人民检察院收集的证明犯罪嫌疑人、被告人无罪或者罪轻的证据材料未提交的，有权申请人民检察院、人民法院调取。

最高人民法院关于适用《中华人民共和国刑事诉讼法》的解释

第四十九条 辩护人认为在侦查、审查起诉期间公安机关、人民检察院收集的证明被告人无罪或者罪轻的证据材料未随案移送，申请人民法院调取的，应当以书面形式提出，并提供相关线索或者材料。人民法院接受申请后，应当向人民检察院调取。人民检察院移送相关证据材料后，人民法院应当及时通知辩护人。

人民检察院刑事诉讼规则（试行）

第五十二条 案件移送审查起诉后，辩护律师依据刑事诉讼法第四十一条第一款的规定申请人民检察院收集、调取证据的，人民检察院案件管理部门应当及时将申请材料移送公诉部门办理。

人民检察院认为需要收集、调取证据的，应当决定收集、调取并制作笔录附卷；决定不予收集、调取的，应当书面说明理由。

人民检察院根据辩护律师的申请收集、调取证据时，辩护律师可以在场。

第五十六条第二款 律师担任诉讼代理人，需要申请人民检察院收集、调取证据的，参照本规则第五十二条的规定办理。

▶ 16. 辩护人收集的“特定证据”是指什么？

【宣讲要点】

我国刑事诉讼法第40条规定，辩护人收集的有关犯罪嫌疑人不在犯罪现场、未达到刑事责任年龄、属于依法不负刑事责任的精神病人的证据，应当及时告知公安机关、人民检察院。所谓刑事诉讼中的特定证据，就是指此三类可证明不负刑事责任的证据：

第一，“犯罪嫌疑人不在犯罪现场”的证据，是指犯罪嫌疑人在犯罪行为发生之时，有证据表明其在犯罪现场以外的地方，进而证明其不可能在同一时间出现在犯罪现场实施犯罪行为。

第二，“未达到刑事责任年龄”的证据，这与我国刑法当中对刑事责任年龄的规定联结在一起，即不满14周岁的人实施犯罪，都不负刑事责任；已满14周岁不满16周岁的人，只有在犯故意杀人、故意伤害致人重伤或者死亡、强奸、抢劫、贩卖毒品、放火、爆炸、投毒罪的，才应当负刑事责任。毫无疑问，对年龄的认定对于犯罪嫌疑人、被告人是否承担刑事责任具有重要意义，故而在刑事审判实践中，这种认定是很严谨的。主要是根据户籍证明、出生证明文件、学籍卡、人口普查登记、无利害关系人的证言等有效的证据综合判断，此外，一般还会进行必要的庭外调查工作，例如到被告人出生地、出生医院、学校进行调查走访等，以保证定案证据的客观真实性。犯罪嫌疑人确实未到刑事责任年龄的，公安机关应当撤销案件，已经移送审查起诉的，人民检察院应当作出不起诉决定。

第三，“属于依法不负刑事责任的精神病人”的证据，是指精神病人在不能辨认或者不能控制自己行为的时候造成危害结果，经法定程序鉴定确认的，不负刑事责任，但是应当责令他的家属或者监护人严加看管和医疗；在必要的时候，由政府强制医疗。间歇性的精神病人在精神正常的时候犯罪，应当负刑事责任。尚未完全丧失辨认或者控制自己行为能力的精神病人犯罪的，应当负刑事责任，但是可以从轻或者减轻处罚。值得一提的是，2012 年对刑事诉讼法的修订，新增了对属于不负刑事责任的精神病人强制医疗程序的规定，至此刑事诉讼法作为程序法与实体法刑法的衔接更为紧密。如前所述，如果犯罪嫌疑人确实属于不负刑事责任的精神病人，在符合强制医疗决定的情况下，公安机关应撤销刑事案件，同时写出强制医疗意见书，移送人民检察院。如果由人民检察院发现符合强制医疗条件的，应当向人民法院提出强制医疗的申请，由人民法院作出是否强制医疗的决定。

毫无疑问，这三类特殊证据对于犯罪嫌疑人、被告人都是有利的，作为辩护人来说，一旦发现此三类证据，应当及时告知办案机关，如果有这方面的怀疑，也应积极向办案机关申请调查或者司法鉴定。

【典型案例】

2012 年 6 月某日的下午，西安市街头发生一起凶杀案。年轻女子陈某因与拾荒者田某发生口角，被田某连砍数刀不幸身亡。据目击者杨先生说，当时田某拉着收废品的架子车在西安东大街从东向西走，受害人陈某行色匆匆，拉着一个行李箱从西向东走。在东大街的案板街路口，两人似是因为身体碰撞发生激烈的争吵。正当旁观者犹豫是否要上前劝架的时候，突然见田某从架子车上抽出一把菜刀，向受害人脖子上连砍数刀，受害人当即倒地身亡。目击者于先生说，当时事发突然，人们都愣在当场。田某将人砍倒之后，把菜刀塞回架子车上，继续向西走。走过钟楼之后向北，在西华门十字路口东南角的小花园，他停了下来，在花园的水池中洗了带血的菜刀，然后就坐了下来。之后，市民于先生、杨先生、许先生随同警察赶到小花园。在 3 位市民的协助下，警察将田某控制。警察问，“为什么杀人？”田某只说了一句，“我不想活了”。

西安市中级人民法院受理此案，田某当时并未委托辩护人，法院通过西安市法律援助中心，为他指定了两名辩护律师。在审查案卷时，办案人员发现田某在其供述中提到，以前有3次被送往精神病院。办案人员推测田某可能患有精神疾病，不知在案发时是否精神病发作。同时，辩护律师也向法庭提交了调取证据的申请书和两份证言，证明田某可能患有精神疾病，曾被送往陕西省精神卫生中心就医，并申请调取相关病历。

西安市中级人民法院向西安市人民检察院发出建议补充侦查函，要求调取相关证据，并明确被告人的刑事责任能力。公安机关委托陕西西安安康法医精神病司法鉴定所对被告人田某进行了精神病鉴定，结论为：田某患青春型精神分裂症；并且，被鉴定人实施杀人行为时正处于精神分裂症的发病期，由于受精神病理的影响，使其丧失了对其行为的辨认和控制能力，故评价为无责任能力。为了慎重起见，检察机关委托国家级的鉴定机构重新鉴定。两份鉴定结论一致。

在此基础之上，西安市中级人民法院依法对该案作出一审判决。因被告人田某患精神分裂症，案发时处于发病期，依法不负刑事责任；田某及其法定代理人、其父赔偿附带民事诉讼原告人、被害人陈某的父母经济损失38248元，另外，对被告人田某采取强制医疗措施。

【专家评析】

辩护人收集的三类特定证据既可以来源于犯罪嫌疑人及其近亲属或者其他人提供的证据材料，也可以是依法向有关单位和个人收集的证据材料。无论是哪一种，在侦查阶段和审查起诉阶段，辩护人得到有关犯罪嫌疑人不负刑事责任的证据之后，就应当依法及时告知公安机关或者人民检察院，这样能够及时终止案件，以防诉讼资源的无端浪费。当然，如果辩护人是在审判阶段才收集到有关被告人的这三类特定证据的话，可以直接在法庭上出示，也可以申请人民法院调取有关证据等。

本案当中，犯罪嫌疑人田某得到了法律援助，获得两名指定辩护律师的辩护。在辩护律师的调查下，发现犯罪嫌疑人可能患有精神疾病，刑事责任能力需要鉴定，故而向法庭提交了调取证据的申请书和两份证言，证明田某曾被送往陕西省精神卫生中心就医，并申请调取相关病历。西安市中级人民法院向西安市人民检察院发出建议补充侦查函，要求调取相关证据，并明确被告人的刑事责任能力。在依法鉴定之后，确认犯罪嫌疑人无刑事责任能力的情况属实。西安市中级人民法院作出了合法合理的判决。

另外，观察此案判决，我们要看到，当代刑罚并不仅仅是起到报复泄愤的作用，更要起到教育、预防犯罪的作用。诚然，依照法律规定，田某即使杀了人，却因患有精神疾病，不负刑事责任，不受到刑罚处罚，看上去有些难以理解，但是对于一个完全不能辨认或者不能控制自己行为的人，想通过刑罚对其起到报复和教育进而预防犯罪等作用，并没有什么意义。当然，也不可能任他们继续留在社会对公共秩序产生重大威胁，因此，强制医疗措施的施行更有助于维护社会秩序的稳定，并帮助精神病人接受治疗，早日正常回归社会。

【法条指引】

中华人民共和国刑事诉讼法

第四十条 辩护人收集的有关犯罪嫌疑人不在犯罪现场、未达到刑事责任年龄、属于依法不负刑事责任的精神病人的证据，应当及时告知公安机关、人民检察院。

人民检察院刑事诉讼规则（试行）

第五十一条 在人民检察院侦查、审查逮捕、审查起诉过程中，辩护人收集到有关犯罪嫌疑人不在犯罪现场、未达到刑事责任年龄、属于依法不负刑事责任的精神病人的证据，告知人民检察院的，人民检察院相关办案部门应当及时进行审查。

▶ 17. 哪些人可以担任刑事诉讼代理人？他与刑事诉讼辩护人有什么区别？

【宣讲要点】

关于刑事诉讼代理人的规定，我国刑事诉讼法规定的较为简单。刑事诉讼法第45条规定："委托诉讼代理人，参照本法第三十二条的规定执行。"也就是说，委托诉讼代理人参照委托辩护人的规定执行，即诉讼代理人与辩护人的范围完全相同，不能担任辩护人的同样也不能担任诉讼代理人。更具体地说，下列人员可以被委托为代理人：（1）律师；（2）人民团体或者犯罪嫌疑人、被告人所在单位推荐的人；（3）犯罪嫌疑人、被告人的监护人、亲友。正在被执行刑罚或者依法被剥夺、限制人身自由的人，不得担任代理人。

刑事诉讼辩护人与刑事诉讼代理人看似极其相似，都是为了维护各自委托人利益而参加到诉讼中，都与案件处理后果没有直接的法律上的利害关系；二者在诉讼权利和义务，以及一些程序上有许多相通的地方，但两者也存在着若干区别：

（1）服务对象不同。刑事诉讼代理人的服务对象是公诉案件的被害人、自诉案件的自诉人以及附带民事诉讼的当事人；刑事辩护人服务的对象是公诉案件的犯罪嫌疑人、被告人及刑事自诉案件的被告人。

（2）产生根据不同。刑事诉讼代理人参加诉讼的根据只能是当事人、法定代理人或其近亲属的授权，不存在办案机关指定的情形；而刑事辩护人参加诉讼的根据则可能存在办案机关指定的情形。

（3）诉讼地位不同。虽然刑事诉讼辩护人与刑事诉讼代理人和案件的处理结果都没有法律上的利害关系，但刑事诉讼代理人不具有独立的诉讼地位，其权限范围来自于被代理人的授权，是附属于被代理人的，依被代理人的意志从事代理活动；而刑事诉讼辩护人具有独立的诉讼地位，独立行使辩护权，以自己的意志进行辩护只服从法律，而不受犯罪嫌疑人、被告人的约束，当事人和他的家属要求作无罪辩护的，刑事诉讼辩护人可以作有罪辩护，当事人和家属已经认罪的，刑事辩护人可以作无罪辩护。

（4）活动名义不同。刑事诉讼代理人进行诉讼活动使用的是被代理人的名义，而辩护人调查取证、提交辩护词等活动中使用的是自己的名义。

（5）职责不同。刑事诉讼代理人的职责是根据当事人的授权范围，维护当事人的合法权利；而刑事诉讼辩护人的职责，根据刑事诉讼法第35条的规定："辩护人的责任是根据事实和法律，提出犯罪嫌疑人、被告人无罪、罪轻或者减轻、免除其刑事责任的材料和意见，维护犯罪嫌疑人、被告人的诉讼权利和其他合法权益。”

（6）权限范围不同。刑事诉讼代理人根据当事人的委托参加诉讼，在当事人的授权范围内行使权利；刑事诉讼辩护人享有的权利是由法律赋予的，不存在被告人、犯罪嫌疑人授权问题，其授权也仅仅在于是使刑事诉讼辩护人参加诉讼。

【典型案例】

2008 年 8 月 6 日，李某和女友张某相约一同去酒吧。二人嬉闹间，张某一不小心就踩到了同在酒吧玩乐的王某的脚，还未来得及道歉，王某就对张某破口大骂，叫嚣着自己的皮鞋极其昂贵，被张某踩脏了，要张某赔。随即又看到张某年轻漂亮，动了歪心思，要求其作陪，喝下 10 杯洋酒才肯把这个事情就此放过。身为男朋友的李某看到自己女朋友被人辱骂和调戏，怒上心头，上前就与王某扭打起来。打斗期间，王某招呼同来的几个兄弟帮忙助威，李某看到自己处于劣势，情急之下，顺手拿过旁边桌上的酒瓶就往王某头上砸去，导致王某头部受伤。王某当即就被送进了医院。

王某要求追究李某的法律责任。8 月 13 日，案件经公安机关侦查终结后移送人民检察院审查起诉。8 月 15 日，人民检察院告知王某可以委托诉讼代理人。因为王某伤势较重，尚未出院，其小叔因担心侄儿身体状况，便擅自为之委托自己的朋友、邻县公安局的职员赵某来担任侄儿的诉讼代理人。

【专家评析】

前述案例在委托刑事诉讼代理人方面的不当之处，主要有以下几个方面。

首先，在委托人方面，刑事诉讼法第 44 条第 1 款规定：“公诉案件的被害人及其法定代理人或者近亲属，附带民事诉讼的当事人及其法定代理人，自案件移送审查起诉之日起，有权委托诉讼代理人。自诉案件的自诉人及其法定代理人，附带民事诉讼的当事人及其法定代理人，有权随时委托诉讼代理人。”根据这条规定，公诉案件当中能够有权利委托诉讼代理人的包括被害人、被害人的法定代理人和被害人的近亲属。而按照我国刑事诉讼法第106条第6项的规定，“近亲属”是指夫、妻、父、母、子、女、同胞兄弟姊妹。而在本案当中，被害人王某的小叔明显不在法律规定的“近亲属”行列，虽然是担心侄儿的身体状况，但是没有法律权限，代为委托诉讼代理人是不妥当的。

其次，在被委托人方面，根据《最高人民法院关于适用〈中华人民共和国刑事诉讼法〉的解释》第35条之规定，人民法院、人民检察院、公安机关、国家安全机关、监狱的现职人员不得被委托为刑事诉讼辩护人，如果是被告人的监护人、近亲属，由被告人委托担任辩护人的，可以准许。又根据该司法解释第55条之规定，当事人委托诉讼代理人的，参照适用刑事诉讼法第32条和本解释的有关规定。所以，法律法规对代理人的限制与对辩护人的限制一致。在本案中，在邻县公安局任职的赵某是公安机关的现职人员，又只是王某小叔的朋友，不是王某的近亲属，故而在本案中，赵某不能被委托为诉讼代理人。

【法条指引】

中华人民共和国刑事诉讼法

第三十二条 犯罪嫌疑人、被告人除自己行使辩护权以外，还可以委托一至二人作为辩护人。下列的人可以被委托为辩护人：

（一）律师；

（二）人民团体或者犯罪嫌疑人、被告人所在单位推荐的人；

（三）犯罪嫌疑人、被告人的监护人、亲友。

正在被执行刑罚或者依法被剥夺、限制人身自由的人，不得担任辩护人。

第四十四条第一款 公诉案件的被害人及其法定代理人或者近亲属，附带民事诉讼的当事人及其法定代理人，自案件移送审查起诉之日起，有权委托诉讼代理人。自诉案件的自诉人及其法定代理人，附带民事诉讼的当事人及其法定代理人，有权随时委托诉讼代理人。

第四十五条 委托诉讼代理人，参照本法第三十二条的规定执行。

第一百零六条 本法下列用语的含意是：

（一）“侦查”是指公安机关、人民检察院在办理案件过程中，依照法律进行的专门调查工作和有关的强制性措施；

（二）“当事人”是指被害人、自诉人、犯罪嫌疑人、被告人、附带民事诉讼的原告人和被告人；

（三）“法定代理人”是指被代理人的父母、养父母、监护人和负有保护责任的机关、团体的代表；

（四）“诉讼参与人”是指当事人、法定代理人、诉讼代理人、辩护人、证人、鉴定人和翻译人员；

（五）“诉讼代理人”是指公诉案件的被害人及其法定代理人或者近亲属、自诉案件的自诉人及其法定代理人委托代为参加诉讼的人和附带民事诉讼的当事人及其法定代理人委托代为参加诉讼的人；

（六）“近亲属”是指夫、妻、父、母、子、女、同胞兄弟姊妹。

最高人民法院关于适用《中华人民共和国刑事诉讼法》的解释

第三十五条第二款 被告人除自己行使辩护权以外，还可以委托辩护人辩护。下列人员不得担任辩护人：

（一）正在被执行刑罚或者处于缓刑、假释考验期间的人；

（二）依法被剥夺、限制人身自由的人；

（三）无行为能力或者限制行为能力的人；

（四）人民法院、人民检察院、公安机关、国家安全机关、监狱的现职人员；

（五）人民陪审员；

（六）与本案审理结果有利害关系的人；

（七）外国人或者无国籍人。

前款第四至第七项规定的人员，如果是被告人的监护人、近亲属，由被告人委托担任辩护人的，可以准许。

▶ 18. 辩护人、诉讼代理人可以自行要求申请回避吗?

【宣讲要点】

回避制度是我国一项重要的刑事诉讼制度，它为确保司法公正，使刑事案件得到客观、公正的正确处理起着不可小觑的作用。具体来讲，刑事诉讼中的回避是指审判人员、检察人员、侦查人员、书记员、翻译人员、鉴定人等因与案件有一定利害关系或者其他特殊的可能影响案件公正处理的关系，而不得参加该案的诉讼活动的一种制度。

回避制度适用的人员范围包括审判人员、检察人员、侦查人员、书记员、翻译人员、鉴定人等。适用的理由为：第一，是本案的当事人或者是当事人的近亲属的，这里的近亲属包括当事人的夫、妻、父、母、子、女、同胞兄弟姐妹；第二，本人或者他的近亲属和本案有利害关系的；第三，担任过本案的证人、鉴定人、辩护人、诉讼代理人的；第四，与本案当事人有其他关系，可能影响公正处理案件的，比如，办案人员与当事人发生过矛盾冲突，如果存在影响公正处理案件的可能性的，理应回避；第五，接受当事人及其委托人的请客送礼或者违反规定会见当事人及其委托人的。此外，还有一些其他的应当回避的情形，比如，与本案的辩护人、诉讼代理人有近亲属关系的也应回避；再比如，参加过本案侦查的侦查人员，如果调至人民检察院工作，不得担任本案的检察人员，参加过本案侦查、起诉的侦查、检察人员，如果调至人民法院工作，不得担任本案的审判人员，还有原审人民法院对于发回重新审判的案件，应当另行组成合议庭，依照第一审程序进行审判，以及人民法院按照审判监督程序重新审判的案件，由原审人民法院审理的，应当另行组成合议庭进行，等等。

回避按照实施方式的不同可以分为自行回避、申请回避和指令回避三种。

自行回避，是指审判人员、检察人员、侦查人员等在具有法定回避情形时，主动要求退出该案诉讼活动。实践中，审判人员、检察人员、侦查人员对于法律更为知悉，是否有回避的事由，这类人员其实很清楚，设置自行回避的制度将使上述人员积极主动放弃参与诉讼活动，为诉讼活动高效公正的进行提供了保障。

申请回避，是指当事人及其法定代理人、辩护人和诉讼代理人认为审判人员、检察人员、侦查人员等存在法定的回避情形时，依法向相关机关提出申请，要求他们回避，退出该案诉讼活动。申请回避的权利是案件的当事人及其法定代理人、辩护人和诉讼代理人一项重要的诉讼权利，这一制度的设立给予了他们切实保障自身合法权益的途径，能够真正地将回避制度落到实处。

指令回避，是指审判人员、检察人员、侦查人员等存在法定的回避情形而未自行回避，当事人及其法定代理人、辩护人和诉讼代理人也没有提出回避的申请的时候，国家司法机关的负责人应当决定其回避，要求其退出该案的诉讼活动。这一制度在刑事诉讼法中并未明确确立，但是《最高人民法院关于适用〈中华人民共和国刑事诉讼法〉的解释》《人民检察院刑事诉讼规则（试行）》《公安机关办理刑事案件程序规定》中都有明文规定。

刑事诉讼法第 31 条第 2 款规定，辩护人、诉讼代理人可以依照本章规定要求回避、申请复议。

【典型案例】

2013 年 5 月的一天，赵某回到自己的出租屋，发现自己的出租屋遭遇了小偷行窃，自己压在枕头下的现金，桌上向同事借用的笔记本电脑，自己的手机都被盗走。赵某只得在第二天去市场买了一台一模一样的电脑还给同事。一想起失窃的现金和手机，以及还掏钱买了一台全新的电脑，赵某就非常气愤。他决定不报警，自己抓到小偷，狠狠地给他一个教训。后赵某找了一下手机失窃后的通话记录，竟真的让他找出了一些线索。在一一拨打电话，旁敲侧击套取信息之后，他终于锁定了同县的钱某，并且还得到了钱某的 QQ 号码。赵某装做一名少女，与钱某在网上聊天，进一步确认了钱某就是小偷。

不久后，赵某就与钱某相约见面，钱某没想到面对自己的是一张凶神恶煞的脸。赵某要求钱某归还自己的手机、电脑和现金，并且威胁他给自己1万块钱补偿，不然就把他送到公安局。钱某一下子没了主意，在赵某的逼迫下，钱某便给母亲打电话求助。钱母害怕自己的儿子被送进监狱，立马将钱汇给了赵某。

案发后赵某以敲诈勒索罪被起诉，由一宗盗窃案的被害人变成了敲诈勒索罪的被告人。他后悔万分，连辩护律师都不想聘请，对其罪行供认不讳。不过公安机关还是依法为其指定了一名律师，该律师积极履行自己的职责，为赵某积极奔走，在调查中，律师发现，钱某的朋友孙某居然就是本案的侦查人员。原来孙某是钱某的拜把子兄弟，从小一起长大，感情很好，在听钱某说被敲诈勒索之后，非常生气，劝其报案，并积极参与到该案的侦查中，想亲手将欺负自己兄弟的赵某绳之以法。辩护律师认为这违反了刑事诉讼法当中有关回避的规定，于是向公安机关的负责人提出申请，要求孙某回避，退出本案的侦查活动，但却遭到该负责人的拒绝。

【专家评析】

如果这起案件发生在刑事诉讼法修订前，辩护律师想提起回避申请，是不能自行提起的，而只能通过当事人，也就是本案中的赵某本人提出。但是我们要看到本案发生在2013年5月，此时新修订的刑事诉讼法已经实施。根据刑事诉讼法第31条第2款的规定，辩护人、诉讼代理人可以依照规定要求回避、申请复议。案例当中，公安机关负责人的拒绝无疑是于法无据。

刑事诉讼法的这一修订，使得回避申请的范围不仅局限于当事人及其法定代理人，还包括为犯罪嫌疑人、被告人提供法律帮助的辩护人，被害人委托的代理人。这样的修订，让辩护人和诉讼代理人有了独立的申请回避的权利，让犯罪嫌疑人、被告人和被害人的诉讼权利得到了进一步的保障和维护。

具体来讲，辩护人、诉讼代理人申请回避应遵循什么样的程序呢？首先，提出回避申请，即辩护人、诉讼代理人认为侦查人员、检察人员、审判人员等存在回避事由的，应当向相关机关提出书面或者口头的申请，并且说明理由；如果是根据刑事诉讼法第29条，即以侦查人员、检察人员、审判人员违反规定会见当事人及其委托的人的提出回避申请的，应当提供有关证明材料。其次，回避申请的审查、决定。审判人员、检察人员、侦查人员的回避，应当分别由院长、检察长、公安机关负责人决定；院长的回避，由本院审判委员会决定；检察长和公安机关负责人的回避，由同级人民检察院检察委员会决定。有回避决定权的个人或者组织对当事人或者法定代理人、辩护人、诉讼代理人的回避申请进行全面审查之后，发现确有法律规定的回避情形之一的，应当依法作出令其回避的决定；认为不具有应当回避的情形的，有权作出驳回回避申请的决定。当然，无论是否同意回避申请，有关个人或组织都应当向回避申请人宣布，不同意的还应当告知其有权申请复议。然后就是对驳回申请回避决定的复议程序。即对驳回申请回避的决定，当事人及其法定代理人可以申请复议一次。复议主体作出复议决定之前，不影响被申请回避的人员参与案件的诉讼活动。

在本案当中，赵某的辩护律师要申请侦查人员孙某回避，首先应当提出申请，并说明理由，若以口头形式提出申请，公安机关应当记录在案。然后公安机关应当在收到回避申请后2日以内，由县级以上公安机关负责人决定是否准许该回避申请，并通知申请人；情况复杂的，经县级以上公安机关负责人批准，可以在收到回避申请后5日以内作出决定。申请人，即犯罪嫌疑人赵某的辩护律师，可以在收到驳回申请回避决定书后5日以内向作出决定的公安机关申请复议。公安机关应当在收到复议申请后5日以内作出复议决定并书面通知申请人。当然，本案中，侦查人员孙某与被害人钱某有着非同一般的友好关系，那么他对犯罪嫌疑人赵某可能会存在主观上先入为主的片面印象，若让其继续参与侦查活动，有可能会对本案的侦查活动的公正性产生影响，故建议准许律师的回避申请。

【法条指引】

中华人民共和国刑事诉讼法

第二十八条　审判人员、检察人员、侦查人员有下列情形之一的，应当自行回避，当事人及其法定代理人也有权要求他们回避：

（一）是本案的当事人或者是当事人的近亲属的；

（二）本人或者他的近亲属和本案有利害关系的；

（三）担任过本案的证人、鉴定人、辩护人、诉讼代理人的；

（四）与本案当事人有其他关系，可能影响公正处理案件的。

第二十九条　审判人员、检察人员、侦查人员不得接受当事人及其委托的人的请客送礼，不得违反规定会见当事人及其委托的人。

审判人员、检察人员、侦查人员违反前款规定的，应当依法追究法律责任。当事人及其法定代理人有权要求他们回避。

第三十条　审判人员、检察人员、侦查人员的回避，应当分别由院长、检察长、公安机关负责人决定；院长的回避，由本院审判委员会决定；检察长和公安机关负责人的回避，由同级人民检察院检察委员会决定。

对侦查人员的回避作出决定前，侦查人员不能停止对案件的侦查。

对驳回申请回避的决定，当事人及其法定代理人可以申请复议一次。

第三十一条　本章关于回避的规定适用于书记员、翻译人员和鉴定人。

辩护人、诉讼代理人可以依照本章的规定要求回避、申请复议。

公安机关办理刑事案件程序规定

第三十二条　公安机关负责人、侦查人员自行提出回避申请的，应当说明回避的理由；口头提出申请的，公安机关应当记录在案。

当事人及其法定代理人要求公安机关负责人、侦查人员回避，应当提出申请，并说明理由；口头提出申请的，公安机关应当记录在案。

第三十三条 侦查人员的回避，由县级以上公安机关负责人决定；县级以上公安机关负责人的回避，由同级人民检察院检察委员会决定。

第三十四条 当事人及其法定代理人对侦查人员提出回避申请的，公安机关应当在收到回避申请后二日以内作出决定并通知申请人；情况复杂的，经县级以上公安机关负责人批准，可以在收到回避申请后五日以内作出决定。

第三十五条 当事人及其法定代理人对驳回申请回避的决定不服的，可以在收到驳回申请回避决定书后五日以内向作出决定的公安机关申请复议。

公安机关应当在收到复议申请后五日以内作出复议决定并书面通知申请人。

第三十六条 在作出回避决定前，申请或者被申请回避的公安机关负责人、侦查人员不得停止对案件的侦查。

作出回避决定后，申请或者被申请回避的公安机关负责人、侦查人员不得再参与本案的侦查工作。

▶ 19. 辩护人、诉讼代理人认为司法机关及其工作人员阻碍其依法行使诉讼权利的，应该怎么做？

【宣讲要点】

刑事诉讼法规定了人民法院、人民检察院和公安机关应当保障犯罪嫌疑人、被告人和其他诉讼参与人依法享有的辩护权和其他诉讼权利。诉讼参与人对于审判人员、检察人员和侦查人员侵犯公民诉讼权利和人身侮辱的行为，有权提出控告。

刑事诉讼法第47条规定，辩护人、诉讼代理人认为公安机关、人民检察院、人民法院及其工作人员阻碍其依法行使诉讼权利的，有权向同级或者上一级人民检察院申诉或者控告。人民检察院对申诉或者控告应当及时进行审查，情况属实的，通知有关机关予以纠正。这一法条，实际规定了两方面的内容：

第一，辩护人、诉讼代理人对公安机关、人民检察院、人民法院及其工作人员阻碍其依法行使诉讼权的具有申诉控告权。这是为保障诉讼参与人诉讼权利原则给予了具体的制度保障。该权利的行使主体是辩护人、诉讼代理人，这里的“工作人员”指的是在公安机关、人民检察院、人民法院中从事侦查、审查起诉、审判、监督等职责的工作人员。为什么是向同级或者上一级的人民检察院申诉或者控告呢？因为，根据我国宪法规定，人民检察院是法律监督机关，在刑事诉讼中，人民检察院应依法对刑事诉讼活动实行法律监督。具体包括立案监督，重点监督公安机关违法不立案，还包括侦查监督、审判监督和执行监督。故当辩护人、诉讼代理人认为司法机关及其工作人员阻碍其依法行使诉讼权利的，应当向具有法定监督职能的人民检察院提出申诉或者控告，可以向同级的人民检察院申诉或者控告，也可以向上一级人民检察院申诉或者控告。

第二，人民检察院对辩护人、诉讼代理人提出的申诉或者控告应遵循的处理程序。人民检察院受理辩护人、诉讼代理人的申诉或者控告后，应当在10日以内将处理情况书面答复提出申诉或者控告的辩护人、诉讼代理人。如果情况属实，经检察长决定，通知有关机关或者本院有关部门、下级人民检察院予以纠正，并将处理情况书面答复提出申诉或者控告的辩护人、诉讼代理人。有关机关应当依法予以纠正，对于违法违纪的工作人员，应当依法给予处分，构成犯罪的，应追究其刑事责任。

【典型案例】

2013年7月某日，黄某在家点餐，要求外卖送达至家。原本承诺20分钟之内一定送到，但是1个小时之后依然未见外卖身影。黄某几次打电话催促，终于在1个半小时之后接到送餐的方某电话。黄某满腹怨气下楼，见到方某后，数落了几句，不成想，方某在送餐途中电动自行车被人撞坏，本就情绪不佳，二人便争执起来。气极了的黄某仗着身强体壮对着方某小腹猛踢几脚。方某当即感到疼痛不止，回餐饮店之后倒地被人送至医院。经诊断，方某系外伤性肠穿孔，在其回肠84厘米处有1.6厘米×1.6

厘米穿孔，被医院切除肠管30厘米。方某要求追究黄某的法律责任。不久，地方人民法院就这起故意伤害案开庭审理。

在庭审中的法庭调查阶段完毕后，进入了法庭辩论阶段。当公诉方发言、被害人及其诉讼代理人发言、被告人自行辩护之后，按照程序，应该是辩护人辩护。然而，辩护律师正待说话，审判长打断了他，说道："辩方，你们刚才在质证环节浪费的时间太多了。我已经很明白你们的意思了，不用再进行辩论了，就由被告人作最后陈述吧。"庭审结束后，辩护人认为审判长的行为违反了诉讼程序，侵犯了辩护人的辩护权利，向同级人民检察院提出了控告。

【专家评析】

根据刑事诉讼法第193条之规定，法庭审理过程中，对与定罪、量刑有关的事实、证据都应当进行调查、辩论。经审判长许可，公诉人、当事人和辩护人、诉讼代理人可以对证据和案件情况发表意见并且可以相互辩论。可见，对定罪、量刑有关的事实证据进行辩论是辩护人的一项权利。诚然，依据法律规定，这项权利能否行使还须经审判长许可，审判长可以根据庭审情况做出许可或者不许可的决定。但是，我们必须看到，审判长如果拒绝辩护人的辩论的权利，也应当是基于正当的理由，否则辩护人的辩护权利岂不是成了一纸空谈？虽然刑事诉讼法及相关司法解释，并未明确列出在何种情况下，审判长可以不许可辩护人辩论，然而本案当中，审判长的拒绝理由显然不合理。以质证环节浪费太多时间为由，直接剥夺辩护人在法庭辩论环节的发言权利，于法无据，于理无依。而且审判长已经允许公诉方发言、被害人及其诉讼代理人发言、被告人自行辩护，单单不允许辩护人发言，委实有失公平，不太妥当。所以，在本案中，被告人黄某的辩护人认为审判长的行为违反了诉讼程序，侵犯了辩护人的辩护权利，向同级人民检察院提出了控告的行为是合法合理的。

另外，我们要看到，庭审中的情况千变万化，主持庭审的审判长有着相当大的权力，辩护人能否发问，能否辩论，可以说仅在审判长一念之间，而这恰恰就考验了作为一名国家司法机关工作人员，审判长应该如何秉公执法，坚持公平正义，维护诉讼参与人依法享有的诉讼权利。

【法条指引】

中华人民共和国刑事诉讼法

第四十七条 辩护人、诉讼代理人认为公安机关、人民检察院、人民法院及其工作人员阻碍其依法行使诉讼权利的，有权向同级或者上一级人民检察院申诉或者控告。人民检察院对申诉或者控告应当及时进行审查，情况属实的，通知有关机关予以纠正。

最高人民法院、最高人民检察院、公安部、国家安全部、司法部、全国人大常委会法制工作委员会关于实施刑事诉讼法若干问题的规定

10. 刑事诉讼法第四十七条规定："辩护人、诉讼代理人认为公安机关、人民检察院、人民法院及其工作人员阻碍其依法行使诉讼权利的，有权向同级或者上一级人民检察院申诉或者控告。人民检察院对申诉或者控告应当及时进行审查，情况属实的，通知有关机关予以纠正。"人民检察院受理辩护人、诉讼代理人的申诉或者控告后，应当在十日以内将处理情况书面答复提出申诉或者控告的辩护人、诉讼代理人。

人民检察院刑事诉讼规则（试行）

第五十七条第一款 辩护人、诉讼代理人认为公安机关、人民检察院、人民法院及其工作人员具有下列阻碍其依法行使诉讼权利的行为之一的，可以向同级或者上一级人民检察院申诉或者控告，控告检察部门应当接受并依法办理，相关办案部门应当予以配合：

（一）对辩护人、诉讼代理人提出的回避要求不予受理或者对不予回避决定不服的复议申请不予受理的；

（二）未依法告知犯罪嫌疑人、被告人有权委托辩护人的；

（三）未转达在押的或者被监视居住的犯罪嫌疑人、被告人委托辩护人的要求的；

（四）应当通知而不通知法律援助机构为符合条件的犯罪嫌疑人、被告人或者被申请强制医疗的人指派律师提供辩护或者法律援助的；

（五）在规定时间内不受理、不答复辩护人提出的变更强制措施申请或者解除强制措施要求的；

（六）未依法告知辩护律师犯罪嫌疑人涉嫌的罪名和案件有关情况的；

（七）违法限制辩护律师同在押、被监视居住的犯罪嫌疑人、被告人会见和通信的；

（八）违法不允许辩护律师查阅、摘抄、复制本案的案卷材料的；

（九）违法限制辩护律师收集、核实有关证据材料的；

（十）没有正当理由不同意辩护律师提出的收集、调取证据或者通知证人出庭作证的申请，或者不答复、不说明理由的；

（十一）未依法提交证明犯罪嫌疑人、被告人无罪或者罪轻的证据材料的；

（十二）未依法听取辩护人、诉讼代理人的意见的；

（十三）未依法将开庭的时间、地点及时通知辩护人、诉讼代理人的；

（十四）未依法向辩护人、诉讼代理人及时送达本案的法律文书或者及时告知案件移送情况的；

（十五）阻碍辩护人、诉讼代理人在法庭审理过程中依法行使诉讼权利的；

（十六）其他阻碍辩护人、诉讼代理人依法行使诉讼权利的。

第五十八条 辩护人、诉讼代理人认为其依法行使诉讼权利受到阻碍向人民检察院申诉或者控告的，人民检察院应当在受理后十日以内进行审查，情况属实的，经检察长决定，通知有关机关或者本院有关部门、下级人民检察院予以纠正，并将处理情况书面答复提出申诉或者控告的辩护人、诉讼代理人。

最高人民检察院关于人民检察院保障律师在刑事诉讼中依法执业的规定

21. 各级人民检察院接到律师投诉后，应当依照有关法律和本规定的要求及时处理。律师对不依法安排会见进行投诉的，人民检察院应当在接到投诉后5日内进行审查并作出决定，通知办案部门执行。

第二章
分　　则

▶ 1. 什么是拘传？

【宣讲要点】

拘传是我国刑事强制措施的一种，根据刑事诉讼法的规定，强制措施，是指限制人身自由的措施，它是公安机关、人民检察院、人民法院为了保证刑事诉讼活动的顺利进行，依法对其适用的暂时限制或者剥夺其人身自由的各种强制性方法。我国刑事诉讼中的强制措施由轻到重包括拘传、取保候审、监视居住、拘留和逮捕，这些强制措施会在不同情况下得到不同的适用。总的来说，强制措施虽限制了人身自由，但是是必要的，它对于防止犯罪嫌疑人、被告人逃避侦查、起诉和审判；防止犯罪嫌疑人、被告人可能进行妨害迅速查明案情的活动，如毁灭、伪造证据，串供等；防止犯罪嫌疑人、被告人继续进行犯罪活动；防止出现其他的意外情况等都具有极其重要的意义。

拘传，是指公安机关、人民检察院和人民法院对于未被羁押的犯罪嫌疑人、被告人，依法强制其到案接受询问的一种强制方法。它是强度最轻的刑事强制措施。具有如下特征：一是适用对象特殊。根据刑事诉讼法的相关规定，人民法院、人民检察院和公安机关根据案件情况，对犯罪嫌疑人可以拘传。也就是说，拘传的适用对象是未被羁押的犯罪嫌疑人、被告人，如果犯罪嫌疑人已被羁押，可以直接进行讯问，不需要再通过拘传程序。另外，是否需要拘传，也需要根据案件的不同情况来判断决定。有一定犯罪嫌疑，需要讯问来进一步查明案件事实，并且有采取一定强制手段的必要以使犯罪嫌疑人到案的时候，可以适用拘传。二是拘传期限固定。根据相关法律规定，拘传持续时间不得超过12个小时，案件特别重大、复杂，需要采取拘留、逮捕措施的，拘传持续时间不得超过24个小时。不得以连续拘传的形式变相拘禁犯罪嫌疑人，同时必须保障被拘传的犯罪嫌疑人的饮食和必要的休息时间。

【典型案例】

2006年，广西某县政府在马岭镇广安村征地设立工业区，许多村民因征地无合法手续、补偿过低进行抵制征地。2009年12月15日，征地人员进村强制征地，与村民发生肢体接触。2010年1月12日凌晨5点，某县公安局民警对该村12名阻碍征地人员征地的村民执行拘传，遭到部分村民围殴，多名警员受伤，一辆警车被烧，警方击伤5名袭警村民。“1·12”事件被当地定性为“打砸烧暴力抗法”。

听闻这一事件之后，新华社旗下指派记者周某前去采访。2010年1月19日，周某正在住处采访“1·12”警民冲突事件的3名当事村民，突然，包括某县公安局刑警大队队长廖某在内的数名警察冲进了房间，控制了接受采访的村民，转而开始要询问周某。周某立刻表明了记者的身份，出示了新华社开具的采访函，可是警察仍不相信，无奈之下周某拨通了某县宣传部副部长唐某的电话，唐某随即告诉警察，周某确实为新华社的记者。可是警察表示，仅凭一通电话一个声音并不能确认电话那头的人是某县宣传部副部长，不相信周某的记者身份。

交涉无果后，警察对周某进行了搜身，一些随身物品都被警察搜走，包括采访笔记和投诉材料在内。警方还随身携带了一张《拘传证》，上面仅填写了周某的姓名，身份证号码处则是一片空白，凭此《拘传证》，警察将周某带回了某县公安部门。

【专家评析】

上述案例中，对于拘传这一强制措施的适用，当地公安机关是明显存在不当之处的。

第一，关于拘传的适用对象的问题。拘传适用于未被羁押的犯罪嫌疑人、被告人，而且，一般来讲，是适用于经传唤无正当理由不到案接受讯问的犯罪嫌疑人或被告人。而在本案中，记者周某在其住处进行采访，特别是周某及时出示了相关证件表明其身份，此时警方核实其身份，并不太难，却还是坚持对不是犯罪嫌疑人的周某采取了拘传，于法无据。

第二，关于拘传的适用程序的问题。《拘传证》在由案件经办人提出申请，经公安局长、人民检察院检察长、人民法院院长批准后签发。上面应载明被拘传人的姓名、性别、年龄、案由、接受讯问时间和地点，以及拘传理由。而本案中，警察当场为其出具一张《拘传证》，当场填写了周某的名字，身份证号码空着。《拘传证》在这之前连犯罪嫌疑人的名字都没有填上，委实让人怀疑之前是否真的有申请批准程序。再者，拘传时，应责令被拘传人在《拘传证》上签名、捺指印。而在上述案例中，并未见到办案人员执行这一程序。最后，拘传应当在被拘传人所在的市、县内进行，司法机关在本辖区以外拘传犯罪嫌疑人、被告人的，应当通知当地司法机关。某县的警察跟踪记者周某到该县的住处，对其进行了拘传，未见其通知当地的公安机关，这是违反拘传的相关程序规定的。

【法条指引】

中华人民共和国刑事诉讼法

第六十四条 人民法院、人民检察院和公安机关根据案件情况，对犯罪嫌疑人、被告人可以拘传、取保候审或者监视居住。

最高人民法院关于适用《中华人民共和国刑事诉讼法》的解释

第一百一十四条 对经依法传唤拒不到庭的被告人，或者根据案件情况有必要拘传的被告人，可以拘传。

拘传被告人，应当由院长签发拘传票，由司法警察执行，执行人员不得少于二人。

拘传被告人，应当出示拘传票。对抗拒拘传的被告人，可以使用戒具。

第一百一十五条 拘传被告人，持续的时间不得超过十二小时；案情特别重大、复杂，需要采取逮捕措施的，持续的时间不得超过二十四小时。不得以连续拘传的形式变相拘禁被告人。应当保证被拘传人的饮食和必要的休息时间。

人民检察院刑事诉讼规则（试行）

第七十八条 人民检察院根据案件情况，对犯罪嫌疑人可以拘传。

拘传应当经检察长批准，签发拘传证。

第七十九条 拘传时，应当向被拘传的犯罪嫌疑人出示拘传证。对抗拒拘传的，可以使用械具，强制到案。

执行拘传的人员不得少于二人。

第八十条 拘传持续的时间从犯罪嫌疑人到案时开始计算。犯罪嫌疑人到案后，应当责令其在拘传证上填写到案时间，并在拘传证上签名、捺指印或者盖章，然后立即讯问。讯问结束后，应当责令犯罪嫌疑人在拘传证上填写讯问结束时间。犯罪嫌疑人拒绝填写的，检察人员应当在拘传证上注明。

一次拘传持续的时间不得超过十二小时；案情特别重大、复杂，需要采取拘留、逮捕措施的，拘传持续的时间不得超过二十四小时。两次拘传间隔的时间一般不得少于十二小时，不得以连续拘传的方式变相拘禁犯罪嫌疑人。

拘传犯罪嫌疑人，应当保证犯罪嫌疑人的饮食和必要的休息时间。

第八十一条 人民检察院拘传犯罪嫌疑人，应当在犯罪嫌疑人所在市、县内的地点进行。

犯罪嫌疑人的工作单位与居住地不在同一市、县的，拘传应当在犯罪嫌疑人的工作单位所在的市、县进行；特殊情况下，也可以在犯罪嫌疑人居住地所在的市、县内进行。

公安机关办理刑事案件程序规定

第七十四条第一款 公安机关根据案件情况对需要拘传的犯罪嫌疑人，或者经过传唤没有正当理由不到案的犯罪嫌疑人，可以拘传到其所在市、县内的指定地点进行讯问。

第七十五条 公安机关拘传犯罪嫌疑人应当出示拘传证，并责令其在拘传证上签名、捺指印。

犯罪嫌疑人到案后，应当责令其在拘传证上填写到案时间；拘传结束后，应当由其在拘传证上填写拘传结束时间。犯罪嫌疑人拒绝填写的，侦查人员应当在拘传证上注明。

第三百三十五条 对异地公安机关提出协助调查、执行强制措施等协作请求，只要法律手续完备，协作地公安机关就应当及时无条件予以配合，不得收取任何形式的费用。

第三百三十八条 异地执行传唤、拘传，执行人员应当持传唤证、拘传证、办案协作函件和工作证件，与协作地县级以上公安机关联系，协作地公安机关应当协助将犯罪嫌疑人传唤、拘传到本市、县内的指定地点或者到犯罪嫌疑人的住处进行讯问。

▶ 2. 取保候审时，辩护人应注意哪些问题？

【宣讲要点】

刑事诉讼法倡导保障人权、维护犯罪嫌疑人、被告人的诉讼权利与其他合法利益，因此取保候审措施的重要性日益凸显。在取保候审中，辩护人要注意以下问题：

（1）严格把握取保候审适用条件。刑事诉讼法第 65 条规定，取保候审适用以下情形：可能判处管制、拘役或者独立适用附加刑的；可能判处有期徒刑以上刑罚，采取取保候审不致发生社会危险性的；患有严重疾病、生活不能自理，怀孕或者正在哺乳自己婴儿的妇女，采取取保候审不致发生社会危险性的；羁押期限届满，案件尚未办结，需要采取取保候审的。作为辩护人，在犯罪嫌疑人、被告人符合上述取保候审的条件的情况下，在办案机关未主动采取取保候审措施的时候，要积极地提出申请，向办案机关表达意见。取保候审由公安机关执行。

（2）注意取保候审方式的适用。取保候审分为保证人与保证金两种形式，又被称为“人保”与“财保”。所谓保证人是指，公安机关、检察院或者法院要求犯罪嫌疑人、被告人提供保证人，保证其在取保候审期间，能够不妨碍诉讼程序的进行、随传随到的一种保证措施。所谓保证金是指，公安机关、检察院或者法院要求犯罪嫌疑人、被告人提供保证金，保证其在取保候审期间，能够不妨碍诉讼程序的进行、随传随到的一种保证措施。根据刑事诉讼法的规定，首先，要注意的是人保与财保不能同时适用。如果司法机关作此要求，辩护人可提出控告。其次，要注意的是在人保中对于保证人的义务要求。保证人要遵守刑事诉讼法有关保证人的规定。如果被保证人违反了取保候审的义务规定，保证人要及时报告。否则，轻者罚款，重者追究刑事责任。最后要注意的是取保候审的适用程序规定。取保候审可由司法机关主动适用，也可以由辩护人、被告人及其近亲属提出申请适用。对于后者，相应机关要在7日内作出答复。

（3）告知犯罪嫌疑人、被告人应遵守的义务以及违反的后果。在取保候审期间，犯罪嫌疑人、被告人必须遵守相应的义务，否则会带来严重的后果。根据刑事诉讼法的规定，被取保候审的人要遵守以下规定：未经执行机关批准不得离开所居住的市、县；住址、工作单位和联系方式发生变动的，在24小时以内向执行机关报告；在传讯的时候及时到案；不得以任何形式干扰证人作证；不得毁灭、伪造证据或者串供。如果犯罪嫌疑人、被告人不遵守以上规定，可能会面临严重的后果。犯罪嫌疑人、被告人会因违反取保候审的义务性规定并情节严重的，被公安机关逮捕。

【典型案例】

犯罪嫌疑人梁某，女，1969年出生，深圳某国际机场的一名清洁人员。2008年12月9日，梁某在其就职的国际机场B号楼二楼出发大厅进行清洁工作。其在第19号值机柜台旁打扫卫生时发现在距离柜台不远处有一无人看管的手推车，手推车上放有一纸箱。实际上该纸箱为东莞某珠宝有限公司所有，纸箱内存有价值300万元的黄金。该珠宝有限公司一名员工在办理乘机手续时，由于一些手续问题，需要去其他柜台办理相应手续。该员工就将手推车以及纸箱暂时提放在第19号柜台附近。随后，在该名员工离开后，梁某来到手推车旁，在等了一段时间不见人来的情况下，将纸箱搬运到清洁车内。

梁某在拾得纸箱后，并未及时将纸箱上交失物招领处。同时，她还多次跟别人说自己拾得一个纸箱。下班后，梁某将纸箱用自行车带回家。打开箱后发现是一箱首饰。她把几件首饰放到丈夫口袋内后，就把纸箱放置在床底下。由于丢失黄金的员工向公安机关报案，公安机关迅速展开侦查。通过调取监控录像与询问相关人员，警察将目标锁定在梁某身上。当天下午18时，警察到梁某家问她是否从机场带回物品，犯罪嫌疑人梁某矢口否认。当公安机关要求进行搜查时，梁某说出实情，交出自己拾得的纸箱。宝安区公安局以梁某涉嫌盗窃罪将其逮捕。2009年4月30日，宝安区检察院将本案退回宝安区公安局进行补充侦查。

随后，由于媒体的报道，社会上对于犯罪嫌疑人是偷还是拾展开大讨论，该案一时间成为舆论的焦点。5月29日，宝安区公安局将本案再次移送宝安区检察院审查起诉。7月13日，宝安区检察院第二次将该案退回宝安区公安局进行补充侦查。9月10日，犯罪嫌疑人梁某被取保候审。9月25日，宝安区检察院以该案证据不足为由，撤销对其所采取的强制措施，并称本案不构成盗窃罪，应为侵占罪。由于侵占罪是自诉案件，某珠宝首饰有限公司是否起诉由其自己决定。该公司董事长称只想追回损失，既然损失已追回，也就不会追究梁某的刑事责任了。

【专家评析】

本案两次被宝安区公安局移送审查起诉，但被宝安区人民检察院退回补充侦查。最终，因证据不足，人民检察院撤销了对犯罪嫌疑人梁某的强制措施。从3月份被正式逮捕，再到9月份被撤销了强制措施，梁某被限制人身自由长达半年之久。这起案件透露出我国刑事侦查司法实践中的一个特征——高羁押率。侦查机关大多会对犯罪嫌疑人采取逮捕、拘留等措施，很少会考虑取保候审这类的强制措施。事实上，本案的宝安区公安局适合对犯罪嫌疑人梁某采取取保候审的强制措施。

根据刑事诉讼法第65条的规定，适用取保候审主要要考察犯罪嫌疑人是否具有“不致发生社会危险性”。对于该因素的考察大体要从犯罪情节、保证条件、个人品质和再犯可能性等多个角度进行判断。本案中，犯罪嫌疑人梁某一直是一个勤勉工作的清洁工人，之前也一直没有违法犯罪的记录，可以说是一个守法的好公民。其次，梁某也只是有占小便宜的思想，当时也并不知道纸箱里面是什么物品。再次，梁某与其丈夫都有稳定的工作，并且梁某在事后也积极退还了相关财物。最后，本案的检察院与公安机关一直对案件的定性存在争议。基于以上四点，我们认为犯罪嫌疑人梁某具有“不致发生社会危险性”的条件，满足了取保候审的适用条件，应对其适用取保候审措施。

最后需要指出的是，本案中的犯罪嫌疑人到底构成何种犯罪？盗窃罪，抑或侵占罪？根据刑法第264条的规定，所谓盗窃罪是指，犯罪分子以非法占有为目的，盗窃公私财物数额较大，情节严重的行为。根据刑法第270条的规定，所谓侵占罪是指，犯罪分子以非法占有为目的，将代为保管的他人财物非法占为已有，数额较大，拒不退还的行为。认定本案的一个关键就是梁某在柜台旁拾得纸箱行为的性质界定。从案情角度看，机场人流密集，梁某看到纸箱许久未被人领走，便将其装入清洁车内带走，是其职业职责使然。虽然，梁某最后没有把它交还遗失物管理处，在主观目的上转化为非法占有状态，但并不改变梁某作为清洁工最初对该物是合法占有的事实。同时，盗窃罪的本质特征在于“秘密”窃取财物，而梁某在“拾”得纸箱后，一直向同事宣称拾得物品，也不符合盗窃罪的本质特点。所以，宝安区公安机关对梁某涉嫌盗窃罪的指控是不能成立的。梁某的行为更符合侵占罪的构成要件。但是，由于侵占罪是自诉案件。梁某是否被追究法律责任要看珠宝公司的态度。珠宝公司并没有对犯罪嫌疑人梁某提起刑事自诉。所以，犯罪嫌疑人梁某不会被追究刑事责任。

【法条指引】

中华人民共和国刑事诉讼法

第六十五条 人民法院、人民检察院和公安机关对有下列情形之一的犯罪嫌疑人、被告人，可以取保候审：

（一）可能判处管制、拘役或者独立适用附加刑的；

（二）可能判处有期徒刑以上刑罚，采取取保候审不致发生社会危险性的；

（三）患有严重疾病、生活不能自理，怀孕或者正在哺乳自己婴儿的妇女，采取取保候审不致发生社会危险性的；

（四）羁押期限届满，案件尚未办结，需要采取取保候审的。

取保候审由公安机关执行。

第六十六条 人民法院、人民检察院和公安机关决定对犯罪嫌疑人、被告人取保候审，应当责令犯罪嫌疑人、被告人提出保证人或者交纳保证金。

第六十九条第一款 被取保候审的犯罪嫌疑人、被告人应当遵守以下规定：

（一）未经执行机关批准不得离开所居住的市、县；

（二）住址、工作单位和联系方式发生变动的，在二十四小时以内向执行机关报告；

（三）在传讯的时候及时到案；

（四）不得以任何形式干扰证人作证；

（五）不得毁灭、伪造证据或者串供。

第七十条 取保候审的决定机关应当综合考虑保证诉讼活动正常进行的需要，被取保候审人的社会危险性，案件的性质、情节，可能判处刑罚的轻重，被取保候审人的经济状况等情况，确定保证金的数额。

提供保证金的人应当将保证金存入执行机关指定银行的专门账户。

第七十一条　犯罪嫌疑人、被告人在取保候审期间未违反本法第六十九条规定的，取保候审结束的时候，凭解除取保候审的通知或者有关法律文书到银行领取退还的保证金。

最高人民法院关于适用《中华人民共和国刑事诉讼法》的解释

第一百二十二条　根据案件事实和法律规定，认为已经构成犯罪的被告人在取保候审期间逃匿的，如果系保证人协助被告人逃匿，或者保证人明知被告人藏匿地点但拒绝向司法机关提供，对保证人应当依法追究刑事责任。

第一百二十四条　对被取保候审的被告人的判决、裁定生效后，应当解除取保候审、退还保证金的，如果保证金属于其个人财产，人民法院可以书面通知公安机关将保证金移交人民法院，用以退赔被害人、履行附带民事赔偿义务或者执行财产刑，剩余部分应当退还被告人。

▶ 3. 监视居住时，辩护人需要注意哪些问题？

【宣讲要点】

所谓监视居住，是指公安机关、人民检察院和人民法院责令未被逮捕的犯罪嫌疑人、被告人在诉讼过程中，未经批准不得离开住处或者指定的居所，并对其行动加以监视的一种方法。如果犯罪嫌疑人、被告人被采取了监视居住，辩护人需要注意以下几个主要问题：

（1）监视居住的适用条件。刑事诉讼法第 72 条第 1 款规定，人民法院、人民检察院和公安机关对符合逮捕条件，有下列情形之一的犯罪嫌疑人、被告人，可以监视居住：一是患有严重疾病、生活不能自理的；二是怀孕或者正在哺乳自己婴儿的妇女；三是系生活不能自理的人的唯一扶养人；四是因为案件的特殊情况或者办理案件的需要，采取监视居住措施更为适宜的；五是羁押期限届满，案件尚未办结，需要采取监视居住措施的。同时该条第 2 款，对符合取保候审条件，但犯罪嫌疑人、被告人不能提出保证人，也不交纳保证金的，可以监视居住。事实上，通过该法条的研读，我们可以发现：能适用监视居住的情形，也能适用取保候审。但是适用取保候审的情形不见得可以适用监视居住。因为，为了解决我国高羁押率的现状，法律在取保候审与拘留、逮捕之间设置一个过渡措施——监视居住。所以，该法第 72 条第 2 款规定，如果犯罪嫌疑人违反了取保候审的规定，司法机关可以对其适用监视居住的规定。

（2）指定居所监视居住的情形与例外。刑事诉讼法第 73 条规定，对于没有固定居所的犯罪嫌疑人可以适用指定居所监视居住。但是，如果犯罪嫌疑人涉嫌危害国家安全犯罪、恐怖活动犯罪以及特别重大贿赂犯罪，在其住所执行有碍侦查的，可以指定居所监视居住。不过，上述情况所采取的监视居住措施要经过上一级公安机关与检察院的批准。这三类犯罪的犯罪嫌疑人通常具有逃跑的可能性、可能会妨碍刑事诉讼的顺利进行。为了保障刑事诉讼的顺利进行并且考虑上述三种犯罪的重大社会危害性，法律作此规定。

（3）监视居住的期限与折抵刑期。刑事诉讼法规定监视居住的期限最多不得超过 6 个月。法律之所以如此规定就在于监视居住的准羁押性质。由于立法者将监视居住作为一种严厉的强制措施，所以就相应地缩短了其期限。同时，监视居住的刑期应当折抵刑期。如果被告人最后被判处管制，则互相折抵 1 日；如果被告人最后被判处拘役、有期徒刑，则只能折抵半日。

【典型案例】

张某，男，35 岁。李某，女，23 岁。

张某经营着一家洗浴中心，为了赚钱，通过让李某去色诱别人之后拍照的方式，敲诈勒索财物。由于受害人不敢报案，两人多次得手。当地公安机关开展打击色情非法活动的专项整治行动。在公安机关突击检查张某的洗浴中心时，现场抓到了卖淫嫖娼行为。于是，工商管理部门查封了该家洗浴中心。

犯罪嫌疑人张某与李某被带到公安机关进行询问。犯罪嫌疑人李某在交代了犯罪事实后，又检举了张某的敲诈勒索行为。李某称，老板张某多次指使她去色诱顾客。然后，张某伺机拍摄不雅照片，用来敲诈勒索顾客。由于受害人不好意思向公安机关告发，他们只能吃哑巴亏。赚了钱后，张某也会分一部分给她。后来，公安机关以犯罪嫌疑人张某、李某涉嫌组织卖淫罪和敲诈勒索罪向人民检察院提起批准逮捕。人民检察院批准了公安机关的逮捕决定书。犯罪嫌疑人李某称自己已经怀孕，公安机关经过验证，确认其处于在妊娠期。公安机关对犯罪嫌疑人李某适用监视居住措施。

侦查终结后，公安机关以犯罪嫌疑人涉嫌组织卖淫罪和敲诈勒索罪向人民检察院移送审查起诉。人民检察院向人民法院提起了公诉。经法庭审理，人民法院判处被告人张某、李某组织卖淫罪与敲诈勒索罪成立。被告人张某、李某未上诉。

【专家评析】

本案中，虽然犯罪嫌疑人张某与李某系共同犯罪，但是因为具体情况不同，需要分别对待。公安机关对犯罪嫌疑人张某和李某分别适用了不同的强制措施。犯罪嫌疑人张某被逮捕，犯罪嫌疑人李某被监视居住。公安机关的做法是值得肯定的。因为，本案中的张某涉嫌组织卖淫罪和敲诈勒索罪。如果侦查机关不对张某采取羁押措施，张某很可能会回去销毁关于敲诈勒索的罪证。并且张某犯罪不止一次，难免其在过了风头后再次实施犯罪，有再次实施犯罪的可能性。所以，公安机关对犯罪嫌疑人张某适用逮捕措施是合适的。但不同于张某的是，李某已经怀孕了，处于妊娠期。根据刑事诉讼法第 72 条第 1 款的规定，怀孕或者正在哺乳期的妇女，公安机关可以对其采取监视居住。所以，本案中的公安机关对犯罪嫌疑人李某采取了监视居住。本案中的公安机关对因李某怀孕而对犯罪嫌疑人张某、李某区别对待，分别予以逮捕与监视居住，体现了刑事诉讼法的人权保障精神。

最后要强调的是，公安机关的监视居住期限不得超过 6 个月。同时，由于犯罪嫌疑人张某与李某构成组织卖淫罪与敲诈勒索罪，所以法院对这二人的刑期是有期徒刑。根据刑事诉讼法的规定，李某监视居住的期限要折抵其有期徒刑的刑期。但是，监视居住1日只能折抵有期徒刑半日。

【法条指引】

中华人民共和国刑事诉讼法

第七十二条 人民法院、人民检察院和公安机关对符合逮捕条件，有下列情形之一的犯罪嫌疑人、被告人，可以监视居住：

（一）患有严重疾病、生活不能自理的；

（二）怀孕或者正在哺乳自己婴儿的妇女；

（三）系生活不能自理的人的唯一扶养人；

（四）因为案件的特殊情况或者办理案件的需要，采取监视居住措施更为适宜的；

（五）羁押期限届满，案件尚未办结，需要采取监视居住措施的。

对符合取保候审条件，但犯罪嫌疑人、被告人不能提出保证人，也不交纳保证金的，可以监视居住。

监视居住由公安机关执行。

第七十三条 监视居住应当在犯罪嫌疑人、被告人的住处执行；无固定住处的，可以在指定的居所执行。对于涉嫌危害国家安全犯罪、恐怖活动犯罪、特别重大贿赂犯罪，在住处执行可能有碍侦查的，经上一级人民检察院或者公安机关批准，也可以在指定的居所执行。但是，不得在羁押场所、专门的办案场所执行。

指定居所监视居住的，除无法通知的以外，应当在执行监视居住后二十四小时以内，通知被监视居住人的家属。

被监视居住的犯罪嫌疑人、被告人委托辩护人，适用本法第三十三条的规定。

人民检察院对指定居所监视居住的决定和执行是否合法实行监督。

第七十四条 指定居所监视居住的期限应当折抵刑期。被判处管制的，监视居住一日折抵刑期一日；被判处拘役、有期徒刑的，监视居住二日折抵刑期一日。

第七十六条　执行机关对被监视居住的犯罪嫌疑人、被告人，可以采取电子监控、不定期检查等监视方法对其遵守监视居住规定的情况进行监督；在侦查期间，可以对被监视居住的犯罪嫌疑人的通信进行监控。

第七十七条　人民法院、人民检察院和公安机关对犯罪嫌疑人、被告人取保候审最长不得超过十二个月，监视居住最长不得超过六个月。

在取保候审、监视居住期间，不得中断对案件的侦查、起诉和审理。对于发现不应当追究刑事责任或者取保候审、监视居住期限届满的，应当及时解除取保候审、监视居住。解除取保候审、监视居住，应当及时通知被取保候审、监视居住人和有关单位。

最高人民法院关于适用《中华人民共和国刑事诉讼法》的解释

第一百二十六条　人民法院向被告人宣布监视居住决定后，应当将监视居住决定书等相关材料送交被告人住处或者指定居所所在地的同级公安机关执行。

对被告人指定居所监视居住后，人民法院应当在二十四小时内，将监视居住的原因和处所通知其家属；确实无法通知的，应当记录在案。

第一百二十七条第三款　人民法院不得对被告人重复采取取保候审、监视居住措施。

人民检察院刑事诉讼规则（试行）

第一百一十二条　对于特别重大贿赂犯罪案件决定指定居所监视居住的，人民检察院侦查部门应当自决定指定居所监视居住之日起每二个月对指定居所监视居住的必要性进行审查，没有必要继续指定居所监视居住或者案件已经办结的，应当解除指定居所监视居住或者变更强制措施。

犯罪嫌疑人及其法定代理人、近亲属或者辩护人认为不再具备指定居所监视居住条件的，有权向人民检察院申请变更强制措施。人民检察院应当在三日以内作出决定，经审查认为不需要继续指定居所监视居住的，应当解除指定居所监视居住或者变更强制措施；认为需要继续指定居所监视居住的，应当答复申请人并说明理由。

解除指定居所监视居住或者变更强制措施的，下级人民检察院侦查部门应当报送上一级人民检察院备案。

第一百一十三条 人民检察院应当向监视居住的犯罪嫌疑人宣读监视居住决定书，由犯罪嫌疑人签名、捺指印或者盖章，并责令犯罪嫌疑人遵守刑事诉讼法第七十五条的规定，告知其违反规定应负的法律责任。

指定居所监视居住的，不得要求被监视居住人支付费用。

▶ 4. 什么是拘留?

【宣讲要点】

拘留，是指公安机关、人民检察院在侦查过程中，在紧急情况下，依法临时剥夺某些现行犯或者重大嫌疑分子的人身自由的一种强制措施。它具有如下特征：

（1）决定主体的限制性。只有公安机关、人民检察院等具有侦查权的国家司法机关可以决定刑事拘留。

（2）适用条件的紧急性。只有在紧急情况下，来不及办理逮捕手续，但是又需要马上剥夺现行犯或者重大嫌疑分子的人身自由的，才可以采取拘留。

（3）适用方式的临时性。拘留是一种在紧急情况下适用的临时性措施，适用阶段仅仅限制在侦查阶段，而不像取保候审、监视居住等可以全程适用。另外，适用期限比较短，一般不超过 10 天，最长不超过 37 天。而且，随着诉讼进程，拘留会发生变更，要么释放，要么转为取保候审、监视居住和逮捕。

（4）适用功能的双重性。同拘传一样，刑事拘留具有强制犯罪嫌疑人到案侦查的功能，不一样的是，刑事拘留又会剥夺人身自由，使犯罪嫌疑人被羁押在专门场所，受到一定监管，以此确保诉讼能够顺利进行。

拘留是一种强硬的强制措施，对其的适用也要更为谨慎。根据法律规定，适用拘留需要符合以下两个条件：一是对象条件，即刑事拘留的对象是现行犯或者是重大嫌疑分子。其中，现行犯是指正在进行犯罪的人，重大嫌疑分子是指有证据表明是具有重大犯罪嫌疑的人。二是紧急条件，也就是说具有法定的紧急情形的，才可以适用刑事拘留，具体包括正在预备犯罪、实行犯罪或者在犯罪后即时被发觉的；被害人或者在场亲眼看见的人指认他犯罪的；在身边或者住处发现有犯罪证据的；犯罪后企图自杀、逃跑或者在逃的；有毁灭、伪造证据或者串供可能的；不讲真实姓名、住址，身份不明的；有流窜作案、多次作案、结伙作案重大嫌疑的。以上是公安机关适用拘留时要求的紧急情形，另外，人民检察院直接受理的案件，在侦查过程当中，如果发现有犯罪后企图自杀、逃跑或者在逃的以及有毁灭、伪造证据或者串供可能的，有权决定拘留犯罪嫌疑人。刑事拘留适用条件的紧急性就体现在必须具有以上紧急情形才可以适用拘留。

公安机关拘留现行犯或重大嫌疑分子，必须遵循如下程序：承办单位填写《呈请拘留报告书》，县级以上公安机关负责人批准，签发《拘留证》，提请批准拘留的单位负责执行。人民检察院需要拘留的，应由办案人员提出意见，经办案部门负责人审核之后，由检察长决定，如果决定拘留，也不是由人民检察院直接执行，而是将拘留的决定书送交给公安机关，由公安机关负责执行。对县级以上各级人民代表大会的代表、不享有外交特权和豁免权的外国人、无国籍人以及外国留学生采用刑事拘留时，还需要遵循其他的特殊程序。另外，除无法通知或者涉嫌危害国家安全犯罪、恐怖活动犯罪通知可能有碍侦查的情形之外，应当在拘留后24小时以内，通知被拘留人的家属。这样的规定便于被拘留人的家属迅速知悉情况，尽快为其聘请律师来提供帮助，保障被拘留人的合法权益，尤其是诉讼权利。

公安机关、人民检察院拘留犯罪嫌疑人后，应在24小时内进行询问。如果通过询问发现不应当拘留的，必须立即释放，并且发给释放证明。

【典型案例】

1998年12月15日，H公司董事长向佛山市南海区公安分局报案，称其公司工程技术人员张某、吴某、黄某、曹某、冉某利用职务之便盗取公司无齿无刷电机技术机密资料，不辞而别离开公司，要求追回有关专利技术资料和追究有关人员的法律责任。南海区公安分局受理该案后进行了初查。经逐级报告后，公安部于1999年5月24日作出答复，认为无齿无刷电机技术是一种不为公众所知悉的商业秘密，H公司是国内的唯一合法使用人，张某等人违反《保密协议》的约定，涉嫌侵犯商业秘密罪。1999年10月1日，南海区公安分局以涉嫌犯罪为由，对张某、黄某、吴某予以刑事拘留。7日，对孙某予以刑事拘留。26日，该案移送佛山市公安局管辖。同年10月30日经佛山市公安局决定，以涉嫌侵犯商业秘密罪为由，对这4人采取监视居住措施。11月8日，佛山市公安局提请佛山市人民检察院批准逮捕孙某、张某、吴某、黄某。12月13日经佛山市公安局决定，对孙某取保候审。同日，以疾病为由解除了对孙某的监视居住。2000年1月10日，经佛山市公安局决定，以不追究刑事责任为由，解除了对张某、吴某、黄某的监视居住，并解除了对孙某的取保候审。2000年1月14日佛山市检察院以孙某等人的行为不涉嫌侵犯商业秘密犯罪为由，分别作出《不批准逮捕决定书》。据此，2001年7月11日，孙某、张某、吴某、黄某4人以错误刑事拘留等为由，向佛山市公安局申请国家赔偿。佛山市公安局于2001年9月5日作出《确认书》，确认：(1) 对申请人采取的刑事拘留合法；(2) 驳回申请人要求确认监视居住违法的申请。4人不服，于2001年9月27日向广东省公安厅申诉，并提交《申诉书》。广东省公安厅对此未作答复，将申诉材料转给佛山市公安局处理。佛山市公安局于2001年12月27日作出《申诉答复》，认为原确认是合法正确的。孙某等4人遂以公安机关对其采取刑事拘留不合法和采取剥夺人身自由的监视居住强制措施为由，向广东省高级人民法院国家赔偿委员会申请国家赔偿。

广东省高级人民法院国家赔偿委员会经审查后，根据国家赔偿法第15条第1项、第26条、第30条之规定，决定如下：(1) 佛山市公安局赔偿孙某人身自由赔偿金 1187.52 元。分别赔偿张某、吴某、黄某人身自由赔偿金 1484.4 元；(2) 驳回孙某、张某、吴某、黄某的其他赔偿请求。

【专家评析】

上述案件虽然是国家赔偿案件，但是缘起于拘留。我国刑事诉讼法规定，对下列情况的现行犯或者重大嫌疑分子可以先行拘留：(1) 正在预备犯罪、实行犯罪或者在犯罪后即时被发觉的；(2) 被害人或者在场亲眼看见的人指认他犯罪的；(3) 在身边或者住处发现有犯罪证据的；(4) 犯罪后企图自杀、逃跑或者在逃的；(5) 有毁灭、伪造证据或者串供可能的；(6) 不讲真实姓名、住址，身份不明的；(7) 有流窜作案、多次作案、结伙作案重大嫌疑的。由于拘留是一种在紧急情况下采取的临时措施，对其的适用就更要严谨，谨防出现以紧急为由滥用刑事拘留的情况。同时要注意，拘留之时未按照规定程序执行的，肯定是违法的刑事拘留，那么如果对当时的“重大嫌疑分子”采取拘留，然而事后证实此人无罪的情况，拘留是否合法呢？

答案是：不合法。“重大嫌疑”的判断是司法机关自行裁量的，标准难以把握，如果将外观看上去程序合法，却拘留了实际无罪的公民的情况列入合法的范畴，显然不利于维护公民的合法权益。因此，只要这种嫌疑不是公民自己的故意行为造成的，上述情况也应列入错误拘留的范畴，并且给予被拘留人获取救济的途径。

本案中，检察机关决定对 4 名赔偿请求人不予逮捕，就已证明 4 名赔偿请求人无罪，即确认了佛山市公安局对 4 名赔偿请求人的拘留是错误的，4 人理应获得国家赔偿。

【法条指引】

中华人民共和国刑事诉讼法

第八十条 公安机关对于现行犯或者重大嫌疑分子，如果有下列情形之一的，可以先行拘留：

（一）正在预备犯罪、实行犯罪或者在犯罪后即时被发觉的；

（二）被害人或者在场亲眼看见的人指认他犯罪的；

（三）在身边或者住处发现有犯罪证据的；

（四）犯罪后企图自杀、逃跑或者在逃的；

（五）有毁灭、伪造证据或者串供可能的；

（六）不讲真实姓名、住址，身份不明的；

（七）有流窜作案、多次作案、结伙作案重大嫌疑的。

第八十三条 公安机关拘留人的时候，必须出示拘留证。

拘留后，应当立即将被拘留人送看守所羁押，至迟不得超过二十四小时。除无法通知或者涉嫌危害国家安全犯罪、恐怖活动犯罪通知可能有碍侦查的情形以外，应当在拘留后二十四小时以内，通知被拘留人的家属。有碍侦查的情形消失以后，应当立即通知被拘留人的家属。

人民检察院刑事诉讼规则（试行）

第一百二十九条 人民检察院对于有下列情形之一的犯罪嫌疑人，可以决定拘留：

（一）犯罪后企图自杀、逃跑或者在逃的；

（二）有毁灭、伪造证据或者串供可能的。

第一百三十三条第一款 对犯罪嫌疑人拘留后，除无法通知的以外，人民检察院应当在二十四小时以内，通知被拘留人的家属。

第一百三十五条 对被拘留的犯罪嫌疑人，发现不应当拘留的，应当立即释放；依法可以取保候审或者监视居住的，按照本规则的有关规定办理取保候审或者监视居住手续。

对被拘留的犯罪嫌疑人，需要逮捕的，按照本规则的有关规定办理逮捕手续；决定不予逮捕的，应当及时变更强制措施。

第一百三十六条 人民检察院拘留犯罪嫌疑人的羁押期限为十四日，特殊情况下可以延长一日至三日。

公安机关办理刑事案件程序规定

第一百二十一条 拘留犯罪嫌疑人，应当填写呈请拘留报告书，经县级以上公安机关负责人批准，制作拘留证。执行拘留时，必须出示拘留证，并责令被拘留人在拘留证上签名、捺指印，拒绝签名、捺指印的，侦查人员应当注明。

紧急情况下，对于符合本规定第一百二十条所列情形之一的，应当将犯罪嫌疑人带至公安机关后立即审查，办理法律手续。

第一百二十三条第一款 除无法通知或者涉嫌危害国家安全犯罪、恐怖活动犯罪通知可能有碍侦查的情形以外，应当在拘留后二十四小时以内制作拘留通知书，通知被拘留人的家属。拘留通知书应当写明拘留原因和羁押处所。

第一百二十七条 对被拘留的犯罪嫌疑人审查后，根据案件情况报经县级以上公安机关负责人批准，分别作出如下处理：

（一）需要逮捕的，在拘留期限内，依法办理提请批准逮捕手续；

（二）应当追究刑事责任，但不需要逮捕的，依法直接向人民检察院移送审查起诉，或者依法办理取保候审或者监视居住手续后，向人民检察院移送审查起诉；

（三）拘留期限届满，案件尚未办结，需要继续侦查的，依法办理取保候审或者监视居住手续；

（四）具有本规定第一百八十三条规定情形之一的，释放被拘留人，发给释放证明书；需要行政处理的，依法予以处理或者移送有关部门。

▶ 5. 逮捕应遵循什么样的程序?

【宣讲要点】

逮捕会剥夺犯罪嫌疑人、被告人的人身自由，是强制措施中最为严厉的一种。如果公安机关、检察机关和人民法院采取逮捕措施不当，会严重损害犯罪嫌疑人、被告人的合法利益。因此，实施逮捕应当遵循刑事诉讼法的相关规定。

（1）逮捕的权限与程序。逮捕一般由人民检察院决定和审查、人民法院决定，交由公安机关执行。因此，人民检察院拥有对逮捕的决定权与审查权。人民法院拥有决定权。而公安机关拥有执行权。三个司法机关必须审慎行使自己的权力，不能越权司法。

逮捕大体要遵循“提起逮捕—审查、决定逮捕—执行逮捕”的法定程序。首先，在提起逮捕中，公安机关要制作提起逮捕的决定书并移送相关证据与案件材料。对于先被拘留而被提起逮捕的犯罪嫌疑人，公安机关一般要在3日内提起逮捕。特殊情形下，最多可以延长至4日。对于流窜作案、多次作案、结伙作案的重大嫌疑分子，提请审查批准的时间可以延长至30日。其次，在审查决定逮捕中，人民检察院要在接到提起批捕决定书7日内作出决定。再次，在审查批捕时，人民检察院要对犯罪嫌疑人是否符合逮捕的条件和公安机关的侦查行为进行审查。经审查，同意适用逮捕措施的由检察长签字。重大案件要交由检察委员会。同时，如果辩护律师提出意见的，检察院要认真听取。经审查，检察院作出不予批捕决定的，公安机关对此有异议的，可以向检察机关申请复议。对复议结果不服的，公安机关可以向上级检察机关申请复核。不过，对于事先被拘留的犯罪嫌疑人，在检察院作出不予批准逮捕决定时，公安机关要立即解除拘留。最后，在执行逮捕中，公安机关要出示逮捕证，并立即交送看守所羁押。除无法通知的外，应把羁押的情况在24小时内告知犯罪嫌疑人的家属或所在单位。被逮捕的犯罪嫌疑人要在24小时内被接受讯问。

（2）逮捕后的继续审查。犯罪嫌疑人、被告人被逮捕后，人民检察院仍要对其被羁押的必要性进行审查。对于不需要继续进行羁押的，应建议予以释放或者变更为取保候审、监视居住。有关部门要在10日内将有关处理情况向人民检察院汇报。由于逮捕会剥夺犯罪嫌疑人、被告人的人身自由，为了保障他们的合法权益，法律规定检察院要对羁押的必要性进行审查。这种做法是对落实保障人权理念的贯彻。同时，如果人民法院、人民检察院和公安机关发现对犯罪嫌疑人、被告人采取强制措施不当，应及时撤销或者变更。对于公安机关变更或者撤销的情况，要及时通知检察院。

【典型案例】

夏某，男，37岁，涉嫌故意伤害案。2013年8月5日，为庆祝乔迁之喜，夏某与朋友在华梅西餐厅吃饭。夏某邻桌由于人多吵闹。服务人员曾多次提醒他们注意保持用餐环境。夏某由于多喝了几杯酒，醉意上头，便想要去提醒邻桌注意安静。没想到，双方由于几句口角摩擦，便产生矛盾，大打出手。邻桌陈某随手抄起手中的餐刀向夏某刺去。夏某躲闪及时没有被刺到。在陈某的再次进攻中，夏某随机应变，反手一推刺中被害人陈某腹部。陈某被立即送往医院。经相关机关鉴定后得出结论：陈某被确认为重伤害。

随后，公安机关将夏某带回警局进行讯问。犯罪嫌疑人随后聘请了辩护律师。8月6日，公安机关将犯罪嫌疑人夏某拘留。当月底，公安机关制作了提请批准逮捕书向人民检察院提请逮捕犯罪嫌疑人夏某，并将相关证据、案卷材料一并移送人民检察院。人民检察院在审查批捕时，犯罪嫌疑人夏某的辩护律师提出：从现有证据上看，犯罪嫌疑人夏某并未构成故意伤害罪。相反，夏某系出于自卫考虑，属于正当防卫行为，不构成犯罪。人民检察院在查阅了相关案卷后，同意辩护律师的观点。经检察长决定，人民检察院于9月10日作出了不予批捕的决定，并建议公安机关对犯罪嫌疑人夏某采取取保候审措施。公安机关接到该决定后，立即向检察院申请复议。但检察院对于公安机关的复议并未给予答复。随后，公安机关向上一级人民检察院提出复核。上级人民检察院维持了下级检察院的不予批准逮捕的决定。在上级人民检察院作出维持决定之前，犯罪嫌疑人夏某一直处于羁押状态。后于10月30日，公安机关解除了对夏某的强制措施，将其释放。

【专家评析】

本案中，公安机关和人民检察院存在多处违反刑事诉讼法中有关逮捕规定的行为。

首先，公安机关超过法定期限提起逮捕。根据刑事诉讼法第 89 条第 1 款、第 2 款的规定："公安机关对被拘留的人，认为需要逮捕的，应当在拘留后的三日以内，提请人民检察院审查批准。在特殊情况下，提请审查批准的时间可以延长一日至四日。对于流窜作案、多次作案、结伙作案的重大嫌疑分子，提请审查批准的时间可以延长至三十日。"本案属于一般案件，适用 3 日的规定。公安机关在 8 月 6 日拘留了夏某，但却在月末才向检察机关提起批准逮捕。公安机关的这种行为是违反法律程序的。

其次，人民检察院审查批捕超过法定期限。根据刑事诉讼法第 89 条第 3 款的规定："人民检察院应当自接到公安机关提请批准逮捕书后的七日以内，作出批准逮捕或者不批准逮捕的决定。……"本案中，公安机关于 8 月末向检察院提起批准逮捕，而检察院在 9 月 10 日才作出了不予批准逮捕的决定，显然超过了 7 天的法定期限。

再次，公安机关在检察院不予批捕后，存在程序错误行为。根据刑事诉讼法第 89 条第 3 款的规定："……人民检察院不批准逮捕的，公安机关应当在接到通知后立即释放，并且将执行情况及时通知人民检察院。……"而本案中，公安机关并未立即释放犯罪嫌疑人夏某，也未将执行情况通知人民检察院。公安机关在上级检察院作出维持不予批准逮捕决定后，才释放了犯罪嫌疑人夏某。公安机关的做法明显违法。

最后，犯罪嫌疑人夏某被超期羁押。根据刑事诉讼法第 154 条的规定，对犯罪嫌疑人的羁押期限一般不能超过 2 个月。本案中的犯罪嫌疑人夏某于 8 月 6 日被依法刑事拘留，在 10 月 30 日才被释放。夏某被羁押了 2 个多月，超期羁押 24 天！公安机关的行为明显地侵犯了犯罪嫌疑人夏某的人身自由，非法侵害了夏某的合法权益。对于超期羁押的行为，根据刑事诉讼法第 89 条第 3 款以及第 93 条的规定，夏某可以要求解除羁押或者申请变更强制措施。

但是，本案中，公安机关与人民检察院的做法也不全是违法的，在办案过程中也存在着合法之处。

对于公安机关而言，根据刑事诉讼法第 85 条和第 90 条的规定，公安机关在提起批准逮捕时，要制作提起逮捕决定书。如果人民检察院作出不予批准的决定时，公安机关可以向人民检察院要求复议。对复议结果不服的，可以向上级人民检察院提出复核。本案中，公安机关在8月末提请逮捕时，制作了提起批准逮捕决定书，并移送了相关证据与案卷材料。在公安机关对人民检察院不予批准逮捕的决定有异议时，其依法遵从了先复议后复核的程序性规定。

对于人民检察院而言，根据刑事诉讼法第86条第2款的规定，人民检察院在审查批准逮捕时，辩护律师提出要求的，人民检察院应当认真听取。本案中，犯罪嫌疑人夏某的辩护律师提出夏某系正当防卫的要求。人民检察院认真听取并记录在案，该行为依法保护了辩护律师的辩护权，维护了被告人的诉讼权利。这一点是值得肯定的。

最后要提请大家注意的是，本案中，被告人夏某的辩护律师提出：夏某的行为属于正当防卫。夏某不需要对被害人陈某的伤害结果负刑事责任。被告人夏某无罪。根据刑法第20条第1款的规定："为了使国家、公共利益、本人或者他人的人身、财产和其他权利免受正在进行的不法侵害，而采取的制止不法侵害的行为，对不法侵害人造成损害的，属于正当防卫，不负刑事责任。"本案中，虽然被告人夏某与被害人陈某存在语言冲突，但并未出手伤人。被害人陈某抢先拿起手中的餐刀刺向夏某。夏某出于自卫的考虑，反推陈某的手，致使陈某被刺伤。被告人夏某的行为有正当理由且并未超出必要的限度，实属正当防卫行为。因此，被告人夏某并不构成犯罪。

【法条指引】

中华人民共和国刑事诉讼法

第八十五条　公安机关要求逮捕犯罪嫌疑人的时候，应当写出提请批准逮捕书，连同案卷材料、证据，一并移送同级人民检察院审查批准。必要的时候，人民检察院可以派人参加公安机关对于重大案件的讨论。

第八十七条 人民检察院审查批准逮捕犯罪嫌疑人由检察长决定。重大案件应当提交检察委员会讨论决定。

第八十八条 人民检察院对于公安机关提请批准逮捕的案件进行审查后，应当根据情况分别作出批准逮捕或者不批准逮捕的决定。对于批准逮捕的决定，公安机关应当立即执行，并且将执行情况及时通知人民检察院。对于不批准逮捕的，人民检察院应当说明理由，需要补充侦查的，应当同时通知公安机关。

第八十九条 公安机关对被拘留的人，认为需要逮捕的，应当在拘留后的三日以内，提请人民检察院审查批准。在特殊情况下，提请审查批准的时间可以延长一日至四日。

对于流窜作案、多次作案、结伙作案的重大嫌疑分子，提请审查批准的时间可以延长至三十日。

人民检察院应当自接到公安机关提请批准逮捕书后的七日以内，作出批准逮捕或者不批准逮捕的决定。人民检察院不批准逮捕的，公安机关应当在接到通知后立即释放，并且将执行情况及时通知人民检察院。对于需要继续侦查，并且符合取保候审、监视居住条件的，依法取保候审或者监视居住。

第九十一条 公安机关逮捕人的时候，必须出示逮捕证。

逮捕后，应当立即将被逮捕人送看守所羁押。除无法通知的以外，应当在逮捕后二十四小时以内，通知被逮捕人的家属。

第九十二条 人民法院、人民检察院对于各自决定逮捕的人，公安机关对于经人民检察院批准逮捕的人，都必须在逮捕后的二十四小时以内进行讯问。在发现不应当逮捕的时候，必须立即释放，发给释放证明。

最高人民法院关于适用《中华人民共和国刑事诉讼法》的解释

第一百三十三条 被逮捕的被告人具有下列情形之一的，人民法院可以变更强制措施：

（一）患有严重疾病、生活不能自理的；

（二）怀孕或者正在哺乳自己婴儿的；

（三）系生活不能自理的人的唯一扶养人。

第一百三十四条第二款　被逮捕的被告人具有下列情形之一的，人民法院应当变更强制措施或者予以释放：

（一）第一审人民法院判处管制、宣告缓刑、单独适用附加刑，判决尚未发生法律效力的；

（二）被告人被羁押的时间已到第一审人民法院对其判处的刑期期限的；

（三）案件不能在法律规定的期限内审结的。

人民检察院刑事诉讼规则（试行）

第三百零三条　人民检察院审查批准或者决定逮捕犯罪嫌疑人，由侦查监督部门办理。

第三百零四条第一款　侦查监督部门办理审查逮捕案件，应当指定办案人员进行审查。办案人员应当审阅案卷材料和证据，依法讯问犯罪嫌疑人、询问证人等诉讼参与人、听取辩护律师意见，制作审查逮捕意见书，提出批准或者决定逮捕、不批准或者不予逮捕的意见，经部门负责人审核后，报请检察长批准或者决定；重大案件应当经检察委员会讨论决定。

▶ 6. 对危险驾驶的犯罪嫌疑人、被告人能否适用逮捕?

【宣讲要点】

我国刑法修正案（八）专设了一个罪名——危险驾驶罪。对于这一罪名的配置刑期为拘役。本罪是我国刑法中唯一一个不含有有期徒刑以上刑罚的罪名。对于危险驾驶的犯罪嫌疑人、被告人能否适用逮捕措施？回答这一问题，我们需要对逮捕的概念以及适用条件有一个清楚的了解。

刑事诉讼法第79条及相关司法解释对于逮捕作出了相应规定。所谓逮捕，是指由人民检察院或者人民法院决定的，由公安机关执行的，依法强制剥夺犯罪嫌疑人、被告人人身自由、进行羁押的一种强制措施。适用逮捕必须具备以下三个基本条件：

（1）有证据证明有犯罪事实的。根据《公安机关办理刑事案件程序规定》第130条的规定，所谓有证据证明有犯罪事实是指，有充分的证据证明犯罪事实为犯罪嫌疑人所为，并已经查证属实。

（2）可能判处徒刑以上刑罚的。我国刑罚中并没有徒刑的规定，只有有期徒刑、无期徒刑的规定。这里所谓的“徒刑以上”刑罚是指，有期徒刑以上的刑罚。值得注意的是，这里的刑罚不是法定刑，而是宣告刑。所谓法定刑是指法律对于犯罪规定的刑罚。所谓宣告刑是指法院实际对被告人判处的刑罚。我国刑法对于犯罪所配置的刑期基本上都是有期徒刑以上的刑罚，如果这里规定的是法定刑，那么基本上所有的犯罪嫌疑人都可能被逮捕。这种解释显然是违背立法目的的。所以，这就要求检察院在批准逮捕的时候，要对于犯罪嫌疑人可能被判处的刑期作出大致判断。

（3）有逮捕的必要性。所谓有逮捕的必要是指，采取取保候审的方法尚不足以防止社会危险性的发生。刑事诉讼法第79条第1款对此进行了列举规定，但不限于此。对于逮捕第3项条件的具体化，可为侦查机关提起逮捕提供司法实践的可操作性标准，并且有利于缩小逮捕的适用范围。因为，由于之前的刑事诉讼法并未提供一个明晰的标准，导致司法实践中，批捕率居高不下。新刑事诉讼法对此问题的具体化，对于缓解这个问题具有重要意义。这也是维护犯罪嫌疑人、被告人的合法权益所要求的。

但是，逮捕的适用有两处例外规定：其一，如果对于有证据证明有犯罪事实的，并且可能被判处10年以上有期徒刑或者5年内曾经故意实施犯罪的犯罪嫌疑人、被告人，应当予以逮捕。基于这种情况下的犯罪嫌疑人、被告人有巨大的社会危害性，法律作此规定。其二，如果犯罪嫌疑人、被告人违反了取保候审、监视居住的法定义务，情节严重的，也可以适用逮捕措施。因为这类犯罪嫌疑人与被告人存在逃跑或者其他违法犯罪的可能性。

【典型案例】

2011年5月9日，被告人高某与朋友在昆仑酒店吃饭，席间饮用了一瓶白葡萄酒和一瓶洋酒。吃完饭后，高某从酒店开车回家。在东城区东直门外大街十字路口东50米处，高某由于饮酒过度，未能控制好汽车，与前方等候红灯的桑塔纳2000出租车追尾后，又造成与前方2辆车追尾。

随后，北京市东城区交通管理支队警察赶到事故现场进行处理。高某对前3辆车主依次赔礼道歉，连说对不起，并表示因为自己的原因所造成的损坏，他全部赔偿。凌晨1点30分，交警支队的相关工作人员对高某进行血液样本酒精测试分析。经检测：其血液酒精含量为每百毫升血液中酒精含量为243.04毫克，已经超过醉酒驾车标准3倍。高某在询问室内痛写悔过书，对民警表示，自己是违法行为，甘愿承担法律责任。并且，高某也亲笔写下"对不起，永不酒驾"并签上了自己的名字。高某从询问室出来后表现得相当阴郁，有时抽烟，有时坐在凳子上不说话。当大批媒体记者赶到公安机关后，高某回到询问室，一直没有出来。11日下午，高某被带到东城公安分局看守所。交管部门表示，高某已经构成醉驾行为，将会被处以吊销驾照的行政处罚。被吊销驾照后，高某在5年内不得重新获得驾照。北京市东城区人民检察院对被告人高某因涉嫌危险驾驶罪提起公诉。5月17日，北京市东城区人民法院认为：高某的行为已经构成醉驾，违反了刑法的规定，构成危险驾驶罪。依据刑法修正案（八）和最新修订的道路交通安全法的规定，一审法院判处被告人高某犯危险驾驶罪，拘役6个月，并处罚金4000元。

被告人高某表示，其愿意接受国家法律的制裁，不上诉。

【专家评析】

本案中，警方之前就有效控制了被告人高某，对其进行了刑事拘留。但是如果法院作出判决时，高某尚未羁押，那么法院能否决定对高某予以逮捕？在司法实践中，一种观点认为，法院在作出一审判决时，应对被告人予以逮捕，一方面明确了刑期的起止日期，另一方面防止被告人逃跑。

另一种观点认为，由于犯危险驾驶罪的被告人因不符合逮捕的适用条件，而不能对其适用逮捕。笔者同意第二种观点。

根据刑事诉讼法第79条第1款的规定，逮捕强制措施的实施需满足的一个条件为“可能判处徒刑以上刑罚的犯罪嫌疑人、被告人”，而危险驾驶罪的最高刑期为拘役，不能满足该条件，所以，对于危险驾驶罪的犯罪嫌疑人与被告人不应适用逮捕的强制措施，只能采取监视居住、取保候审或者拘留的强制措施。而如果在这种情况下，犯罪嫌疑人、被告人违反了监视居住或者取保候审的法定义务，情节严重的，按照法律规定，如果是一般的刑事犯罪，办案机关本是可以采取逮捕措施的，但由于危险驾驶罪只能判处拘役刑罚的特殊性，检察机关仍然只能批准对其拘留，而不能逮捕。

【法条指引】

中华人民共和国刑事诉讼法

第七十九条 对有证据证明有犯罪事实，可能判处徒刑以上刑罚的犯罪嫌疑人、被告人，采取取保候审尚不足以防止发生下列社会危险性的，应当予以逮捕：

（一）可能实施新的犯罪的；

（二）有危害国家安全、公共安全或者社会秩序的现实危险的；

（三）可能毁灭、伪造证据，干扰证人作证或者串供的；

（四）可能对被害人、举报人、控告人实施打击报复的；

（五）企图自杀或者逃跑的。

对有证据证明有犯罪事实，可能判处十年有期徒刑以上刑罚的，或者有证据证明有犯罪事实，可能判处徒刑以上刑罚，曾经故意犯罪或者身份不明的，应当予以逮捕。

被取保候审、监视居住的犯罪嫌疑人、被告人违反取保候审、监视居住规定，情节严重的，可以予以逮捕。

最高人民法院关于适用《中华人民共和国刑事诉讼法》的解释

第一百三十条 被监视居住的被告人具有下列情形之一的，人民法院应当决定逮捕：

（一）具有前条第一项至第五项规定情形之一的；

（二）未经批准，擅自离开执行监视居住的处所，影响审判活动正常进行，或者两次未经批准，擅自离开执行监视居住的处所的；

（三）未经批准，擅自会见他人或者通信，影响审判活动正常进行，或者两次未经批准，擅自会见他人或者通信的；

（四）对因患有严重疾病、生活不能自理，或者因怀孕、正在哺乳自己婴儿而未予逮捕的被告人，疾病痊愈或者哺乳期已满的；

（五）依法应当决定逮捕的其他情形。

公安机关办理刑事案件程序规定

第一百二十九条第三款 公安机关在根据第一款的规定提请人民检察院审查批准逮捕时，应当对犯罪嫌疑人具有社会危险性说明理由。

第一百三十条 有证据证明有犯罪事实，是指同时具备下列情形：

（一）有证据证明发生了犯罪事实；

（二）有证据证明该犯罪事实是犯罪嫌疑人实施的；

（三）证明犯罪嫌疑人实施犯罪行为的证据已有查证属实的。

前款规定的“犯罪事实”既可以是单一犯罪行为的事实，也可以是数个犯罪行为中任何一个犯罪行为的事实。

最高人民检察院关于在检察工作中贯彻宽严相济刑事司法政策的若干意见

12. 对因人民内部矛盾引发的轻微刑事案件依法从宽处理。对因亲友、邻里及同学同事之间纠纷引发的轻微刑事案件，要本着“冤家宜解不宜结”的精神，着重从化解矛盾、解决纠纷的角度正确处理。对于轻微刑事案件中犯罪嫌疑人认罪悔过、赔礼道歉、积极赔偿损失并得到被害人谅解或者双方达成和解并切实履行，社会危害性不大的，可以依法不予逮捕或者不起诉。确需提起公诉的，可以依法向人民法院提出从宽处理的意见。对属于被害人可以提起自诉的轻微刑事案件，由公安机关立案侦查并提请批捕、移送起诉的，人民检察院可以促使双方当事人在民事赔偿和精神抚慰方面和解，及时化解矛盾，依法从宽处理。

13. 对轻微犯罪中的初犯、偶犯依法从宽处理。对于初次实施轻微犯罪、主观恶性小的犯罪嫌疑人，特别是对因生活无着偶然发生的盗窃等轻微犯罪，犯罪嫌疑人人身危险性不大的，一般可以不予逮捕；符合法定条件的，可以依法不起诉。确需提起公诉的，可以依法向人民法院提出从宽处理的意见。

▶ 7. 如果强制措施采取不当，该如何解决？

【宣讲要点】

刑事诉讼中的强制措施，是公安机关、人民检察院和人民法院为了保证刑事诉讼的顺利进行，依据法律而进行的对犯罪嫌疑人、被告人的限制或者剥夺人身自由的各种强制性方法。其直接目的在于防止犯罪嫌疑人、被告人逃避侦查、起诉和审判，进行毁灭、伪造证据、继续犯罪等妨害刑事诉讼的违法行为。故而，刑事诉讼法规定了由拘传、取保候审、监视居住、拘留、逮捕组成的由轻到重、层级分明、结构完善的强制措施体系，以适用刑事诉讼中的不同情况。同时，由于现实中的情况千变万化，一成不变的强制措施难以完全达到上述目的，因此，法律还规定了对适用强制措施的调节性措施，也就是强制措施的变更、解除和撤销制度，如果情况发生变化，就应当根据案件情况，及时变更、解除或者撤销强制措施。一般来讲，对变更强制措施的依据主要可以分为两种，一种是由国家司法机关来变更或撤销；一种是从当事人角度，即由犯罪嫌疑人、被告人及其法定代理人、近亲属或者辩护人申请变更。具体分析如下：

第一，从国家司法机关角度，根据刑事诉讼法第94条之规定，人民法院、人民检察院和公安机关如果发现对犯罪嫌疑人、被告人采取强制措施不当的，应当及时撤销或者变更。公安机关释放被逮捕的人或者变更逮捕措施的，应当通知原批准的人民检察院。

第二，从当事人的角度，根据刑事诉讼法第95条之规定，犯罪嫌疑人、被告人及其法定代理人、近亲属或者辩护人有权申请变更强制措施。人民法院、人民检察院和公安机关收到申请后，应当在3日以内作出决定；不同意变更强制措施的，应当告知申请人，并说明不同意的理由。

【典型案例】

案例1：

犯罪嫌疑人方某，男，广东人，因涉嫌帮助毁灭、伪造证据案于2013年5月20日被刑拘。于同年6月1日被逮捕，9月29日审查起诉，11月14日移送广州市中级人民法院，羁押在从化市看守所309监室。

2013年12月3日，方某突然出现口角偏斜，说话含糊不清，看守所发现后紧急送往武警广东总队医院住院治疗。武警医院经过一番严密的检查后，诊断其为脑梗塞，且处脑梗塞病程早期，有继续发展可能，并于2013年12月5日对方某下病重通知。

广州市从化区人民检察院的驻所检察员掌握了方某的情况，及时联系了从化市看守所的管教和值班医生，迅速将方某病情报告等材料移送院技术科进行法医审查与鉴定。但因为方某的案件正处于广州市中级人民法院的一审阶段，而办案部门与犯罪嫌疑人的羁押场所不在一个辖区，给报送审查工作造成了极大的不便，广州市从化区人民检察院与上级监所部门取得了联系，及时启动了羁押必要性审查程序，根据武警医院出具的病情报告等相关材料，迅速开展羁押必要性审查工作。

经审查后，广州市从化区人民检察院认为，犯罪嫌疑人方某病情危重，不适合继续羁押。随后，检察院按照有关规定向上级监所部门报告变更强制措施的意见，上级监所部门在采纳意见后，向广州市中级人民法院提出变更强制措施的建议。广州市中级人民法院于2014年1月18日对方某变更了强制措施。

案例2：

申请人：黄×

申请事项：变更对犯罪嫌疑人黄××采取的强制措施，转而对其采取取保候审。

事实与理由：

犯罪嫌疑人黄××因涉贪污一案，于2013年7月2日被逮捕，现被羁押，申请人认为：

1. 犯罪嫌疑人黄××主动投案自首，主动退赃，积极配合检察机关办案，有悔罪表现，在工作上一直表现优秀，且在其被刑事拘留和逮捕前检察机关对其采取的就是监视居住，未再对社会产生危害。这些足以说明对犯罪嫌疑人黄××采取取保候审不会发生社会危险性。因此应依法对其采取取保候审。

2. 犯罪嫌疑人黄××年事已高，身体状况很差，患有严重的高血脂、腰椎间盘突出、骨质增生等疾病，对环境的适应性不强，不适宜羁押，且现羁押场所的居住、医疗条件均造成了对犯罪嫌疑人黄××的病情的加重。因此，也应依法对其采取取保候审。

鉴于以上事实，我作为犯罪嫌疑人黄××的女儿，特根据《中华人民共和国刑事诉讼法》的相关规定，向贵院提出以上申请，望贵院予以批准！

此致

人民检察院

申请人：黄×

2013年7月20日

【专家评析】

案例1，是对国家司法机关撤销、变更强制措施的举例说明。方某经武警医院检查后诊断其为脑梗塞，且处脑梗塞病程早期，有继续发展可能，医院于2013年12月5日对方某下病重通知。广州市从化区人民检察院在得知这一情况之后迅速将方某病情报告等材料移送院技术科进行法医审查与鉴定。在确认属实之后，迅速开展羁押必要性审查工作，经审查认为犯罪嫌疑人方某病情危重，不适合继续羁押，故向广州市中级人民法院提出变更强制措施的建议。这个案例反映了我国司法机关遵循保障人权的原则，真正站在犯罪嫌疑人、被告人的角度，在犯罪嫌疑人、被告人情况有变时，及时变更适用更加切合被追诉人情况的强制措施。

案例2，是变更强制措施申请文书的举例说明。首先，根据法律规定，不仅犯罪嫌疑人、被告人有权提出变更强制措施申请，其法定代理人、近亲属或者辩护人也有权提出申请。本案中，申请人作为被追诉人的女儿，提出该申请，合法合理。其次，申请强制措施变更，可以是强制措施种类的变更，也可以是强制措施执行方式的变更。本案当中就是种类的变更，黄某申请对被追诉人的强制措施由较重的逮捕羁押变更为相对较轻的取保候审。最后，虽然法律并无明文规定，但是从便于公安机关、人民检察院和人民法院正确判断决定的角度出发，申请人应当具体说明变更缘由以及为什么可以变更为其他的强制措施，如果有证据的，也可以随申请附上，这样既是对犯罪嫌疑人、被告人权利的积极争取，也便于国家司法机关了解情况，综合判断，作出正确决定。人民法院、人民检察院和公安机关收到申请后，应当在3日以内作出决定；不同意变更强制措施的，应当告知申请人，并说明不同意的理由。

【法条指引】

中华人民共和国刑事诉讼法

第九十四条　人民法院、人民检察院和公安机关如果发现对犯罪嫌疑人、被告人采取强制措施不当的，应当及时撤销或者变更。公安机关释放被逮捕的人或者变更逮捕措施的，应当通知原批准的人民检察院。

第九十五条　犯罪嫌疑人、被告人及其法定代理人、近亲属或者辩护人有权申请变更强制措施。人民法院、人民检察院和公安机关收到申请后，应当在三日以内作出决定；不同意变更强制措施的，应当告知申请人，并说明不同意的理由。

最高人民法院关于适用《中华人民共和国刑事诉讼法》的解释

第一百三十二条　人民法院对决定逮捕的被告人，应当在逮捕后二十四小时内讯问。发现不应当逮捕的，应当变更强制措施或者立即释放。

第一百三十三条 被逮捕的被告人具有下列情形之一的，人民法院可以变更强制措施：

（一）患有严重疾病、生活不能自理的；

（二）怀孕或者正在哺乳自己婴儿的；

（三）系生活不能自理的人的唯一扶养人。

第一百三十五条 人民法院决定变更强制措施或者释放被告人的，应当立即将变更强制措施决定书或者释放通知书送交公安机关执行。

人民检察院刑事诉讼规则（试行）

第三百二十二条第一款 对已作出的批准逮捕决定发现确有错误的，人民检察院应当撤销原批准逮捕决定，送达公安机关执行。

公安机关办理刑事案件程序规定

第一百五十五条 公安机关发现对犯罪嫌疑人采取强制措施不当的，应当及时撤销或者变更。犯罪嫌疑人在押的，应当及时释放。公安机关释放被逮捕的人或者变更逮捕措施的，应当通知批准逮捕的人民检察院。

第一百五十六条 犯罪嫌疑人被逮捕后，人民检察院经审查认为不需要继续羁押提出检察建议的，公安机关应当予以调查核实，认为不需要继续羁押的，应当予以释放或者变更强制措施；认为需要继续羁押的，应当说明理由。

公安机关应当在十日以内将处理情况通知人民检察院。

▶ 8. 对于诱惑侦查，辩护人如何展开辩护工作？

【宣讲要点】

为了查明案情的需要，侦查机关有时会通过设置圈套引诱犯罪嫌疑人显现犯罪意图、实施犯罪行为，待犯罪行为实施时或者实施完毕，抓捕犯罪嫌疑人。然而，侦查机关的这种行为是否合法？侦查机关通过这种措施所搜集到的证据是否有效？对于因侦查机关采取诱惑侦查手段而犯罪的被告人，辩护人如何开展辩护工作？

所谓诱惑侦查是指，侦查机关通过一定的侦查措施，诱使犯罪嫌疑人产生犯罪意图或者为犯罪分子提供犯罪机会迫使其犯罪。诱惑侦查分为犯意引诱型与机会提供型。所谓犯意引诱型是指，侦查人员通过技术手段，使本无犯意的人产生犯罪意图而实施犯罪。侦查人员是教唆犯，是制造犯罪。所谓机会提供型是指，侦查人员通过技术手段为有犯罪意图的犯罪分子提供犯罪机会。侦查人员只是提供一定的帮助，是促成犯罪。根据刑事诉讼法第151条、第152条及相关司法解释的规定，侦查机关为了查明案情的需要，可以采取诱惑侦查的措施。但是，侦查人员采取诱惑侦查必须经过县级以上公安机关负责人的批准。同时，不得诱使他人犯罪，不得采用可能危害公共安全或者发生重大人身危险的方法。所以，法律严禁犯意引诱型诱惑侦查。对于机会提供型犯罪侦查，也要严格遵循特定的法律程序。

对于辩护人而言，对于侦查机关的诱惑侦查行为，辩护人首先要区分诱惑侦查的类型，是犯意引诱型还是机会提供型。对于犯意引诱型的诱惑侦查，在审前阶段，辩护人要为犯罪嫌疑人向检察机关提出申诉；在审判阶段，辩护人要申请非法证据排除。同时，辩护人一般要为被告人做无罪辩护。对于机会提供型的诱惑侦查，辩护人要根据案件的具体情况进行具体判断。从法律程序上，辩护人要查看侦查机关的诱惑侦查行为是否经过了公安机关负责人的批准。从实体法上，辩护人要看侦查机关的诱惑侦查行为是否违反了法律的强制性规定。在实体辩护的角度来看，辩护人对于诱惑侦查的辩护可参考两个标准——主观标准与客观标准。主观标准为：是否是诱惑侦查行为引发了被告人的犯意，从而导致犯罪。客观标准为：侦查机关的行为本身是否违背了法律的强制性规定。不管何种类型的诱惑侦查行为，如果涉嫌违法，那么因诱惑侦查行为所搜集到的证据都要被排除。

总之，辩护人要从法律程序与实体法律两个方面对侦查机关的诱惑侦查行为进行审查，积极维护犯罪嫌疑人、被告人的合法权益。

【典型案例】

被告人吴某，女，1957 年生，之前无犯罪记录，因涉嫌非法出售珍贵、濒危野生动物罪被建阳市森林公安分局羁押。

2005 年 11 月的一天上午，建阳市森林公安分局警察陈某到被告人吴某家购买野生动物用于烹饪。陈某假称自己姓林，是被告人的老乡，问吴某是否有新鲜的野味（野生动物）。吴某当场并没有明确表示，只是将自己的手机号码告知了陈某。陈某随后将这一情况汇报给了公安分局。公安分局表示跟进这一案件，嘱咐陈某盯住被告人。后来，陈某又接连几次向被告人询问是否有野味，吴某声称没有现货。某日，被告人打电话给陈某说："现在有 4 只熊掌，如果需要的话，要先交 2000 元定金。"陈某答应了被告人吴某的请求后，向公安分局请示。公安分局表示同意。几天后，被告人吴某通知陈某到公安干校 2 号楼宿舍内提货。陈某验货后，将货款交给了吴某，吴某还声称再加一些辛苦费。守候在门外的警察将吴某抓捕归案。

建阳市森林公安分局在侦查完毕后，向建阳市人民检察院移送审查起诉。建阳市人民检察院以被告人吴某涉嫌非法出售珍贵、濒危野生动物罪向建阳市人民法院提起公诉。经法院审理查明：被告人出售的 4 个动物肢体为黑熊熊掌，系国家二类保护野生动物肢体。被告人吴某以牟利为目的，非法出售黑熊肢体，其行为已经构成非法出售珍贵、濒危野生动物罪。建阳市法院判处被告人吴某有期徒刑 2 年，并处罚金。

被告人吴某对一审判决不服，向南阳市中级人民法院上诉。她声称自己无罪，侦查机关涉嫌非法诱惑侦查。南阳市中级人民法院审理后认为：建阳市森林公安分局在并未掌握上诉人吴某涉嫌非法出售珍贵、濒危野生动物罪的相关犯罪事实的情况下，多次向吴某提出购买国家二类保护野生动物黑熊的肢体。侦查机关的行为已经构成非法的诱惑侦查。侦查机关搜集到的相关证据是以引诱的方式非法获得的，不具有可采性，予以排除。因此，被告人吴某无罪。南阳市中级人民法院依法撤销了建阳市人民法院所作出的一审判决，并宣告被告人吴某无罪。

【专家评析】

犯意引诱型与机会提供型的区别在于，犯意引诱型犯罪是没有引诱就没有犯罪，而机会提供型是没有引诱就没有本次犯罪。通常情况下，对于犯意引诱型诱惑侦查而言，犯罪嫌疑人本无犯意，之所以犯罪是侦查机关诱导所致。基于侦查机关的行为是被告人犯罪的直接导火索，并且侦查机关的行为本身也不合乎法律规定，所以法律对此类犯罪的被告人通常会判决无罪或者免予刑事处罚。但是，对于机会提供型诱惑侦查而言，犯罪嫌疑人本身就存在犯罪意图，侦查机关的行为只是促成了犯罪分子的犯罪，所以法律不会在定性上认为犯罪嫌疑人不构成犯罪，只是会在量刑时，对犯罪分子因诱惑侦查的部分，适当从轻处罚。

本案中，侦查机关采取诱使被告人吴某犯罪的方式搜集到其犯罪的言词证据。根据刑事诉讼法第151条以及非法证据排除的相关规定，这些证据涉嫌引诱取得，是非法取得的，理应予以排除。基于此，南阳市中级人民法院撤销了一审判决，宣告被告人吴某无罪。退一步讲，如果排除掉那些非法证据，检察机关依旧有充分的证据证明被告人吴某实施了涉嫌非法出售珍贵、濒危野生动物的行为的话，也会因为侦查机关涉嫌非法引诱侦查而被宣告无罪。因为，本案并未显示出吴某之前从事过相关的违法犯罪活动。如果有证据显示被告人吴某之前就实施过此类犯罪，那么法院很容易判断本案属于机会提供型诱惑侦查。法院会判决被告人的罪名成立，只不过法院会在量刑上对于其出售4只熊掌的部分从轻处罚。

诱惑侦查对于无被害人的相关犯罪的侦破具有重要意义。毒品犯罪、贪污犯罪以及组织卖淫罪以及相关犯罪都会经常使用诱惑侦查。它对于及时侦破案件、全面获取犯罪证据具有不可替代的作用。全世界各国也都在立法中同意这种措施的采用。但是，诱惑侦查具有先天的缺陷。诱惑侦查具有隐藏性，很可能让百姓对司法人员失去信赖感。同时，它也会涉嫌侵犯公民的相关合法权益。因此，在使用诱惑侦查措施时，侦查机关必须严格遵照法律程序。如果侦查机关非法采取诱惑侦查措施，法院要将因此而搜集到的相关证据排除。

对于辩护人的辩护而言，辩护人要紧紧围绕侦查人员侦查行为的合法性展开辩护。只要侦查机关实施了违反法律禁止性规定的行为，无论被告人是否因自身原因而实施此种犯罪，被告人都应是无罪的。同时，辩护人也要对诱惑侦查的类型进行具体识别，有针对性地采取辩护措施。本案中，辩护律师的辩护思路以犯意引诱型展开，为被告人吴某争取到了无罪的判决，维护了其合法权益。

最后需要指出的是，有关诱惑侦查取得的证据的证据资格问题。根据刑事诉讼法第152条的规定，对于采取诱惑侦查措施取得的证据，人民法院要对其证据来源和证据资格进行审查。只有具有证据资格的证据，经过控辩双方质证，才能被法院作为定案证据。但是，由于该证据取得方式的特殊性，对于使用证据可能危及相关人员人身安全或者产生其他严重后果的，要注意采取保护措施，必要时，法院可以庭外核实。该条规定的确立，一方面完善了证据规则制度，另一方面也对特殊人员的保障提供了法律依据。

【法条指引】

中华人民共和国刑事诉讼法

第一百五十一条　为了查明案情，在必要的时候，经公安机关负责人决定，可以由有关人员隐匿其身份实施侦查。但是，不得诱使他人犯罪，不得采用可能危害公共安全或者发生重大人身危险的方法。

对涉及给付毒品等违禁品或者财物的犯罪活动，公安机关根据侦查犯罪的需要，可以依照规定实施控制下交付。

第一百五十二条　依照本节规定采取侦查措施收集的材料在刑事诉讼中可以作为证据使用。如果使用该证据可能危及有关人员的人身安全，或者可能产生其他严重后果的，应当采取不暴露有关人员身份、技术方法等保护措施，必要的时候，可以由审判人员在庭外对证据进行核实。

公安机关办理刑事案件程序规定

第二百六十二条 为了查明案情，在必要的时候，经县级以上公安机关负责人决定，可以由侦查人员或者公安机关指定的其他人员隐匿身份实施侦查。

隐匿身份实施侦查时，不得使用促使他人产生犯罪意图的方法诱使他人犯罪，不得采用可能危害公共安全或者发生重大人身危险的方法。

第二百六十三条 对涉及给付毒品等违禁品或者财物的犯罪活动，为查明参与该项犯罪的人员和犯罪事实，根据侦查需要，经县级以上公安机关负责人决定，可以实施控制下交付。

第二百六十四条 公安机关依照本节规定实施隐匿身份侦查和控制下交付收集的材料在刑事诉讼中可以作为证据使用。

使用隐匿身份侦查和控制下交付收集的材料作为证据时，可能危及隐匿身份人员的人身安全，或者可能产生其他严重后果的，应当采取不暴露有关人员身份等保护措施。

▶ 9. 案件侦查终结前，辩护律师提出要求的，司法机关要不要听取其意见？

【宣讲要点】

侦查终结前，侦查机关对于辩护人提出的意见要仔细听取。这是本次修改刑事诉讼法将嫌疑人有权委托辩护人时间提前到侦查阶段带来的变化。辩护律师在侦查阶段的作用显著加强，体现之一就在这里。辩护人口头提出意见的，侦查机关要记录在案；提出书面意见的，应当附卷。所以，在案件侦查终结前的任何时间，辩护律师可以不止一次地提出要求，此时，侦查机关必须听取辩护律师的意见。同时，侦查机关若认为就某一问题有必要听取律师意见的，即使辩护律师没有提出要求，也可以听取意见。

刑事诉讼法的修订，将辩护权这一贯穿于刑事诉讼始终的权利进一步强化，其中对辩护律师的权利作了进一步明确与细化，为辩护律师进行有效辩护，保障犯罪嫌疑人、被告人的权利打下更为坚实的基础。案件侦查终结前，辩护律师提出意见，侦查机关应当听取的规定就是保障人权，保障辩护权利思想的产物，它将起到如下作用：

（1）在人民检察院审查批准逮捕时提出意见，保障犯罪嫌疑人免遭非必要逮捕，提高办案质量。以前人民检察院审查批准逮捕时的主要依据是公安机关的提请批准逮捕书连同案卷材料和证据，辩护律师无权参与到这一程序中来，即使掌握了无须逮捕的证据材料，也没有办法递交到检察院。修改过后，检察院应律师要求，可以听取意见，在更加全面了解案件事实之后，客观公正地作出逮捕与否的决定，保障犯罪嫌疑人的权益，同时这也将大大提高审查批准逮捕环节的质量。

（2）便于审查羁押的必要性，采取更合适的强制措施。辩护人在认为强制措施采取不当时，可以申请变更强制措施。主要是犯罪嫌疑人被羁押时，辩护人可以迅速联系办案机关，了解案情，并到看守所会见犯罪嫌疑人，在确定犯罪嫌疑人确有取保候审或监视居住的情节或可能后，准备证据材料并起草非羁押措施的申请书。

（3）在案件侦查终结前提出辩护意见，为下一阶段的辩护打下基础。在案件侦查终结之前，律师可以对案件的事实、犯罪行为的情节、危害程度、是否已经过追诉时效、证据是否确实充分、犯罪性质及罪名认定等提出意见，并连同全部案卷材料、证据，一并移送同级人民检察院审查决定。

【典型案例】

2013 年 4 月 12 日上午，浙江省上虞市沥海镇世纪大道上，一行人持砍刀、钢管等管制刀具将路边的一辆价值不菲的豪华越野车的车窗玻璃砸破以后驾车而逃。在震惊之中反应过来的群众纷纷报警。经警察的连夜侦查，将犯罪嫌疑人一一抓获归案。原来，本市的应某因在生意上与李某产生矛盾，心怀嫉恨的他遂纠集黄某等人商量报复李某。他们商量后决定乘李某不注意时砸坏其爱车来平息心里的愤怒。后经上虞市价格认证中心鉴定，该车损失价值为人民币7340元。

6月6日，该案被提请至上虞市检察院审查批捕。黄某的辩护律师向本案承办人提出，黄某的行为虽涉嫌犯罪，但情节较轻。案发当天，黄某与同案犯一起来到砸车现场，但是他并未具体实施砸车行为，因此可以认定为从犯。同时，该律师提出，在此之前，黄某并未受过其他处分，因此可以认为他系初犯、偶犯，并且黄某归案后认罪态度较好，主动提出经济赔偿，有悔罪表现，社会危险性不大，建议检察机关对其不批准逮捕。

承办该案件的检察官十分重视律师意见，立即通过询问相关证人、听取承办民警意见、提审犯罪嫌疑人等方式反复仔细地核实情况。经过连日走访调查，检察官了解到黄某在当地有相对固定的住所，案发后，黄某也极其主动地对被害人车辆的损失进行了赔偿，并得到被害人的谅解。在认真听取辩护律师的意见以后，上虞市检察院依法对公安机关提请逮捕的一起涉嫌寻衅滋事案犯罪嫌疑人黄某作出了不批捕决定，并及时向黄某的辩护律师作出了回复。

【专家评析】

以前，律师还不能在侦查阶段就以辩护人的身份介入，只能给犯罪嫌疑人提供一定的法律帮助，例如，帮助犯罪嫌疑人了解其所涉嫌的罪名等。提供这样的一点帮助对于犯罪嫌疑人来说远远不够，对犯罪嫌疑人的权益维护是非常不利的。而且，律师介入时间晚，对相关案情掌握比司法机关慢，辩护起步就会比较晚，大大限制了辩护律师的发挥，实际上并不利于控辩双方的平衡。因此，新修订的刑事诉讼法对律师在侦查阶段的辩护人身份作出了肯定，而且明确了律师该阶段具体的权利。

本案当中，黄某的辩护律师在第一时间介入了审查批准逮捕程序，根据自己掌握的证据和材料，找到承办人，提出了黄某可以认定为从犯的意见。同时，该律师认为，黄某在本案之前未受过其他处分，系初犯、偶犯，归案后认罪态度较好，有悔罪表现，社会危险性不大，建议检察机关不予批准逮捕。承办的检察官十分重视律师意见，立即通过询问相关证人、听取承办民警意见、提审犯罪嫌疑人等方式核实情况。综合评定后，上虞市检察院对黄某作出有罪不捕的决定，并及时向律师作出了回复。

这是一例很典型的律师善用其侦查阶段的权利，提出意见被采纳，维护了犯罪嫌疑人权益的案例。当然，这场维权的成功离不开当地人民检察院切实落实听取辩护律师意见的规定，通过律师更为完整地了解案情，兼听则明，从而作出正确的判断和决定。

【法条指引】

中华人民共和国刑事诉讼法

第一百五十九条 在案件侦查终结前，辩护律师提出要求的，侦查机关应当听取辩护律师的意见，并记录在案。辩护律师提出书面意见的，应当附卷。

人民检察院刑事诉讼规则（试行）

第二百八十八条 在案件侦查过程中，犯罪嫌疑人委托辩护律师的，检察人员可以听取辩护律师的意见。

辩护律师要求当面提出意见的，检察人员应当听取意见，并制作笔录附卷。辩护律师提出书面意见的，应当附卷。

案件侦查终结移送审查起诉时，人民检察院应当同时将案件移送情况告知犯罪嫌疑人及其辩护律师。

公安机关办理刑事案件程序规定

第五十五条 案件侦查终结前，辩护律师提出要求的，公安机关应当听取辩护律师的意见，根据情况进行核实，并记录在案。辩护律师提出书面意见的，应当附卷。

对辩护律师收集的犯罪嫌疑人不在犯罪现场、未达到刑事责任年龄、属于依法不负刑事责任的精神病人的证据，公安机关应当进行核实并将有关情况记录在案，有关证据应当附卷。

▶ 10. 审查起诉时，司法机关要听取哪些人的意见？

【宣讲要点】

审查起诉，是指人民检察院对公安机关侦查终结移送起诉的案件和自行侦查终结需要提起公诉的案件受理后，依法对认定的犯罪事实和证据、犯罪性质以及适用的法律等进行全面审查核实，以决定是否将犯罪嫌疑人交付人民法院审判的一项诉讼活动。刑事诉讼法第 167 条规定："凡需要提起公诉的案件，一律由人民检察院审查决定。"审查起诉环节的设置，对过滤案件、确保质量、监督侦查行为、防止冤假错案都起到了积极作用。

审查起诉时需要审查的内容是：

（1）犯罪嫌疑人的身份状况是否清楚。主要是姓名、性别、出生年月、地址等身份状况。

（2）犯罪事实、情节是否清楚。主要包括犯罪刑事和罪名意见是否正确，共同犯罪案件的犯罪嫌疑人在犯罪活动中的责任的认定是否恰当，等等。查明犯罪事实、情节是正确定罪量刑的基础。

（3）证据材料是否随案移送。

（4）证据是否确实、充分，能否排除合理怀疑，以及证据是否依法收集，有无应当排除非法证据的情形。检察机关在审查证据时，首先要核实证据是否客观、真实、合法，因为只有客观、真实的证据才可以作为证据，只有合法的证据才能具有证明能力；其次要审查证据是否与案件事实具有相关性。

（5）有无遗漏罪行和其他应当追究刑事责任的人。如果确实发现有遗漏罪行或者其他应当追究刑事责任的人，应当退回补充侦查，或者自行补充侦查。

（6）是否有属于不应当追究刑事责任的人。刑事诉讼法第 15 条规定了不应当追究刑事责任的 6 种情况，检察院不仅要注意不可"漏抓一个"，也要注意不可“错抓一个”，如果发现存在不应当追究刑事责任的情况，应作出不起诉的决定。

（7）有无附带民事诉讼。对国家财产、集体财产遭受损失的案件是否需要由人民检察院提起附带民事诉讼。

（8）采取强制措施是否适当。如果发现对犯罪嫌疑人采取的强制措施有失妥当的，应当即变更、解除或者撤销。

（9）侦查活动是否合法。身为法律监督机关的人民检察院有职责对侦查活动是否合法进行监督，其中审查起诉是人民检察院监督侦查活动合法性的重要途径之一。一旦发现侦查活动中存在违法情况，应当及时提出纠正意见，如果违法行为已构成犯罪，应当追究相关人员的刑事责任。

（10）与犯罪有关的财物及其孳息是否扣押、冻结并妥善保管以供核查，对被害人合法财产的返还和对违禁物品或者不宜长期保存的物品的处理是否妥当，移送的证明文件是否完备。

对这么多内容的审查核实，如果只是通过侦查机关或者侦查部门移交的案卷材料来了解，是不全面也不完整的，那么，就回到了我们的问题，审查起诉时，司法机关要听取哪些人的意见？

根据刑事诉讼法第170条之规定：“人民检察院审查案件，应当讯问犯罪嫌疑人，听取辩护人、被害人及其诉讼代理人的意见，并记录在案。辩护人、被害人及其诉讼代理人提出书面意见的，应当附卷。”也就是说，人民检察院在审阅案卷材料，进行接触案件、了解案情的基础性工作之后，还要讯问犯罪嫌疑人，直接听取其供述和辩解，了解和监督侦查活动，调查核实案件证据与犯罪事实。然后需要听取辩护人、被害人以及诉讼代理人的意见，并且记录在案，提出书面意见的，应当附卷，这对提起审查起诉及其处理决定的意见，保障当事人合法权益都起到了相当大的作用。

【典型案例】

刑事诉讼法明确了检察机关在审查起诉阶段应当听取辩护律师意见的制度之后，浙江省海盐县检察院积极贯彻落实刑事诉讼法的规定，还为此专门出台了“一卡一书一电话”的审查起诉阶段听取意见制度，即建立辩护律师、被害人及诉讼代理人联系卡，若案件案情复杂，则向辩护人、被害人及其诉讼代理人发放听取意见通知书，面对面地听取各方意见；若案情简单，则通过电话通知、电话交流的形式，听取相关人员意见。

2013 年 1 月 6 日，海盐县人民检察院召开了“6·29 税案听取意见会”。因“6·29”特大虚开用于抵扣税款发票案涉案人员有 69 人，价税总额最高的达 4100 万元，偷逃税款最多的有 280 万元，案情十分复杂。于是海盐县人民检察院公诉科召集了该案中的所有辩护人，听取各辩护人对本案法律适用及刑事处罚方面的意见，同时，还邀请了海盐县地税稽查大队的有关人员到场，对案件的专业问题进行答疑解惑。

【专家评析】

审查起诉活动是刑事诉讼活动的一个重要环节，它提供的是一种过滤机制，也就是说，通过审查起诉，发现侦查工作中的瑕疵和漏洞，进行查漏补缺，纠正侦查活动中的错误，保证公诉案件能够真正达到案件事实清楚、证据确实充分的条件，为刑事诉讼进入下一程序打下基础。审查起诉程序为真正提高办案质量提供了程序保障。所以，在这一阶段实质上具有一种“准法官”功能的检察官就要做好本职工作，认真听取辩护人、被害人及其诉讼代理人的意见，全面做好事实审查、证据审查和法律审查工作。

上述案例当中，由于“6·29”特大虚开用于抵扣税款发票案，涉案人数众多，涉嫌金额巨大，案情十分复杂，故海盐县检察院公诉科召集了该案中的所有辩护人，以面对面的形式，全面听取各辩护人意见。这就是人民检察院在执行刑事诉讼法第 170 条规定的措施之一。并且，海盐县检察院积极探索，完善审查起诉阶段公诉人听取辩护人、被害人及诉讼代理人的意见以及听取意见的方式，专门出台了“一卡一书一电话”的审查起诉阶段听取意见制度，确保这一制度得到有效实施。法律的明确规定，加以创新性的制度维护，审查起诉制度才可更好地发挥其过滤功能，保障刑事诉讼程序高效高质进行。

【法条指引】

中华人民共和国刑事诉讼法

第一百六十七条 凡需要提起公诉的案件，一律由人民检察院审查决定。

第一百六十八条 人民检察院审查案件的时候，必须查明：

（一）犯罪事实、情节是否清楚，证据是否确实、充分，犯罪性质和罪名的认定是否正确；

（二）有无遗漏罪行和其他应当追究刑事责任的人；

（三）是否属于不应追究刑事责任的；

（四）有无附带民事诉讼；

（五）侦查活动是否合法。

第一百六十九条 人民检察院对于公安机关移送起诉的案件，应当在一个月以内作出决定，重大、复杂的案件，可以延长半个月。

人民检察院审查起诉的案件，改变管辖的，从改变后的人民检察院收到案件之日起计算审查起诉期限。

第一百七十条 人民检察院审查案件，应当讯问犯罪嫌疑人，听取辩护人、被害人及其诉讼代理人的意见，并记录在案。辩护人、被害人及其诉讼代理人提出书面意见的，应当附卷。

人民检察院刑事诉讼法规则（试行）

第三百六十四条 人民检察院审查案件，应当讯问犯罪嫌疑人，听取辩护人、被害人及其诉讼代理人的意见，并制作笔录附卷。

辩护人、被害人及其诉讼代理人提出书面意见的，应当附卷。

第三百六十五条 直接听取辩护人、被害人及其诉讼代理人的意见有困难的，可以通知辩护人、被害人及其诉讼代理人提出书面意见，在指定期限内未提出意见的，应当记录在案。

第三百七十二条 讯问犯罪嫌疑人或者询问被害人、证人、鉴定人时，应当分别告知其在审查起诉阶段所享有的诉讼权利。

第三百七十三条 讯问犯罪嫌疑人，询问被害人、证人、鉴定人，听取辩护人、被害人及其诉讼代理人的意见，应当由二名以上办案人员进行。

讯问犯罪嫌疑人，询问证人、鉴定人、被害人，应当个别进行。

询问证人、被害人的地点按照刑事诉讼法第一百二十二条的规定执行。

▶ 11. 针对人民检察院作出的不起诉决定，被告人及其辩护人、被害人及其诉讼代理人可以怎么做?

【宣讲要点】

人民检察院审查起诉后，要么支持公诉，要么作出不起诉决定。针对人民检察院作出的不起诉决定，如果被告人或者被害人不服的，辩护人和诉讼代理人应该怎么做?

首先，法律将不起诉分为三类：法定不起诉、证据不足不起诉与酌定不起诉。针对不同的不起诉决定，当事人选择的救济方式存在差异。所谓法定不起诉，是指因为犯罪嫌疑人没有犯罪事实或者有刑事诉讼法第 15 条规定的情形的，人民检察院要作出不起诉的决定。所谓证据不足不起诉，是指人民检察院针对两次补充侦查后的案件，仍认为其证据不足不符合起诉条件的，人民检察院要作出不起诉的决定。所谓酌定不起诉，是指对于犯罪嫌疑人的犯罪情节轻微，依法不需要判处刑罚或者免除刑罚的，人民检察院要作出不起诉决定。被害人及其代理人可以对三类不起诉决定申请救济。但是被告人只可能对酌定不起诉申请救济。

其次，对于被害人而言，如果其对公诉机关的不起诉决定不服的，他可以自收到决定书后 7 日以内向上一级人民检察院申诉，请求提起公诉。此时，该申诉由作出不起诉决定的人民检察院的上一级人民检察院刑事申诉检察部门立案复查。人民检察院应当将复查结果告知被害人。如果上一级人民检察院维持了不起诉决定，被害人可以向人民法院提起自诉。对人民检察院维持不起诉决定的，被害人可以选择不经申诉，直接向人民法院起诉。

最后，对于被告人而言，其只可以对酌定不起诉决定申请司法救济。酌定不起诉主要针对的是在认定犯罪嫌疑人的行为构成犯罪的基础上，同时又具有法定减轻、从轻或者免除刑事责任的情形，检察机关进行“酌定”后作出的不起诉决定。如果被告人不构成犯罪，那么人民检察院的酌定不起诉决定就是错误的。所以，法律允许被告人及其辩护人为了维护自身的“名誉”，就酌定不起诉决定可以申请司法救济。被不起诉人如果不服，可以自收到决定书后 7 日以内向人民检察院申诉。人民检察院应当作出复查决定，通知被不起诉人，同时抄送公安机关。也就是说，对于被不起诉人的申诉，人民检察院会作出两种选择：要么维持不起诉决定，要么撤销不起诉决定，提起公诉。但是，如果公诉机关在复查时发现了被不起诉人并未实施犯罪行为，也只能维持酌定不起诉的决定。

【典型案例】

赵某因涉嫌故意伤害罪被警方逮捕归案。警方在侦查过程中，始终没有发现赵某实施故意伤害行为的作案工具。公安机关又再次带赵某指认了犯罪现场依旧毫无所获。后来，公安机关以被告人供述、被害人陈述以及相关证人证言向人民检察院移送审查起诉。人民检察院在审查了本案的证据后认为，本案案情不清，证据不足，并建议公安机关进行补充侦查。公安机关经过二次补充侦查完毕后，依旧未能搜寻到赵某的犯罪工具。随后，公安机关发现赵某是一个精神病人，其在实施伤害行为的时候处于不能控制自己行为的状态。公安机关把这个证据和其他证据移送检察院，再次移送审查起诉。人民检察院再次审查后认为，赵某在实施犯罪行为时处于精神病发病期间，不能控制自己的行为。检察院遂作出了酌定不起诉决定。被害人对检察院的不起诉决定不服向人民法院直接起诉。被告人赵某也认为本案是证据不足不起诉而非是酌定不起诉。尔后，被告人赵某就向人民检察院提起申诉。法院针对被害人直接提起的起诉进行审理后认为，本案证据存在诸多疑点，事实认定不清、证据不足，依法判处被告人赵某无罪。

【专家评析】

本案中，被告人和被害人都对人民检察院的不起诉决定不服。被告人认为人民检察院对于本案定性错误，因此向人民检察院提起申诉。被害人对人民检察院的不起诉决定不服，向人民法院提起了自诉。问题的焦点在于检察机关的酌定不起诉是否符合法律规定以及当事人的救济途径。

首先，本案经过公安机关两次补充侦查，依旧未能达到证据充分的标准。刑事诉讼法171第4款规定："对于二次补充侦查的案件，人民检察院仍然认为证据不足，不符合起诉条件的，应当作出不起诉的决定。"同时，本案在审查起诉阶段，检察机关就已经认定："赵某在实施犯罪行为时处于精神病发病期间，不能控制自己的行为"，应属于刑事诉讼法第15条规定的不负刑事责任的情形，因此，人民检察院应该基于该规定作出法定不起诉的决定，而非酌定不起诉的决定。

其次，被害人对于不起诉决定不服的，可以自主选择救济途径。刑事诉讼法第176条规定，对于有被害人的案件，决定不起诉的，人民检察院应当将不起诉决定书送达被害人。被害人如果不服，可以自收到决定书后7日以内向上一级人民检察院申诉，请求提起公诉。被害人也可以向人民法院起诉。被害人也可以不经申诉，直接向人民法院起诉。也就是说，被害人存在两种救济途径。一种是向人民法院直接起诉；另一种是通过人民检察院向人民法院提起公诉。本案中，被害人对于人民检察院作出的不起诉决定不服，选择了向人民法院起诉。

再次，被告人仅可以对酌定不起诉案件申请救济。刑事诉讼法第177条规定："对于人民检察院依照本法第一百七十三条第二款规定作出的不起诉决定，被不起诉人如果不服，可以自收到决定书后七日以内向人民检察院申诉。……"本案中，被告人赵某对检察院的酌定不起诉决定不服，依法向人民检察院提起了申诉。

最后，对于本案的被告人向人民检察院申诉，而被害人向人民法院提起自诉，法院和检察院都受理的话，如何处理？刑事诉讼法第176条规定：

"……人民法院受理案件后，人民检察院应当将有关案件材料移送人民法院。"因此，本案中人民法院最先受理了本案。人民检察院应该将有关案件材料移送人民法院，由人民法院审理本案。

【法条指引】

中华人民共和国刑事诉讼法

第一百七十一条第四款 对于二次补充侦查的案件，人民检察院仍然认为证据不足，不符合起诉条件的，应当作出不起诉的决定。

第一百七十三条第一、二款 犯罪嫌疑人没有犯罪事实，或者有本法第十五条规定的情形之一的，人民检察院应当作出不起诉决定。

对于犯罪情节轻微，依照刑法规定不需要判处刑罚或者免除刑罚的，人民检察院可以作出不起诉决定。

第一百七十六条 对于有被害人的案件，决定不起诉的，人民检察院应当将不起诉决定书送达被害人。被害人如果不服，可以自收到决定书后七日以内向上一级人民检察院申诉，请求提起公诉。人民检察院应当将复查决定告知被害人。对人民检察院维持不起诉决定的，被害人可以向人民法院起诉。被害人也可以不经申诉，直接向人民法院起诉。人民法院受理案件后，人民检察院应当将有关案件材料移送人民法院。

第一百七十七条 对于人民检察院依照本法第一百七十三条第二款规定作出的不起诉决定，被不起诉人如果不服，可以自收到决定书后七日以内向人民检察院申诉。人民检察院应当作出复查决定，通知被不起诉的人，同时抄送公安机关。

人民检察院刑事诉讼规则（试行）

第四百零四条 具有下列情形之一，不能确定犯罪嫌疑人构成犯罪和需要追究刑事责任的，属于证据不足，不符合起诉条件：

（一）犯罪构成要件事实缺乏必要的证据予以证明的；

（二）据以定罪的证据存在疑问，无法查证属实的；

（三）据以定罪的证据之间、证据与案件事实之间的矛盾不能合理排除的；

（四）根据证据得出的结论具有其他可能性，不能排除合理怀疑的；

（五）根据证据认定案件事实不符合逻辑和经验法则，得出的结论明显不符合常理的。

第四百一十七条 被害人不服不起诉决定的，在收到不起诉决定书后七日以内申诉的，由作出不起诉决定的人民检察院的上一级人民检察院刑事申诉检察部门立案复查。

被害人向作出不起诉决定的人民检察院提出申诉的，作出决定的人民检察院应当将申诉材料连同案卷一并报送上一级人民检察院。

第四百一十八条 被害人不服不起诉决定，在收到不起诉决定书七日后提出申诉的，由作出不起诉决定的人民检察院刑事申诉检察部门审查后决定是否立案复查。

▶ 12. 辩护人和代理人就级别管辖应当注意哪些问题?

【宣讲要点】

刑事案件在进入诉讼阶段后，首先要解决的就是管辖问题，即哪个法院审理本案。这里不仅涉及何地法院审理本案，还有何级法院审理本案，用法律术语讲，即地域管辖与级别管辖的问题。在这里仅谈级别管辖。辩护人和代理人要充分掌握级别管辖的相关规定，便于充分维护其当事人合法的诉讼权利和其他合法权益。

第一，根据刑事诉讼法的相关规定，一般情况下，第一审普通刑事案件都交由基层人民法院审理。对于两类特殊案件（危害国家安全、恐怖活动案件和可能判处无期徒刑、死刑的案件）要交由中级人民法院审理。高级人民法院与最高人民法院主要承担是审判指导的职能。它们只对具有重大影响的案件适时进行审判。

第二，级别管辖并不是恒定的。对于符合下级人民法院请求上级人民法院审理的案情重大、复杂的案件，上级人民法院也可以提审。但是，下级人民法院请求上级人民法院管辖的，要在案件审理期限届满15日前书面请求移送，并由人民法院院长决定。中级人民法院应当在接到申请后10日内作出决定。不同意移送的，应当下达不同意移送决定书，由请求移送的人民法院依法审判；同意移送的，应当下达同意移送决定书，并书面通知同级人民检察院。当然，对于下级人民法院请求上级人民法院审判案件的情形并非仅有此处一种。对于下级人民法院不适宜审判该案件的，下级人民法院也可以向上级人民法院请求审判该案件。

【典型案例】

黄某，23岁，男，辽宁省沈阳人。黄某自18周岁便开始出来闯社会。由于好吃懒做，一直游手好闲，成了一个小混混。黄某经常出入红浪漫网吧。在网吧里，黄某发现一个男生非常有钱。这个男生经常把钱包和手机放在桌子上。黄某对这个男生动了贪念。一日夜间，黄某在网吧洗手间发现了这个男生也来上网。随后，黄某便尾随其至电脑旁，假借观战为名，在这个男生身旁一直寻找作案机会。没过多久，黄某趁这个男生不注意，将其放在桌子上的总计价值5000元的钱包和苹果手机偷走。

黄某走出网吧后，这名男生发现自己的钱包和手机被偷，想到一定是黄某。他便立马跑出网吧找黄某，后在网吧附近的街道巷里发现了黄某，便向黄某索要钱包和手机。黄某声称自己并未偷他的财物，并警告这个男生说如果再纠缠就揍他。这个男生说："如果你把钱包还给我，就把手机送给你。这件事便不再追究，否则我就报警。"黄某一听，便交出了钱包，要把手机拿走。这个男生一把抓过了手机就跑。黄某随手抄起一根木棍向这个男生扔去。这个男生由于过度紧张被木棍绊倒，黄某上前便殴打这个男生，由于黄某用力过猛，一拳打中其太阳穴，将其打死。黄某害怕，便主动向警方投案自首。

公安机关随即对犯罪嫌疑人黄某采取强制措施，将其拘留。公安机关在侦查完毕后，向人民检察院移送审查起诉。人民检察院审查后，以被告人黄某涉嫌盗窃罪和故意杀人罪向中级人民法院提起公诉。中级人民法院公开审理了本案。在法院审理过程中，被告人的辩护律师王某提出了管辖权异议。辩护律师王某认为，本案的被告人并非涉嫌故意杀人罪，不可能被判处无期徒刑、死刑。因此，本案应由基层人民法院审理。人民法院宣布休庭。随后，中级人民法院将本案移送给了下级基层法院审理。由于本案引发了社会舆论的广泛关注，下级人民法院请求上级人民法院审理此案。上级人民法院同意了该人民法院的请求。上级人民法院同意移送后，向原审人民法院下达同意移送决定书，并书面通知同级人民检察院。

上级人民法院依法组成合议庭，公开审理了本案。在庭审过程中，被告人黄某对人民检察院指控的犯罪事实供认不讳，但被告人黄某说自己并未想打死被害人，没有杀人的故意。希望法院考虑其认罪态度良好，从轻处理。最后，上级人民法院审理后认为：被告人黄某在网吧盗窃被害人财物后，追逐被害人。被告人用木棍将被害人绊倒在地，出重拳致使被害人死亡。被告人仅存在伤害被害人的故意。虽被告人不存在杀人的故意，但是对被害人的死亡结果负有不可推卸的责任。因此，上级人民法院判定本案被告人黄某犯盗窃罪和过失致人死亡罪成立。两罪数罪并罚。同时，上级人民法院考虑其有自首情节，对其从轻处罚。一审宣判后，被告人黄某未提起上诉。

【专家评析】

本案是一起因贪念酿成的惨案。被告人黄某因为一时贪念而最终铸成大错。我们关注的是法院在处理级别管辖时的做法是否适当。

刑事诉讼法第 20 条第 2 项规定："中级人民法院管辖下列第一审刑事案件：……（二）可能判处无期徒刑、死刑的案件。"本案中，人民检察院依此向中级人民法院提起了公诉。在人民法院庭审的过程中，被告人的辩护律师王某认为，本案应由基层人民法院管辖，遂提出管辖权异议。人民法院审查后发现，本案中的被告人黄某并不能被判处无期徒刑或者死刑，便交由下级基层人民法院审理。实际上，本案中级人民法院的做法是错误的。《最高人民法院关于适用〈中华人民共和国刑事诉讼法〉的解释》第12条规定："人民检察院认为可能判处无期徒刑、死刑，向中级人民法院提起公诉的案件，中级人民法院受理后，认为不需要判处无期徒刑、死刑的，应当依法审判，不再交基层人民法院审判。"虽然本案从行为定性以及可能判处的刑期来看，本来是应由基层法院审理，而由于本案的公诉机关已经将本案移送中级人民法院审理，中级人民法院受理后认为不需要判处被告人黄某无期徒刑、死刑，但依照上述司法解释，中级法院应由其自己审理，而不是再次交由下级基层法院进行审理。

同时，本案引起了社会舆论的广泛关注。根据刑事诉讼法第23条的规定："上级人民法院在必要的时候，可以审判下级人民法院管辖的第一审刑事案件；下级人民法院认为案情重大、复杂需要由上级人民法院审判的第一审刑事案件，可以请求移送上一级人民法院审判。"因此，在案件移送基层法院审理之后，基层人民法院以案情重大、复杂需要上级人民法院审判为由，请求上级人民法院审判该案。上级人民法院同意其移送申请后，向下级基层法院下达了同意移送决定书，并书面通知同级人民检察院，便于人民检察院派人出席庭审，支持公诉。这一做法并无不可。

最后，简单延伸谈一下本案被告人黄某杀人行为的定性。评价一个犯罪行为要结合主观和客观两个方面。本案被告人黄某客观上实施的杀人行为是无异议的。本案的争辩焦点就是对于被告人黄某的主观方面是杀人故意还是伤害故意。这将影响到对于被告人黄某的行为定性以及刑事处罚。从本案案情来看，被告人黄某之前并不认识被害人，两人无冤无仇。只是被告人黄某对于被害人出尔反尔的行为感到愤怒，失手打死了被害人。所以，被告人黄某并不存在杀人的故意。被告人黄某也并未预见到其会打死被害人。所以，被告人黄某存在伤害的故意。因此，中级人民法院依此判定其犯过失致人死亡罪成立。中级人民法院的判决是正确的。

【法条指引】

中华人民共和国刑事诉讼法

第十九条　基层人民法院管辖第一审普通刑事案件，但是依照本法由上级人民法院管辖的除外。

第二十条　中级人民法院管辖下列第一审刑事案件：

（一）危害国家安全、恐怖活动案件；

（二）可能判处无期徒刑、死刑的案件。

第二十一条　高级人民法院管辖的第一审刑事案件，是全省（自治区、直辖市）性的重大刑事案件。

第二十二条　最高人民法院管辖的第一审刑事案件，是全国性的重大刑事案件。

第二十三条　上级人民法院在必要的时候，可以审判下级人民法院管辖的第一审刑事案件；下级人民法院认为案情重大、复杂需要由上级人民法院审判的第一审刑事案件，可以请求移送上一级人民法院审判。

最高人民法院关于适用《中华人民共和国刑事诉讼法》的解释

第十二条　人民检察院认为可能判处无期徒刑、死刑，向中级人民法院提起公诉的案件，中级人民法院受理后，认为不需要判处无期徒刑、死刑的，应当依法审判，不再交基层人民法院审判。

第十五条　基层人民法院对可能判处无期徒刑、死刑的第一审刑事案件，应当移送中级人民法院审判。

基层人民法院对下列第一审刑事案件，可以请求移送中级人民法院审判：

（一）重大、复杂案件；

（二）新类型的疑难案件；

（三）在法律适用上具有普遍指导意义的案件。

需要将案件移送中级人民法院审判的，应当在报请院长决定后，至迟于案件审理期限届满十五日前书面请求移送。中级人民法院应当在接到申请后十日内作出决定。不同意移送的，应当下达不同意移送决定书，由请求移送的人民法院依法审判；同意移送的，应当下达同意移送决定书，并书面通知同级人民检察院。

第十六条 有管辖权的人民法院因案件涉及本院院长需要回避等原因，不宜行使管辖权的，可以请求移送上一级人民法院管辖。上一级人民法院可以管辖，也可以指定与提出请求的人民法院同级的其他人民法院管辖。

▶ 13. 辩护人和代理人就地域管辖和指定管辖，应注意哪些问题？

【宣讲要点】

刑事案件进入诉讼阶段，人民法院要依照相关规定受理案件，依法裁判。辩护人和代理人的第一项工作就是考虑人民法院有无权力受理本案。如果辩护人和代理人认为人民法院对本案没有管辖权，便应对管辖权提出异议。同时，人民法院在受理案件时，通常也会对管辖权问题进行审查。管辖权问题虽然只是程序性问题，但是意义重大。为此，辩护人和代理人要对管辖权问题，尤其是地域管辖和指定管辖有一个清楚的了解，以便开展相关法律工作。

审判管辖权通常分为地域管辖、级别管辖和指定管辖。在此我们仅对地域管辖和指定管辖中涉及的相关问题进行介绍。

所谓地域管辖，是指刑事案件由哪个地区的法院进行受理。所谓指定管辖，是指当刑事案件出现管辖权不清和原法院不适宜管辖的情况，上级人民法院指定下级人民法院进行受理。

对于地域管辖而言，辩护人和代理人要坚持一个原则：刑事案件由犯罪地的人民法院管辖。犯罪地，是指犯罪行为发生地和犯罪结果地。作为原则的例外之一是，如果被告人居住地的人民法院审判更为适宜的，可以由被告人居住地的人民法院管辖。对于自然人而言，居住地是指被告人的户籍所在地。如果被告人的户籍所在地和经常居住地不一致的，以经常居住地为准，但是住院就医的除外。对于法人和其他组织而言，居住地是指被告人的登记注册地。如果被告人的主要营业地、办事机构与登记注册地不一致的，以前者为准。作为原则的例外之二是，如果刑事案件属于专门管辖的情形，则由专门人民法院进行管辖。一般来说，我国具有刑事审判权的专门法院是铁路运输法院和军事法院。

对于审判权指定管辖而言，辩护人和代理人要知悉指定管辖的适用情况。一是同级人民法院对案件的管辖存在争议且协商不成；二是上级人民法院认为指定管辖有必要。当出现指定管辖的情况，原审人民法院应将改变管辖的结果通知给当事人。

对于这两种管辖情况，辩护人和代理人要结合法律的有关规定，结合具体案件，细致地展开代理工作，从而维护其当事人合法的诉讼权利和其他诉讼权益。

【典型案例】

李某，男，34 岁。因涉嫌黑社会性质组织罪、非法持有枪支罪被公安机关羁押。公安机关在侦查完毕后，向某区检察院移送审查起诉。该区人民检察院在审查相关证据后，以被告人李某涉嫌黑社会性质组织罪、非法持有枪支罪向该区人民法院提起公诉。庭审过程中，被告人李某的辩护律师认为，人民检察院对于被告人非法持有枪支罪的指控，该区人民法院没有管辖权。因为，该案的犯罪事实并未发生在该区内。同时，该区人民法院也并非是被告人居住地的人民法院。该区人民法院并未采信辩护人的意见。一审法院认为：本案被告人李某在当地聚众成立黑社会性质组织，社会影响极其恶劣，社会危害非常巨大。并且，在被告人李某的住处发现了多支枪支。被告人李某的行为已经触犯了我国刑法的相关规定，构成了黑社会性质组织罪和非法持有枪支罪。但事实上，一审法院是在事实不清、证据不足的情况下，对被告人李某作出的有罪判决。被告人李某当即提出上诉。第二审人民法院在阅卷后，认为第一审人民法院事实认定不清、证据不足，将本案发回重审。

由于本案涉及多方利益。该区人民法院为了维护其裁判的最终性，通过规避法律的方法，损害被告人的利益。该区人民检察院主动向原一审人民法院提出撤回公诉。该区人民法院准许了其请求。随后，该区人民检察院的下级人民检察院向原一审人民法院的下级人民法院对被告人李某提起公诉。在庭审过程中，被告人李某的辩护人认为，由于本案的犯罪事实并未在此发生。同时，该人民法院也并非是被告人居住地的人民法院。所以，该法院对于本案没有管辖权。该人民法院并未理会辩护人的辩护意见。辩护人对于该人民法院的态度极为愤慨，在庭审中，由于情绪激动，合议庭多次宣布法庭纪律无效后，宣布休庭。最终，该法院审理后认为：本案被告人李某在当地聚众成立黑社会性质组织，社会影响极其恶劣，社会危害非常巨大。并且，在被告人李某的住处发现了多支枪支。被告人李某的行为已经触犯了我国刑法的相关规定，构成了黑社会性质组织罪和非法持有枪支罪。该法院依法作出了被告人李某有罪的判决。被告人李某向上级法院即原一审法院提出上诉。该区法院以本案事实清楚、证据确实充分为由，维持了一审法院的判决。

随后，被告人李某试图通过再审程序维护其合法权益。

【专家评析】

本案中的一个焦点问题就是管辖问题。辩护人两次提出关于人民法院管辖权的异议。人民法院对该异议都未依法予以驳回。辩护人提出异议的理由都是："审理案件的人民法院并不是犯罪地的人民法院。"刑事诉讼法第 24 条规定："刑事案件由犯罪地的人民法院管辖。如果由被告人居住地的人民法院审判更为适宜的，可以由被告人居住地的人民法院管辖。"《最高人民法院关于适用〈中华人民共和国刑事诉讼法〉的解释》第 2 条第 1 款规定："犯罪地包括犯罪行为发生地和犯罪结果发生地。"辩护人的第一次异议是针对被告人的非法持有枪支罪。辩护人辩称："非法持有枪支罪的犯罪行为与结果均未发生在该法院的地域内。因此，该法院对此罪无管辖权。”辩护人的此项异议是成立的。

辩护人的第二次异议是针对本案人民检察院的做法提出的。《最高人民法院关于适用〈中华人民共和国刑事诉讼法〉的解释》第21条规定："第二审人民法院发回重新审判的案件，人民检察院撤回起诉后，又向原第一审人民法院的下级人民法院重新提起公诉的，下级人民法院应当将有关情况层报原第二审人民法院。原第二审人民法院根据具体情况，可以决定将案件移送原第一审人民法院或者其他人民法院审判。”本案中，第二审人民法院认为本案存在事实认定不清的情形，将本案发回重审。本案的人民检察院撤回起诉后，命令其下级人民检察院向原一审人民法院的下级人民法院提起公诉。那么，根据该解释第21条的规定，下级人民法院应该将案件的有关情况层报给原第二审人民法院。原第二审人民法院要将本案移送原一审人民法院审判或者交由其他人民法院审判。显然，本案的人民检察院与人民法院的做法都存在违法之处。该司法解释之所以如此规定，就是为了防止人民检察院与人民法院通过利用有关管辖的相关规定，变相剥夺被告人的提起二审的诉讼权利，侵犯被告人的合法权益。本案中，人民法院与人民检察院的正确做法是：一审人民法院的下级人民法院层报到原二审人民法院。上级人民法院指定原一审人民法院或者其他人民法院审理本案。人民检察院也应该在撤回起诉后，向原一审人民法院的下级人民法院再次提起公诉。

该案暴露了相关地区的人民检察院和人民法院存在着法律意识淡薄的情况。人民检察院与人民法院的这种做法是非常不利于树立司法权威，维护司法公信力的。面对这种情况，被告人及其辩护人要积极维护其合法权益，通过法律途径保障其合法的诉讼权利和其他合法权益不受非法侵害。

【法条指引】

中华人民共和国刑事诉讼法

第二十四条　刑事案件由犯罪地的人民法院管辖。如果由被告人居住地的人民法院审判更为适宜的，可以由被告人居住地的人民法院管辖。

第二十五条 几个同级人民法院都有权管辖的案件，由最初受理的人民法院审判。在必要的时候，可以移送主要犯罪地的人民法院审判。

第二十六条 上级人民法院可以指定下级人民法院审判管辖不明的案件，也可以指定下级人民法院将案件移送其他人民法院审判。

第二十七条 专门人民法院案件的管辖另行规定。

最高人民法院关于适用《中华人民共和国刑事诉讼法》的解释

第二条 犯罪地包括犯罪行为发生地和犯罪结果发生地。

针对或者利用计算机网络实施的犯罪，犯罪地包括犯罪行为发生地的网站服务器所在地，网络接入地，网站建立者、管理者所在地，被侵害的计算机信息系统及其管理者所在地，被告人、被害人使用的计算机信息系统所在地，以及被害人财产遭受损失地。

第三条 被告人的户籍地为其居住地。经常居住地与户籍地不一致的，经常居住地为其居住地。经常居住地为被告人被追诉前已连续居住一年以上的地方，但住院就医的除外。

被告单位登记的住所地为其居住地。主要营业地或者主要办事机构所在地与登记的住所地不一致的，主要营业地或者主要办事机构所在地为其居住地。

第十七条 两个以上同级人民法院都有管辖权的案件，由最初受理的人民法院审判。必要时，可以移送被告人主要犯罪地的人民法院审判。

管辖权发生争议的，应当在审理期限内协商解决；协商不成的，由争议的人民法院分别层报共同的上级人民法院指定管辖。

第十八条 上级人民法院在必要时，可以指定下级人民法院将其管辖的案件移送其他下级人民法院审判。

第十九条 上级人民法院指定管辖，应当将指定管辖决定书分别送达被指定管辖的人民法院和其他有关的人民法院。

第二十条　原受理案件的人民法院在收到上级人民法院改变管辖决定书、同意移送决定书或者指定其他人民法院管辖决定书后，对公诉案件，应当书面通知同级人民检察院，并将案卷材料退回，同时书面通知当事人；对自诉案件，应当将案卷材料移送被指定管辖的人民法院，并书面通知当事人。

第二十一条　第二审人民法院发回重新审判的案件，人民检察院撤回起诉后，又向原第一审人民法院的下级人民法院重新提起公诉的，下级人民法院应当将有关情况层报原第二审人民法院。原第二审人民法院根据具体情况，可以决定将案件移送原第一审人民法院或者其他人民法院审判。

▶ 14. 在庭前会议中，辩护人和诉讼代理人要做些什么？

【宣讲要点】

新修订的刑事诉讼法在第182条第2款增设了“庭前会议”制度。庭前会议被设置在检察院提起公诉以后，法院正式开庭审理之前，其最主要的目的是为了保证法庭正式审判的顺利进行，确保庭审质量与司法效率。那么，具体到刑事诉讼的辩护与代理中，辩护人和诉讼代理人要在庭前会议程序中做些什么？

首先，我们要知道，庭前会议阶段并不是每个案件的必经阶段。法院可以根据各自案件的实际情况，确定是否召开庭前会议。根据刑事诉讼法以及相关司法解释的规定，以下情形可以适用庭前会议制度：当事人及其辩护人、诉讼代理人申请排除非法证据的；证据材料较多、案情重大复杂的；社会影响重大的以及需要召开庭前会议的其他情形。

其次，在庭前会议中，辩护人和诉讼代理人可以就管辖权异议、审判人员的回避、出庭证人名单的确认、是否申请延期审理、对新证据的调取以及非法证据排除等相关问题了解情况，听取意见。控辩双方对证据有异议的，要在法庭审理时重点调查。对于双方无异议的证据，可以简化举证、质证程序。这样，法院就会在正式开庭前，对本案的情况有了更全面的了解，也有利于法院确定庭审时的重点。控辩双方可以紧紧围绕庭审重点开展辩论，提高庭审质量。

最后，对于被害人或者其法定代理人、近亲属提起附带民事诉讼的，可以在庭前会议中调解。也就是说，庭前会议不仅仅关注重大程序问题，对于相关实体权利的处理，法庭也会征询被害人与被告人的意见。但是，庭前会议的重点依旧在于审查程序性事项。同时，庭前会议必须制作笔录。并且，被告人可以不出席庭前会议。

庭前会议作为我国刑事立法的一项新举措具有重大意义，辩护人和诉讼代理人要充分利用好庭前会议制度，维护好犯罪嫌疑人、被告人的诉讼权利和其他合法利益。

【典型案例】

2011 年初，刘某因涉嫌严重违纪被中央纪检委调查。2013 年 4 月 10 日被告人刘某被北京市人民检察院二分院以涉嫌受贿罪、滥用职权罪提起公诉。同年 6 月 9 日，北京市第二中级人民法院公开审理被告人刘某涉嫌受贿罪、滥用职权罪的案件。人民法院为刘某指派了辩护律师钱某。

在刘某案件中，另案被告人丁某为关键性人物。丁某与刘某是典型的官商勾结。丁某行贿刘某，为其带来经济上的巨大利益。被告人刘某接受贿赂后，通过给予丁某项目支持等一系列方式回馈丁某。据公诉机关提供的证据显示，丁某在 2003 年到 2009 年期间，用钱财为刘某的仕途开路。同时，丁某也为刘某安排多名女子供其嫖宿。刘某自己也与多名女子保持不正当的男女关系。同时，刘某还利用自己手中的职权为丁某带来更多经济上的利益。两人互相利用。公诉机关指控称，被告人刘某为丁某及其亲属带来获利 39.76 亿元。刘某的滥用职权罪的相关证据也涉猎其中。北京市人民检察院二分院对于两项罪名的指控共出示了 400 多份证据。

北京市第二中级人民法院用了大约 3 个小时的时间审理完毕此案。法院经审理认为，被告人刘某滥用职权罪与受贿罪成立，以受贿罪判处其死刑缓期 2 年执行，剥夺政治权利终身并处没收其个人全部财产；以滥用职权罪判处其有期徒刑10年。两罪数罪并罚，最终判处被告人刘某死刑缓期2年执行，剥夺政治权利终身并处没收个人全部财产。被告人刘某并未提出上诉。

一些群众对刘某一案的审判程序存在质疑，认为存在程序违法。他们称："公诉机关向法庭出示了400多份证据，怎么3个小时就审理结束了?"法庭对此作出解释："因为之前在秦城监狱，公诉机关与辩护人曾召开庭前会议，对回避、非法证据排除等问题了解了情况，听取了意见。所以，开庭审理过程就进行了适当简化。"被告人刘某的辩护律师钱某称："之前的庭前会议，在法院的支持下，双方就互相交换了意见。本次庭审的质量也非常高，对此十分满意。"

【专家评析】

本案中，由于涉及过多的证据，如果当庭出示会造成庭审放慢节奏。同时，鉴于本案巨大的社会影响，北京市第二中级人民法院通过召开庭前会议的方式，使公诉机关与辩护人就相关问题了解情况，交换意见。法院也在其中更全面地了解了案件情况以及控辩双方的意见。

刑事诉讼法第182条第2款规定："在开庭以前，审判人员可以召集公诉人、当事人和辩护人、诉讼代理人，对回避、出庭证人名单、非法证据排除等与审判相关的问题，了解情况，听取意见。"本案中，控辩双方在秦城监狱召开的庭前会议中已经就回避、出庭证人名单以及非法证据排除等问题互相交换了意见，并确定了庭审重点。对于双方无异议的证据，在法庭正式审理的过程中，简化质证程序。正是庭前会议的进行，才保证了法庭庭审的效率与质量，使得公诉机关出示的400多份证据能在如此短的时间内质证完毕。庭前会议的主要功能就在于提高庭审质量，保障司法效率。通过对于庭前重大程序性措施的预先了解以及相关证据的提取核查，人民法院更能明晰了本案的争议焦点。在法庭正式开庭审理的过程中，人民法院也会掌握庭审的节奏，就焦点问题进行审理。《最高人民法院关于适用〈中华人民共和国刑事诉讼法〉的解释》第183条第2款规定："召开庭前会议，根据案件情况，可以通知被告人参加。"也就是说，被告人也可以不出席庭前会议。本案就属于后一种情形。同时要注意，庭前会议要制作笔录。

【法条指引】

中华人民共和国刑事诉讼法

第一百八十二条第二款 在开庭以前，审判人员可以召集公诉人、当事人和辩护人、诉讼代理人，对回避、出庭证人名单、非法证据排除等与审判相关的问题，了解情况，听取意见。

最高人民法院关于适用《中华人民共和国刑事诉讼法》的解释

第一百八十三条 案件具有下列情形之一的，审判人员可以召开庭前会议：

（一）当事人及其辩护人、诉讼代理人申请排除非法证据的；

（二）证据材料较多、案情重大复杂的；

（三）社会影响重大的；

（四）需要召开庭前会议的其他情形。

召开庭前会议，根据案件情况，可以通知被告人参加。

第一百八十四条 召开庭前会议，审判人员可以就下列问题向控辩双方了解情况，听取意见：

（一）是否对案件管辖有异议；

（二）是否申请有关人员回避；

（三）是否申请调取在侦查、审查起诉期间公安机关、人民检察院收集但未随案移送的证明被告人无罪或者罪轻的证据材料；

（四）是否提供新的证据；

（五）是否对出庭证人、鉴定人、有专门知识的人的名单有异议；

（六）是否申请排除非法证据；

（七）是否申请不公开审理；

（八）与审判相关的其他问题。

审判人员可以询问控辩双方对证据材料有无异议，对有异议的证据，应当在庭审时重点调查；无异议的，庭审时举证、质证可以简化。

被害人或者其法定代理人、近亲属提起附带民事诉讼的，可以调解。

庭前会议情况应当制作笔录。

人民检察院刑事诉讼规则（试行）

第四百三十一条　在庭前会议中，公诉人可以对案件管辖、回避、出庭证人、鉴定人、有专门知识的人的名单、辩护人提供的无罪证据、非法证据排除、不公开审理、延期审理、适用简易程序、庭审方案等与审判相关的问题提出和交换意见，了解辩护人收集的证据等情况。

对辩护人收集的证据有异议的，应当提出。

公诉人通过参加庭前会议，了解案件事实、证据和法律适用的争议和不同意见，解决有关程序问题，为参加法庭审理做好准备。

第四百三十二条　当事人、辩护人、诉讼代理人在庭前会议中提出证据系非法取得，人民法院认为可能存在以非法方法收集证据情形的，人民检察院可以对证据收集的合法性进行证明。需要调查核实的，在开庭审理前进行。

▶ 15. 一审公诉案件是怎样进行审理的？

【宣讲要点】

当人民检察院向人民法院提起公诉后，人民法院择日进行审理。现对其审理程序介绍如下：

法庭审判就是人民法院在公诉人、当事人和其他诉讼参加人的参与下，开庭审理案件的诉讼活动，审理过程分为开庭、法庭调查、法庭辩论、被告人最后陈述、评议和宣判五个环节，并通过以上环节依法认定被告人是否有罪、是否应当接受法律的制裁。

（1）开庭。宣布开庭前，由书记员做好庭前准备工作，当审判长宣布开庭后，法庭审判正式开始。首先，由审判长询问当事人是否到场，并宣布案由，查明当事人的姓名、年龄、住址、是否被采取强制措施，等等；

其次，再宣布合议庭的组成人员以及其他诉讼参与人的名单；之后，告知当事人有请求回避的权利并询问是否要申请回避，最后告知当事人在法庭审判的过程中所享有的诉讼权利。

（2）法庭调查。法庭调查是在审判人员的主持下，由控辩双方参与，对案件事实进行查明，对涉及的证据进行核实的诉讼过程。法庭调查要对刑事诉讼所涉及的所有证据进行核实，未经过核实或认定无效的证据是不能作为定案依据的，所以法庭调查这个环节十分的关键。

第一，公诉人宣读起诉书。起诉书的主要内容有被告人的基本情况，案件的基本事由，案件的事实，起诉根据和理由。第二，被告人、被害人陈述。由被告人和被害人分别对案件的事由、案件事实等内容进行陈述，此时的陈述属于证据的性质，不是辩论的性质。第三，询问、发问被告人。在审判长的主持下，由公诉方对被告人进行询问；被害人、附带民事诉讼的原告人、辩护人、诉讼代理人可以对被告人进行发问。审判人员也可以对被告人提问以推进事实的查明。第四，证人、鉴定人员作证。刑事诉讼法第 59 条规定：“证人证言必须在法庭上经过公诉人、被害人和被告人、辩护人双方质证并且查实以后，才能作为定案的根据。法庭查明证人有意作伪证或者隐匿罪证的时候，应当依法处理。”该法第 187 条第 1、3 款规定：“公诉人、当事人或者辩护人、诉讼代理人对证人证言有异议，且该证人证言对案件定罪量刑有重大影响，人民法院认为证人有必要出庭作证的，证人应当出庭作证。公诉人、当事人或者辩护人、诉讼代理人对鉴定意见有异议，人民法院认为鉴定人有必要出庭的，鉴定人应当出庭作证。经人民法院通知，鉴定人拒不出庭作证的，鉴定意见不得作为定案的根据。”所以，在以上情况下，证人和鉴定人员在法庭调查环节也要出庭进行作证和陈述鉴定意见。第五，出示实物证据、笔录等言辞证据以及鉴定结论。由公诉人和辩护人分别出示证据，并对证据来源等作出必要说明，另一方可以对该证据进行意见阐述，双方可以对此进行质证。对证据的质证旨在核实证据的证明力和证明能力，而未经过该程序的证据不可以作为定罪依据。第六，法庭核实证据。法庭对当事人双方所提出的证据若有疑问，也可以对此进行调查。第七，调取新证据。在审理过程中，当事人双方可以申请新的证据、申请传唤新的证人、重新作出鉴定意见或勘查笔录。

（3）法庭辩论。法庭辩论是在审判人员的主持下，当事人双方对案件事实进行细致地辩论，比如被告人是否实施了犯罪行为，被告人实施犯罪行为的程度，被告人实施的犯罪行为是否应当减轻量刑，等等。该环节的具体问题在本书之后有具体论述，在此不再进行细致阐述。

（4）被告人最后陈述。在法庭辩论结束后，被告人可以进行最后的陈述。这是被告人所享有的一项诉讼权利。刑事诉讼法第193条规定，审判长在宣布辩论终结后，被告人有最后陈述的权利。由法律明文规定被告人享有这项权利足以证明该权利的重要性，无论是在普通程序中还是简易程序中，审判长都不能剥夺被告人最后陈述的权利，并且只要被告人的陈述没有超出案件的范围，审判长不得随意打断被告人的陈述、限制被告人的发言时间等。

（5）评议和宣判。被告人最后陈述之后，审判长宣布休庭，合议庭进行评议，评议之后根据刑事诉讼法第195条规定作出如下判决：①案件事实清楚，证据确实、充分，依据法律认定被告人有罪的，应当作出有罪判决；②依据法律认定被告人无罪的，应当作出无罪判决；③证据不足，不能认定被告人有罪的，应当作出证据不足、指控的犯罪不能成立的无罪判决。

【典型案例】

陈某系某人民法院刑庭审判员，在审理李某故意杀人的案件中担任审判长。开庭后，陈某为了节约时间并没有告知当事人有申请回避的权利和其他诉讼权利。在法庭调查阶段，部分证据并没有经过质证，辩护人对鉴定意见有理由提出异议时，鉴定人员张某明显应该出庭作证的，陈某并没有要求其出庭，在被告人作最后陈述过程中无理由地打断被告人的陈述并强行终止，在最后的评议及宣判时，使用了未经过质证的证据作为定案依据。

【专家评析】

根据我国刑事诉讼法第185条规定："开庭的时候，审判长查明当事人是否到庭，宣布案由；宣布合议庭的组成人员、书记员、公诉人、辩护人、诉讼代理人、鉴定人和翻译人员的名单；告知当事人有权对合议庭组成人员、书记员、公诉人、鉴定人和翻译人员申请回避；告知被告人享有辩护权利。"该案件中，陈某在任何情况下都不应该省略告知当事人的诉讼权利这个环节，因为这不但关系到当事人的诉讼权利问题，还关系到法院在审理过程中是否会存在应该回避的情形，若存在需要回避的情形而没有回避，将会有很大几率产生错判误判。

审判本身就是一个严肃的事情，过程都要按照法定程序走，而且刑事诉讼法和民事诉讼法相比，要更加的严格，这一点从刑事诉讼的证明标准便可看出。刑事诉讼法第48条规定证据必须经过查证属实，才能作为定案的根据。作为定罪量刑的依据的证据，若不经查实就作为判决依据，是极其危险和错误的。这是因为证据未经过质证就可能使得伪造、不真实、认定错误的证据混入其中，最后导致定罪量刑的错误，在很大程度上是在否定整个证据规则的存在意义。

鉴定意见作为证据的一种，同样应该查证属实才能作为定案的依据。对此，我国刑事诉讼法第187条规定，公诉人、当事人或者辩护人、诉讼代理人对鉴定意见有异议，人民法院认为鉴定人有必要出庭的，鉴定人应当出庭作证。经人民法院通知，鉴定人拒不出庭作证的，鉴定意见不得作为定案的根据。而在本案中，张某的鉴定意见明显出现矛盾问题，并且辩护方也在法庭调查环节中指出，要求申请鉴定人员出庭作证。但是陈某作为审判人员并没有要求鉴定人员出庭，而是直接认定了鉴定意见的效力和证明能力。鉴定意见在性质上算是鉴定人员的"言辞证据"的笔录，虽相比起证人证言和当事人的陈述，更具有专业性和科学性，在客观性和证明力上更为可靠，但即使如此，一旦鉴定意见出现问题，而在法庭调查过程中并没有发现，将会导致审判人员相信鉴定意见而导致最后认定事实和定罪量刑的错误。所以刑事诉讼法规定了当对鉴定意见有异议时，由鉴定人员出庭作证，并且规定了若鉴定人员无理由拒绝出庭，鉴定人出具的鉴定意见不可以作为定案的根据，足以证明法律在对鉴定意见的适用方面的严谨程度。本案中，陈某跳过了鉴定人员张某的出庭作证程序，直接认定鉴定意见的效力，是对法律的轻视，也是对证据的证明力和证明能力的核实的忽视。

刑事诉讼法第193条规定，审判长在宣布辩论终结后，被告人有最后陈述的权利。被告人的最后陈述可谓是被告人最后一次表述自己观点的机会，无论被告人是否有罪也无论被告人是否最后被判罪轻罪重，对于被告人的权利我们都不能予以忽视甚至是直接剥夺。虽然在某些审判人员心中，审判结果早有定数，被告人陈述不能改变什么，但是这对于被告人而言仍然是最后一个获取救赎的机会。如果审判人员对这个最后机会不予以重视，就像上述案例中的陈某那样，那就是对被告人诉讼权利最直接的损害。

【法条指引】

中华人民共和国刑事诉讼法

第一百八十五条 开庭的时候，审判长查明当事人是否到庭，宣布案由；宣布合议庭的组成人员、书记员、公诉人、辩护人、诉讼代理人、鉴定人和翻译人员的名单；告知当事人有权对合议庭组成人员、书记员、公诉人、鉴定人和翻译人员申请回避；告知被告人享有辩护权利。

第一百八十六条 公诉人在法庭上宣读起诉书后，被告人、被害人可以就起诉书指控的犯罪进行陈述，公诉人可以讯问被告人。

被害人、附带民事诉讼的原告人和辩护人、诉讼代理人，经审判长许可，可以向被告人发问。

审判人员可以讯问被告人。

第一百八十七条 公诉人、当事人或者辩护人、诉讼代理人对证人证言有异议，且该证人证言对案件定罪量刑有重大影响，人民法院认为证人有必要出庭作证的，证人应当出庭作证。

人民警察就其执行职务时目击的犯罪情况作为证人出庭作证，适用前款规定。

公诉人、当事人或者辩护人、诉讼代理人对鉴定意见有异议，人民法院认为鉴定人有必要出庭的，鉴定人应当出庭作证。经人民法院通知，鉴定人拒不出庭作证的，鉴定意见不得作为定案的根据。

第一百九十条 公诉人、辩护人应当向法庭出示物证，让当事人辨认，对未到庭的证人的证言笔录、鉴定人的鉴定意见、勘验笔录和其他作为证据的文书，应当当庭宣读。审判人员应当听取公诉人、当事人和辩护人、诉讼代理人的意见。

第一百九十一条 法庭审理过程中，合议庭对证据有疑问的，可以宣布休庭，对证据进行调查核实。

人民法院调查核实证据，可以进行勘验、检查、查封、扣押、鉴定和查询、冻结。

第一百九十二条 法庭审理过程中，当事人和辩护人、诉讼代理人有权申请通知新的证人到庭，调取新的物证，申请重新鉴定或者勘验。

公诉人、当事人和辩护人、诉讼代理人可以申请法庭通知有专门知识的人出庭，就鉴定人作出的鉴定意见提出意见。

法庭对于上述申请，应当作出是否同意的决定。

第二款规定的有专门知识的人出庭，适用鉴定人的有关规定。

第一百九十三条 法庭审理过程中，对与定罪、量刑有关的事实、证据都应当进行调查、辩论。

经审判长许可，公诉人、当事人和辩护人、诉讼代理人可以对证据和案件情况发表意见并且可以互相辩论。

审判长在宣布辩论终结后，被告人有最后陈述的权利。

第一百九十五条 在被告人最后陈述后，审判长宣布休庭，合议庭进行评议，根据已经查明的事实、证据和有关的法律规定，分别作出以下判决：

（一）案件事实清楚，证据确实、充分，依据法律认定被告人有罪的，应当作出有罪判决；

（二）依据法律认定被告人无罪的，应当作出无罪判决；

（三）证据不足，不能认定被告人有罪的，应当作出证据不足、指控的犯罪不能成立的无罪判决。

▶ 16. 刑事诉讼的证明标准对辩护人开展辩护工作有何影响？

【宣讲要点】

刑事案件进入诉讼阶段，负有举证责任的一方需要提出证据证明自己的主张成立。那么，其提出证据要达到何种程度才会被人民法院采信？即刑事诉讼的证明标准问题。

从我国的法律规定来看，我国确立的刑事诉讼证明标准为：事实清楚，证据确实、充分，排除一切合理怀疑。所谓事实清楚是指：刑事案件的犯罪事实都是清楚的，无异议的。所谓证据确实、充分是指：待证事实都有充分的证据予以证明，证据都是合法取得，与待证事实之间有密切的关联性。所谓排除一切合理怀疑是指：所有证据所证明的犯罪事实是唯一的，不存在其他合理怀疑的可能。由于刑事诉讼涉及的对人身自由的限制显然较重于民事诉讼，所以，我国刑事诉讼的证明标准也相对较高。

刑事诉讼的证明标准不仅对人民检察院提起公诉、人民法院审理案件具有重要意义，而且对辩护人和代理人开展相关法律服务工作都是至关重要的。对于辩护人而言，一方面，辩护人可以依照证明标准对于人民检察院的犯罪指控、人民法院的审理结果发表意见。具体来说，如果人民检察院所提出的证据并不能做到事实清楚，证据确实、充分，那么，辩护人就可以为被告人做无罪辩护，以使自己的意见得到法院的采纳。如果人民法院的判决书中所查证的事实与证据不能达到刑事诉讼的证明标准，辩护人可以在被告人同意后，以达到刑事证明标准为由进行上诉或者申请再审，从而最大限度地维护被告人合法的诉讼权益。另一方面，辩护人也可以自己提出被告人无罪、罪轻的各种证据材料，以抵消控诉机关所提交证据的证明力，降低达到刑事证明标准的程度。

这里需要注意的是，新修订的刑事诉讼法将“排除合理怀疑”作为刑事诉讼证明标准的一部分。如何理解这个变化？首先，辩护人要提出怀疑。这里的怀疑大体包括：有关证据之间存在矛盾之处，不能相互印证；单个证据与待证事实之间不存在显著的关联性；某人的证人证言不符合生活常理等。其次，辩护人的怀疑必须是合理的。根据限定的事实，任何人都可以提出一些怀疑。但是并不是所有的怀疑都能够成为否定人民检察院指控的依据。合理的怀疑必须有相关证据予以证明。最后，合理怀疑的程度不需要达到绝对确定的标准，从一般公众的角度理解，只要其合理怀疑是能被普通大众所接受的，那么就可以认定本案存在合理怀疑。也就是说，辩护律师不必要提出充分的证据证明合理怀疑的事实一定存在，只需要提出证据证明存在合理怀疑的可能性即可。

【典型案例】

李某，男，某省某市人。一天，李某下班回家，敲了半天的门无人应答。开门后，眼前的一幕惊呆了李某。妻子倒在血泊之中。李某本能地抱起妻子，妻子身上的血液喷射到了李某的白色衬衫上。李某报警后，公安机关迅速展开侦查工作。警方对现场进行了勘验，检验了死者身体。警方发现死者并未被强奸，就此排除了强奸杀人的可能性。随后，警方展开了地毯式排查，但没有实质性收获。后来，警方将调查重点集中在李某身上。公安机关将李某定为案件的重大犯罪嫌疑人，警方的依据是李某身上的血迹，李某身上的血迹是血液喷射形成的。通常情况下，只有在人活着的时候，因心脏压力伤口才会喷射出血液。如果人已死亡，那么伤口便不会因压力喷射出血液。公安机关依此断定被害人尚未死亡时，李某在犯罪现场。

公安机关对李某进行了刑讯逼供。李某按照公安机关的说法交代了自己的犯罪事实。但是，根据法医尸检结果确定，被害人死于下午4时。而李某下午4时并不在案发现场，而是在单位中。公安机关违法责令法医更改了尸检结果，将被害人死亡时间提前到中午12时。同时，公安机关的专案小组又找到犯罪嫌疑人李某的母亲，让其母亲编造李某曾向她交代犯罪事实的证据。公安机关在侦查完毕后，将本案移送该市人民检察院审查起诉。该市人民检察院在审查起诉时发现本案存在重要疑点。公安机关在犯罪现场提取的指纹和鞋印并非都是李某的。人民检察院认为本案存在其他凶手的可能。公安机关以未保护好犯罪现场为由，与人民检察院进行了沟通，说服了检察院。

后人民检察院以李某犯故意杀人罪向该市人民法院提起公诉。在庭审过程中，该市人民检察院指控称："被告人李某一直怀疑其妻子并非处女，就此怀恨在心。案发当天12时，被告人李某与被害人因为琐事发生争吵。在争吵过程中，被告人李某用拳头猛击被害人的面部、肩部等部位，随后用手勒住被害人的咽喉，造成其窒息状态。紧接着，被告人随手抄起一把菜刀向被害人砍去。最终，被害人因面部、颈部、肩部等重要部位遭受严重外伤而死亡。"该市人民法院采信了人民检察院的指控意见，判定被告人李某犯故意杀人罪，判处其死刑缓期2年执行。判决结果宣判后，被告人李某大呼其被冤枉。随后，李某向该省高级人民法院提起上诉。该省高级人民法院以本案事实清楚、证据确实充分为由，驳回上诉，维持了一审判决。李某的律师询问法院办案人员，既然李某犯故意杀人罪为何还判处死缓？人民法院给出的解释是："被告人李某实施杀人行为是确定的事实。但是由于本案还存在一些证据不能查证，因此留有一定的回旋余地。"

在监狱里，被告人李某本来可以提前释放出狱，但是他一直拒不认罪，致使其在监狱度过了漫长的岁月。被告人李某的母亲也多处上访，但结果总是如石沉大海。在另一起刑事案件中，犯罪嫌疑人江某交代了其曾经实施的杀死李某妻子的行为。公安机关迅速采取措施，对这桩冤案进行了复查。最终，被告人李某被无罪释放。这时，李某已在监狱里度过了14年。

释放出狱后，李某申请国家赔偿。近36万元的赔偿金已经到位。其中，该省高级人民法院赔偿了李某25.9万元，该市人民法院赔偿了李某10万元。李某与其家人相拥而泣。但是，这些年来，由于法院错误司法裁判对于李某及其家人的伤害却是无法弥合的。李某说："自己是幸运的，因为我还没有成为枪口下的冤死鬼。”这起案件由于公安机关有罪推定的办案理念和刑讯逼供而起。人民检察院和人民法院由于未能严格遵守刑事诉讼的证明标准，严格适用法律，从而酿成了悲剧。

【专家评析】

本案是因为司法机关未严格遵循法律所酿成的悲剧。但从刑事诉讼的证明标准分析，本案就存在许多值得推敲的地方。刑事诉讼法第53条规定：“对一切案件的判处都要重证据，重调查研究，不轻信口供。只有被告人供述，没有其他证据的，不能认定被告人有罪和处以刑罚；没有被告人供述，证据确实、充分的，可以认定被告人有罪和处以刑罚。证据确实、充分，应当符合以下条件：（一）定罪量刑的事实都有证据证明；（二）据以定案的证据均经法定程序查证属实；（三）综合全案证据，对所认定事实已排除合理怀疑。”也就是说，我国刑事诉讼的证明标准是事实认定清楚，证据确实、充分，排除一切合理怀疑。但遗憾的是，本案的司法机关却未能严格遵循这一法律规定。本案至少存在以下三个重大法律疑点未能排除：

第一，李某的杀人动机。李某与其妻子关系一直很好。两人相处非常和睦。在被害人死亡的时候，她已经有了6个月的身孕。从常人的正常角度来看，李某无论如何都不可能将其已有身孕的妻子杀害。毕竟，肚子里的孩子是李某自己的。无论从何种角度看，都没有充分的证据证明李某存在杀害妻子的动机。

第二，李某白衬衫上的血迹。公安机关主要是从李某白衬衫上的血迹开始将李某定为重大犯罪嫌疑人的。公安机关认为李某身上的血迹是喷射形成的。只有活人的伤口才会出现喷射血迹的情形。因此，公安机关认定被害人尚未死亡时，李某在现场。但是，血迹的形状并不必然与人的生死有必然、唯一的联系。况且，就算被害人尚未死亡时，李某在犯罪现场，也不能说明李某就是杀人凶手。公安机关从这一线索切入，有罪推定地设计了李某的整个犯罪情节。弥天大谎就此开始。

第三，公安机关在现场发现了其他人的脚印，在刀具上发现了其他人的指纹。按常理说，如果李某是实施犯罪的人，刀具上不应出现其他人的指纹。现场也不会发现其他人的脚印。公安机关为了早日结案，谎称是侦查人员侦查不慎所致，错误地迷惑公诉机关。该市人民检察院也借此对李某提起诉讼。

从上述三个疑点来看，本案未能排除一切合理怀疑。该市中级人民法院在宣判后对被告人的辩护律师称："本案被告人李某实施杀人行为是确定的事实。但是由于本案还存在一些证据不能查证，因此留有一定的回旋余地。"也就是说，人民法院也对李某犯罪事实的认定存有疑问。所以，综合本案情况来看，本案现有证据不能确实证明被告人李某有罪。根据刑事诉讼法第 195 条的规定，人民法院应该对被告人李某作出证据不足的无罪判决。可惜的是，人民法院未能严格适用法律，作出了违法的判决，酿成了无法挽回的悲剧。

【法条指引】

中华人民共和国刑事诉讼法

第五十三条　对一切案件的判处都要重证据，重调查研究，不轻信口供。只有被告人供述，没有其他证据的，不能认定被告人有罪和处以刑罚；没有被告人供述，证据确实、充分的，可以认定被告人有罪和处以刑罚。

证据确实、充分，应当符合以下条件：

（一）定罪量刑的事实都有证据证明；

（二）据以定案的证据均经法定程序查证属实；

（三）综合全案证据，对所认定事实已排除合理怀疑。

第一百九十五条第一款第一项　在被告人最后陈述后，审判长宣布休庭，合议庭进行评议，根据已经查明的事实、证据和有关的法律规定，分别作出以下判决：

（一）案件事实清楚，证据确实、充分，依据法律认定被告人有罪的，应当作出有罪判决；

最高人民法院关于适用《中华人民共和国刑事诉讼法》的解释

第一百零四条 对证据的真实性，应当综合全案证据进行审查。

对证据的证明力，应当根据具体情况，从证据与待证事实的关联程度、证据之间的联系等方面进行审查判断。

证据之间具有内在联系，共同指向同一待证事实，不存在无法排除的矛盾和无法解释的疑问的，才能作为定案的根据。

第一百零五条 没有直接证据，但间接证据同时符合下列条件的，可以认定被告人有罪：

（一）证据已经查证属实；

（二）证据之间相互印证，不存在无法排除的矛盾和无法解释的疑问；

（三）全案证据已经形成完整的证明体系；

（四）根据证据认定案件事实足以排除合理怀疑，结论具有唯一性；

（五）运用证据进行的推理符合逻辑和经验。

▶ 17. 辩护人、诉讼代理人对证人证言有异议时，人民法院是否都应要求证人出庭作证？

【宣讲要点】

证人，是指当事人以外的了解有关案件情况的人，证人证言即证人就自己所知道的案件情况向司法机关所作的陈述。在一些国家，证人包括两类，一类是事实证人，即就自己所感知的有关案件情况进行陈述的证人；一类是专家证人，也就是根据自己的专业知识就案件所涉及的专业性问题提出自己意见的证人。而在我国刑事诉讼法中，证人证言只是指上述第一种，即事实证人提供的证言。

证人证言对查明案件事实，正确处理案件具有重要意义。它与被害人陈述和犯罪嫌疑人、被告人的供述相比，更加客观，证明力较强，能够直接或者间接地证明案件有关事实；还可以用于与其他证据相互对照，发现证据间可能存在的矛盾，为甄别证据真伪，查明案件事实提供帮助；另外可以为调查、侦查提供线索，帮助司法机关、当事人进一步取得其他证据，深入了解案情。同时，我们也应看到，证人证言受主观因素影响比较大，可能含有虚假成分，比如证人出于陷害、包庇等目的伪造证言。即使证人诚实作证，也有可能受自身感知、记忆力等限制，致使证言失实。因此，对证言的审查与甄别要谨慎对待。根据刑事诉讼法第59条之规定，证人证言必须在法庭上经过公诉人、被害人和被告人、辩护人双方质证并且查实以后，才能作为定案的根据。这里需要说明的是，对于证人证言的质证，原则上证人都应该出庭，我们国家的法律也倡导证人亲自出庭作证。但考虑到证人出庭的便利性与证人自身的意愿，实践中有很多的证人证言是通过提供书面证言的方式进行质证的。

那么，有没有一种情形，证人是必须要出庭的呢？这就回到我们提出的问题，辩护人、诉讼代理人对证人证言有异议时，人民法院是否会为了查实证言就一律都要求证人出庭作证呢？

根据刑事诉讼法第187条之规定："公诉人、当事人或者辩护人、诉讼代理人对证人证言有异议，且该证人证言对案件定罪量刑有重大影响，人民法院认为证人有必要出庭作证的，证人应当出庭作证。"也就是说，并非所有的证人都需要出庭作证，只有在同时满足三个条件的情况下，证人才必须要出庭作证：

第一，公诉人、当事人或者辩护人、诉讼代理人对证人证言有异议。也就是说，在法庭审判当中的质证环节，控辩双方对证人证言的意见不一，具体包括双方认为证人证言与其手中所掌握的其他证据之间存在矛盾之处，不符合案件的真实状况等情况。

第二，该证人证言对案件定罪量刑有重大影响。什么叫做"对案件定罪量刑有重大影响"呢？立法机关曾经就此撰文解释道："证人证言对'定罪量刑有重大影响'包括直接目击案件的发生，是案件主要甚至唯一的证人，对于印证其他可能定案的证据具有重要意义等。既包括单独影响定罪、量刑，也包括既影响定罪，也影响量刑。"更具体地说，影响定罪的证言，如关于案发时犯罪人在案发现场或者不在案发现场的证言，这对被告人是否实施犯罪行为具有至关重要的作用；影响量刑的证言，如证明被告人具有法定从重处罚情节的证言等。

第三，人民法院认为证人有必要出庭作证。这意味着，证人是否出庭作证的最终裁量权在人民法院。如果法院认为即使该证人不出庭也能够查清案件事实的，可以不要求证人到庭。总之，需要审判人员根据个案情况，作出恰当的处理。如果有证人前后证言明显不一，可能受到强迫，需要进一步查清或者该证言需要证人亲自作出解释等等情况，法院认为证人确实需要到庭作证的，应当通知证人出庭。经人民法院通知，证人没有正当理由不出庭作证的，人民法院可以强制其到庭，但是被告人的配偶、父母、子女除外。关于强制出庭作证这一点，后一问题将有具体阐述。

在满足上述条件的情况下，如果证人不出庭作证，人民法院有强制证人出庭作证的权利。

【典型案例】

2006 年一个夏天的夜晚，女青年陈某吃过晚饭，与男朋友打电话闲聊。她一边打电话一边走向自己房间的窗边，正好看见两个男人走向窗外的小树林里。陈某感到奇怪，窗外那片小树林非常破败，很少有人前往。但是她没有细想，继续与男朋友闲聊。不一会儿她又看到只有一个男人从树林里走了出来，一边走一边搓着自己的手。陈某立马就注意到男人手上沾染着红色液体。联想到另外一个男人没有出现，陈某感觉事情不妙，就跟电话那端的男朋友讲述了自己的发现。二人斟酌了一下，决定再等一会儿，如果另外一个男人还是没有出现，她就报警。等了一会儿，还是不见另外一个男人的身影，于是陈某报警。警察赶至现场，发现树林里躺着一个男人的尸体，后经证实是本市的张某。

公安机关迅速展开侦查，将犯罪嫌疑人锁定为被害人张某的朋友徐某。经侦查，公安机关发现这起凶杀案的起因是彩票。张某曾经托徐某为其代买了一张彩票。开奖后，徐某发现那张彩票正好中了二等奖，便起了贪心，骗张某自己忘记为他买了。不料张某通过其他途径得知了彩票的事情，非常生气，要求徐某归还彩票。徐便将张某约至小树林见面，在争执中，将之前准备好的水果刀捅进了张某的身体。

当地人民检察院以故意杀人罪将犯罪嫌疑人徐某起诉至法院。在案件审理的过程中，徐某的辩护律师提出，公诉机关提供的陈某的证言与自己掌握的案件事实有出入，需要进一步核实。人民法院听取律师意见后认为，陈某是这一本案唯一的目击证人对查明案件事实极其重要，其证言对被告人徐某是否是罪犯有巨大影响，于是决定通知其出庭作证。不料，陈某的母亲知晓之后，对前来通知的人员破口大骂："你们有没有良心！我女儿之前报警就已经够不错的了，你们得寸进尺，还要她出庭作证。一个为了点儿钱就把自己朋友杀死的人，躲都来不及，你们居然还要我女儿和他面对面！你们能保证判他死刑吗？要是不能，他出狱之后报复我女儿怎么办，你们负责吗？"通知人员反复做其工作，陈某的母亲依然不管不顾，对司法机关要求其女儿出庭作证持反对态度。

【专家评析】

首先，关于证人陈某是否需要出庭作证的问题。本案当中，被告人徐某的辩护律师提出了对证人陈某的证言的质疑，认为与自己所掌握的案件事实有出入，而陈某又是本案的唯一目击证人，对案件的定罪量刑将产生重大影响，且人民法院也认为其有必要出庭，因此，证人陈某满足法定的条件，理应出庭作证。

其次，关于证人陈某是否必须出庭作证的问题。此案发生在2006年，适用的还是修订前的刑事诉讼法。当时的法律并未规定证人强制出庭作证制度，因此公安司法机关对陈某出庭作证的要求并不具有强制力。但是如果此案发生在新修订的刑事诉讼法实施之后，那么根据法律规定，经人民法院通知，证人没有正当理由不出庭作证的，人民法院可以强制其到庭。除非有在庭审期间身患严重疾病或者行动极为不便、居所远离开庭地点且交通极为不便、身处国外短期无法回国的、其他客观原因，确实无法出庭的情况，证人可以不出庭作证。那么本案中，陈某的母亲以害怕报复为由不允许女儿出庭作证，在此时就完全不能成立了。

另外，通过这起案件，也可以引发我们其他的思考。证人出庭作证率低一直是我国当代司法面临的一个问题，导致这一问题的原因有很多，比如之前立法上并未明确规定证人必须强制出庭，司法人员对证人出庭存在排斥心理，担心证人出庭后，会出现难以控制的局面，等等。而透过本案，我们可以看到其中一个很重要的原因，也就是证人对出庭有后顾之忧，担心会遭到犯罪人的报复，人身安全、财产安全不能得到保障。也许证人出于这些担忧拒绝出庭作证是于法无据的，可是仔细想想却又在情理之中。我们不能苛责每一个人将家庭和自身的安危弃之不顾，抛头露面，帮助司法机关追求正义。当务之急，应是从制度的角度对于出庭证人提供保障，使得他们没有后顾之忧，愿意站到法庭上说出真话。这一点，《最高人民法院关于适用〈中华人民共和国刑事诉讼法〉的解释》已作出规定，如审判危害国家安全犯罪、恐怖活动犯罪、黑社会性质的组织犯罪、毒品犯罪等案件，证人因出庭作证，本人或者其近亲属的人身安全面临危险的，人民法院应当采取不公开其真实姓名、住址和工作单位等个人信息，或者不暴露其外貌、真实声音等保护措施。审判期间，证人提出保护请求的，人民法院应当立即审查；认为确有保护必要的，应当及时决定采取相应保护措施，以及决定对出庭作证的证人采取不公开个人信息的保护措施的，审判人员应当在开庭前核实其身份，对证人如实作证的保证书不得公开，在判决书、裁定书等法律文书中可以使用化名等代替其个人信息。

【法条指引】

中华人民共和国刑事诉讼法

第一百八十七条第一、二款　公诉人、当事人或者辩护人、诉讼代理人对证人证言有异议，且该证人证言对案件定罪量刑有重大影响，人民法院认为证人有必要出庭作证的，证人应当出庭作证。

人民警察就其执行职务时目击的犯罪情况作为证人出庭作证，适用前款规定。

最高人民法院关于适用《中华人民共和国刑事诉讼法》的解释

第二百零五条　公诉人、当事人或者辩护人、诉讼代理人对证人证言有异议，且该证人证言对定罪量刑有重大影响，或者对鉴定意见有异议，申请法庭通知证人、鉴定人出庭作证，人民法院认为有必要的，应当通知证人、鉴定人出庭；无法通知或者证人、鉴定人拒绝出庭的，应当及时告知申请人。

第二百零六条　证人具有下列情形之一，无法出庭作证的，人民法院可以准许其不出庭：

（一）在庭审期间身患严重疾病或者行动极为不便的；

（二）居所远离开庭地点且交通极为不便的；

（三）身处国外短期无法回国的；

（四）有其他客观原因，确实无法出庭的。

具有前款规定情形的，可以通过视频等方式作证。

第二百零七条　证人出庭作证所支出的交通、住宿、就餐等费用，人民法院应当给予补助。

第二百零八条　强制证人出庭的，应当由院长签发强制证人出庭令。

第二百零九条　审判危害国家安全犯罪、恐怖活动犯罪、黑社会性质的组织犯罪、毒品犯罪等案件，证人、鉴定人、被害人因出庭作证，本人或者其近亲属的人身安全面临危险的，人民法院应当采取不公开其真实姓名、住址和工作单位等个人信息，或者不暴露其外貌、真实声音等保护措施。

审判期间，证人、鉴定人、被害人提出保护请求的，人民法院应当立即审查；认为确有保护必要的，应当及时决定采取相应保护措施。

第二百一十条　决定对出庭作证的证人、鉴定人、被害人采取不公开个人信息的保护措施的，审判人员应当在开庭前核实其身份，对证人、鉴定人如实作证的保证书不得公开，在判决书、裁定书等法律文书中可以使用化名等代替其个人信息。

人民检察院刑事诉讼规则（试行）

第四百四十条第五款 当事人或者辩护人、诉讼代理人对证人证言、鉴定意见有异议的，公诉人认为必要时，可以申请人民法院通知证人、鉴定人出庭作证。

第四百四十一条 证人应当由人民法院通知并负责安排出庭作证。

对于经人民法院通知而未到庭的证人或者出庭后拒绝作证的证人的证言笔录，公诉人应当当庭宣读。

对于经人民法院通知而未到庭的证人的证言笔录存在疑问、确实需要证人出庭作证，且可以强制其到庭的，公诉人应当建议人民法院强制证人到庭作证和接受质证。

▶ 18. 近亲属是否可以免除出庭作证的义务?

【宣讲要点】

按照我国法律规定，证人原则上是应该出庭作证的，否则如人民法院认为证人应当出庭而未出庭时，有强制证人出庭的权力。那么，有没有一种证人是可以免除出庭作证义务的呢?

对此，新修订的刑事诉讼法在强制证人出庭作证制度中规定了近亲属免证权。也就是说，被告人的近亲属（配偶、父母、子女）基于其特殊的身份，可以不被强制出庭作证。如果法律要求近亲属之间要相互指证，不免导致社会矛盾的加剧。而这种法律也必定是不人道、不道德的。新修订的刑事诉讼法的这一例外规定与我国古代伦理法上的亲亲相隐制度具有实质上的同一性。

新修订的刑事诉讼法对于证人免除出庭作证义务的规定，一方面吸收了我国古代法律制度的合理因素，有利于体现法律的文明与人道主义精神；另一方面有利于维护家庭成员之间的信任，保持社会和谐。但这里需要注意的是，虽然被告人的配偶、父母和子女有不被强制出庭作证的权利，但是他们依旧负有作证的义务。

【典型案例】

赵某，男，34 岁。赵某没有正当工作，曾经因盗窃罪投入监狱改造。出狱后，他一直游手好闲，小偷小摸。一日，赵某在火车站附近见有一行李无人领取，便据为己有，将行李运回家中。赵某的妻子李某见丈夫举动异常，知道其又盗窃了他人财物，非常愤怒。李某恳求其丈夫将物品归还失主。由于行李中有 5 万元现金，赵某见钱眼开，便打算将该笔钱花掉。没过多久，公安机关的办案人员通过监控录像锁定了赵某并将其抓获。

在侦查过程中，犯罪嫌疑人赵某向办案警察交代了自己的犯罪事实。公安机关将该案件向人民检察院移送审查起诉。人民检察院在审查完毕后，以赵某涉嫌盗窃罪向人民法院提起公诉。在法庭审理过程中，人民检察院请求被告人赵某的妻子李某出庭作证。人民法院准许了人民检察院的请求，通知李某出庭作证。李某接到通知后，拒绝出庭作证，并声称对于赵某的事情一概不说。办案法官几次劝说无效后，审判长将李某拘留起来。证人李某向上一级人民法院申请复议，声称："自己已经向上级人民法院申请复议，等复议结果出来后，才能考虑对其是否拘留。"

【专家评析】

人民法院在本案审理过程中，存在一定的违法之处，主要违反了我国刑事诉讼法中有关强制证人出庭作证的规定。

第一，刑事诉讼法第 188 条第 1 款规定："经人民法院通知，证人没有正当理由不出庭作证的，人民法院可以强制其到庭，但是被告人的配偶、父母、子女除外。"本案中，证人李某由于不堪精神压力，始终拒绝出庭作证。证人李某系被告人赵某的妻子。按照我国刑事诉讼法的规定，证人李某享有不被强制出庭作证的权利。可是，人民法院以案件审理需要为名强制李某到庭作证的做法是无法律根据的。

第二，刑事诉讼法第 188 条第 2 款规定："证人没有正当理由拒绝出庭或者出庭后拒绝作证的，予以训诫，情节严重的，经院长批准，处以十日以下的拘留。被处罚人对拘留决定不服的，可以向上一级人民法院申请复议。复议期间不停止执行。”本案中，证人李某拒绝出庭作证的情节尚不严重，人民法院不应该对其适用拘留。并且，拘留需要由人民法院的院长批准。合议庭的审判长无权力对证人李某适用拘留措施。同时，证人李某所说的申请复议便停止执行拘留决定的说法也是于法无据的。

第三，虽然我国刑事诉讼法第188条规定了被告人近亲属免证制度，但不等于免除了其作证的义务。刑事诉讼法只是基于法律与道德的平衡以及家庭伦理的需要，免除了被告人近亲属强制“出庭”作证的义务，但并未免除其作证的义务。我国现代刑事诉讼法的规定不同于古代的法律规定。我国古代的亲亲相隐的法律制度，如果告发者告发了自己的近亲属，他非但不会获得表彰，反而会被进行处罚。但是，根据我国现行的刑事诉讼法的规定，任何了解案件情况的人都负有法定的作证义务。所以，本案中，证人李某坚决不作证的做法是错误的。如果其情节严重，人民法院会追究其相应的法律责任。

【法条指引】

中华人民共和国刑事诉讼法

第一百八十八条 经人民法院通知，证人没有正当理由不出庭作证的，人民法院可以强制其到庭，但是被告人的配偶、父母、子女除外。

证人没有正当理由拒绝出庭或者出庭后拒绝作证的，予以训诫，情节严重的，经院长批准，处以十日以下的拘留。被处罚人对拘留决定不服的，可以向上一级人民法院申请复议。复议期间不停止执行。

▶ 19. 对鉴定意见有异议时，辩护人、诉讼代理人应该怎么办？

【宣讲要点】

鉴定意见是我国刑事诉讼法明确规定的证据种类之一，是对诉讼活动中涉及的专门性问题进行鉴别和判断形成的意见。很多案件中，鉴定意见对案件的事实认定起着决定性作用。但是，由于鉴定工作的专业性比较强，不为外行的诉讼当事人和法官所熟知，对鉴定意见的审查判断难以像对普通证据那样容易进行。司法实践中，当诉讼一方证据体系中出现鉴定意见时，另一方当事人往往没有能力对鉴定意见提出合理并有针对性的异议，表现为不能质证或者只能申请重复鉴定。同样的，法官也缺乏相关专业知识，无力对鉴定意见进行实质性的审查判断，审判结果可以说是被鉴定意见所左右，这样既有违公平正义，又妨害司法权威。

因此，新修订的刑事诉讼法对此作出了新规定，即公诉人、当事人和辩护人、诉讼代理人可以申请法庭通知有专门知识的人出庭，就鉴定人作出的鉴定意见提出意见。这一规定，为对鉴定意见有异议的情况发生时提供了新的解决方式。这里所谓“有专门知识的人”既非鉴定人，也非专家证人，因为他不需要具备鉴定人的资格，也不是就案件中的专门问题提供独立的证词，而仅仅是协助控方或者辩方对于鉴定意见发表质证意见，但是如果其质证意见得到了采纳，则可能导致被质证的鉴定意见不能作为定案的根据。这种“有专门知识的人”，实际上就是理论界称呼的“专家辅助人”。“专家辅助人”可以根据其专业知识，对鉴定意见的可信性和可靠性提出质疑和批评，发现鉴定中可能存在的问题，比如鉴定方法科学与否等，来评价鉴定意见的证据能力和证明力，为法官甄别鉴定意见、作出理性准确的认识提供参考。当然，需要注意的是，法庭对当事人和辩护人、诉讼代理人提出上述申请的，应作出是否同意的决定。如果法庭认为申请有道理，对查清案件事实真相能起到作用，并且在客观上又可以做到的，就应该同意通知具有专门知识的人出庭进行质证。否则，就不同意。

这种“专家辅助人”的规定，有利于当事人对鉴定意见进行有效合理的质证，更好地维护当事人的合法权益，同时增强鉴定意见的科学性，帮助法官在控辩双方充分质证的基础之上对案件事实形成更客观准确的认识，为公正审判打下基础。另外在一定程度上可以减少重复鉴定的发生，进而节约诉讼资源，提高诉讼工作效率。

综上所述，对于本问题的回答是，当对鉴定意见有异议时，辩护人和诉讼代理人可以申请重新鉴定，还可以申请有专门知识的人出庭，对鉴定意见提出意见。

【典型案例】

在一段时间里安徽省黄山市祁门县闪里镇及相邻的江西省景德镇市多次发生摩托车被盗事件，警方经过侦查，将盗窃嫌疑人潘某、李某、熊某抓捕归案。3人均承认了盗窃事实，起获了部分被盗摩托车，检察院已将3人批捕，潘、李2人已指认现场完毕，只差熊某1人。

2010年12月21日15时45分，黄山市祁门县公安局刑警大队副大队长及民警方某、王某从祁门县看守所提出盗窃案犯罪嫌疑人熊某，带他去指认现场。因熊某不配合指认，3人将他带回祁门县公安局刑警大队办公室，做思想工作，劝其配合指认，完成取证。

16时10分许，熊某被带到方某的办公室，坐到了审讯椅上。晚19时，熊某的思想工作基本做通，表示愿意配合指认现场。考虑到天色已晚，当时去指认现场已不可能，办理还押手续繁杂，所以两位民警决定，让熊某留在公安局办公室过夜，第二天上午去指认现场完毕，再还押看守所。晚饭时，食堂送过来三菜一汤，让方某、王某和熊某一起吃。熊某说吃不下饭，就没有吃。熊某有两次提出上厕所，被从审讯椅上解开，去厕所后再回来，每次10分钟左右。当晚，方某、王某与熊某始终同处一室。其间方某为熊某做了份笔录，但想让熊某签字时，发现熊某已经睡着了，就没让他签字，想等第二天清晨再补。

凌晨6点左右，方某过去看了看熊某，发现熊某脸色发白，嘴唇发紫，脉搏微弱，心跳很慢，急忙叫来王某，2人在急打120呼救、并对熊某进行了人工呼吸等抢救措施，但一切都为时已晚，急救车赶到时，熊某已经死亡。

12月28日，方某、王某被刑事拘留。2011年1月7日，方、王2人被黄山市人民检察院以涉嫌刑讯逼供罪逮捕。这在黄山市公安局系统内引起一片哗然。因为此案并无举报人，当时对熊某死因的司法鉴定尚未作出，到底是为什么就这么将2人逮捕了呢？有知情人透露说，第一次尸体检验之后，安徽省人民检察院司法鉴定中心的一位法医口头说，熊某的死亡原因是“体位性窒息”。2人的逮捕很有可能就是依据这一“口头意见”。而所谓的“体位性窒息”，是指由于被强迫固定在一个特殊体位，使呼吸运动造成障碍或致使上呼吸道阻塞导致的窒息死。常见的固定体位有：捆绑双上肢的悬挂，将四肢固定捆绑在背部等。这些姿势明显不是正常坐姿，而更有可能的是刑讯逼供时对死者采用的姿势。但是，死者熊某是正常地坐在审讯椅上，并非特殊体位，也没有发生呼吸障碍，根本不可能是窒息而死的。

2011年1月15日，安徽省人民检察院司法鉴定中心的鉴定意见出来了，认为：熊某死前被固定在审讯椅上长达10多个小时，使机体处于极度的疲劳状况；尸体检验见胃内有稀糊状内容物约50毫升，案情调查其在被固定体位期间未进食，可以证明机体死前处于饥饿状态，因而属机体处于极度疲劳、寒冷、饥饿状况下，“内环境”出现紊乱，诱发了潜在性心脏疾病，致心源性猝死。这一结论，与之前所说的“体位性窒息”完全不一样！在“心源性猝死”的结论下，方某和王某就根本不涉嫌刑讯逼供罪。

然而，此案却还是在反复地补充侦查，最后移送含山县人民检察院，含山县人民检察院又向含山县人民法院提起了公诉。庭审中，控方提供安徽省人民检察院司法鉴定中心和最高人民检察院司法鉴定中心的鉴定意见，称尸体具备一定的冻死表现，依据目前的送检材料确定“冻死”尚缺乏充足的依据（如死亡现场情况、衣着、尸斑等），综合分析认为，熊某符合因饥饿、较长时间固定体位、寒冷，机体处于高度应激状态，在心脏潜在病变的基础上突然死亡，外来因素和其心脏潜在病变共同参与了死亡过程，其中寒冷等外来因素起主要作用，心脏潜在病变起一定的辅助作用。然而，关于饥饿这一点，省司法鉴定中心的鉴定意见里明确熊某在死后胃内还残留50毫升的未消化物，不可能有饥饿感。关于寒冷这一点，死者熊某与两民警穿着差不多，民警与熊某当晚同居一室。当时室外温度为零摄氏度，室内开着空调、电火桶，并不冷。且意见里也说“冻死”缺乏依据。

但是，一审判决时，还是对有疑义的鉴定意见予以认可，并依此作出判决，方某、王某被以故意伤害罪判处了10年有期徒刑。被告人不服，其辩护人坚持认为熊某的死亡与被告人的询问行为没有因果关系，故提起了上诉。4月16日，此案二审开庭，刘某作为“有专门知识的人”受被告辩护人委托出庭发表了意见。

刘某认为两份鉴定认为熊某的死亡原因是“心源性猝死”，结论是对的，但在死因确定为心源性猝死的前提下，又试图用涉及另外一种死因，即饿死、冻死的尸体现象来说明生前机体处于饥饿、寒冷状态，既不科学，也违反逻辑。

至于死者熊某的死因，刘某根据其专业知识，结合本案具体情况作出分析认定应为心脏传导系统疾病（窦房结病变）所致的心源性猝死。心脏传导系统是心脏的起搏、节律调控中心，窦房结是心脏搏动的最高“司令部”，它自律性地控制心肌细胞的收缩和舒张，使得全身血液得以流动。熊某在收押入看守所体检时，其心电图表明有窦性心动过缓症状（方某、王某当时不知）。引起窦性心动过缓的诱因很多，如外伤、感染、过冷过热、情绪激动等，也有一些诱因可能潜在，不易被人识别，如猝死发生在休息或睡眠状态中。本案中，熊某正是死在后半夜睡眠中，机体处于安静状态。

【专家评析】

新修订的刑事诉讼法引入了专家辅助人的制度，在2013年1月1日生效之后，刘某以有专门知识的人的身份出庭对公诉机关出具的鉴定意见提出意见，成功地践行了这一制度。

本案中，省人民检察院司法鉴定中心和最高人民检察院司法鉴定中心作出鉴定意见，认为在死因确定为心源性猝死的前提下，“外来因素和其心脏潜在病变共同参与了死亡过程，其中寒冷等外来因素起主要作用，心脏潜在病变起一定的辅助作用”，这种结论明显违背逻辑推理和生活法则。出庭质证的刘某从自己的专业知识出发，从反面质疑两份鉴定意见的可信度与可靠度，认为结论称熊某死于心源性猝死，又从所谓的饿死、冻死的尸体现象来说明生前机体处于饥饿、寒冷状态，是自相矛盾而又不科学。

并且还从正面说明解释专业的科学原理、方法和技术手段以及与待证事实的相关性，得出熊某的死亡并非饿死、冻死，而是安静的状态下，由于窦性心动过缓引起心脏跳动越来越缓慢，最后停止跳动。

在此次庭审中，专家辅助人刘某对鉴定意见提出了科学合理并且有力的质证，这将对保障证据质量，保证公正审判，提高裁判公信力等起到极大的帮助作用。

【法条指引】

中华人民共和国刑事诉讼法

第一百九十二条　法庭审理过程中，当事人和辩护人、诉讼代理人有权申请通知新的证人到庭，调取新的物证，申请重新鉴定或者勘验。

公诉人、当事人和辩护人、诉讼代理人可以申请法庭通知有专门知识的人出庭，就鉴定人作出的鉴定意见提出意见。

法庭对于上述申请，应当作出是否同意的决定。

第二款规定的有专门知识的人出庭，适用鉴定人的有关规定。

最高人民法院关于适用《中华人民共和国刑事诉讼法》的解释

第二百二十二条　法庭审理过程中，当事人及其辩护人、诉讼代理人申请通知新的证人到庭，调取新的证据，申请重新鉴定或者勘验的，应当提供证人的姓名、证据的存放地点，说明拟证明的案件事实，要求重新鉴定或者勘验的理由。法庭认为有必要的，应当同意，并宣布延期审理；不同意的，应当说明理由并继续审理。

延期审理的案件，符合刑事诉讼法第二百零二条第一款规定的，可以报请上级人民法院批准延长审理期限。

人民法院同意重新鉴定申请的，应当及时委托鉴定，并将鉴定意见告知人民检察院、当事人及其辩护人、诉讼代理人。

▶ 20. 庭审中能否就与定罪、量刑有关的事实、证据展开调查和辩论?

【宣讲要点】

人民法院通过审理被告人涉嫌犯罪的案件，就被告人是否构成犯罪以及如何量刑的问题进行宣判，法庭审理阶段最为重要的两个环节就是法庭调查与法庭辩论。在这两个环节中，辩护人和诉讼代理人是否可就与定罪、量刑有关的事实、证据展开调查和辩论?

首先，我们需要明确“法庭调查”与“法庭辩论”的概念与作用。法庭调查，是指在人民法院的指引下，公诉机关与被告人通过向法庭出示与案件有关的证据并质证，从而方便法庭查明事实真相。法庭调查是为了让法庭查明事实的真相，为公正裁判奠定基础。法庭辩论是指在法庭的指引下，公诉机关提出证据证明被告人构成犯罪，辩护人反驳公诉机关的观点或者提出被告人不构成犯罪的材料或者意见。法庭辩论，是为了让法庭兼听则明，同时也维护被告人的合法权益。

其次，根据刑事诉讼法第 193 条第 1 款的规定，被告人、诉讼代理人可以就与定罪、量刑有关的事实、证据展开调查与辩论。这一条款是新修订的刑事诉讼法的新增条款。在以往的司法实践中，公诉机关和诉讼参与人会更多地将法庭调查与法庭辩论的角度局限于与定罪有关的事实和证据，忽视了与量刑有关的事实与证据。这就造成了法庭审理中，对于被告人的量刑问题事实举证尚不充分、辩论也不够彻底，可能导致法院的判决结果不公正。事实上，定罪与量刑是两个不同的问题，在调查与辩论中遵循的规律也呈现出不同的特点。法律增加这一条款的目的是为了法庭引导公诉机关、诉讼代理人与辩护人就与量刑有关的事实和证据展开调查与辩论，从而保障对于被告人的量刑更加科学。

最后，在今后的法庭审理过程中，法庭调查与法庭辩论就应该注意定罪与量刑两个部分的内容。辩护人以及诉讼代理人可以就与定罪、量刑有关的事实和证据分别展开调查与辩论。对于被告人认罪的案件，法庭应当引导控辩双方主要就量刑问题和其他争议问题进行辩论。对于被告人不认罪、辩护人作无罪辩护的案件，法庭应当引导控辩双方先辩论定罪，后辩论量刑。其中与定罪有关的事实与证据包括：被告人在何时、何地、基于何种目的与动机，以何种犯罪手段实施了何种犯罪行为。犯罪构成中主观方面与客观方面的各种事实与证据。与量刑有关的事实与证据包括：影响量刑的从轻或者从重、减轻、免除刑事责任的各种法定情节与酌定情节。并且，辩护人与诉讼代理人可以就犯罪行为的排除事由举出证据。这大体包括：正当防卫、紧急避险以及意外事故、职务行为等理由。

【典型案例】

被告人王某与张某经常一起实施抢劫行为。2013 年 6 月，被告人王某与张某在某市一高档小区附近进行踩点。后来，两被告人锁定了 D 栋 5 楼向东方向的一住宅。2 人约定由被告人王某进行放风，张某进屋实施抢劫行为。6 月下旬的一天晚上，2 人准备好工具后，实施了抢劫行为。被告人王某在 D 栋楼外负责放风，张某通过楼外的消防通道爬入 5 楼向东方向的住宅内。屋内的熊小姐还在熟睡中，尚未发现有人进入。被告人张某进屋后，由于不小心碰到了屋内的花盆。熊小姐听到异响后，起床查看。被告人张某将熊小姐捆绑在椅子上，并称如果敢报警或者大声呼喊就杀了她！熊小姐害怕，不敢反抗，只能眼睁睁地看着被告人张某在屋内实施抢劫。张某掳走了熊小姐的 3 万元现金、价值 10 万元的珠宝与价值 3 万元的名表，总计 16 万元。临走时，被告人张某见熊小姐姿色不错，对其产生了强奸的念头。熊小姐誓死反抗不从，张某见其反抗厉害，便一拳将她打晕。随后，张某实施完强奸行为后带着抢来的财物离开。被告人张某与王某私分了赃物。

熊小姐醒来后，立即报警。某市警方立刻立案并展开了侦查。后来，警方将犯罪嫌疑人锁定在张某与王某身上，将 2 人逮捕归案。被告人张某与王某交代了违法犯罪事实。但王某称其在外负责放风，根本不知道张某实施了强奸行为，自己也没有参与其中。警方以犯罪嫌疑人张某和王某涉嫌抢劫罪与强奸罪向人民检察院移送审查起诉。经审查后，人民检察院以张某、王某涉嫌抢劫罪与强奸罪向人民法院提起公诉，并提出了量刑建议。在法庭审理的过程中，法庭引导控辩双方先就抢劫罪进行了审理。由于2名被告人都对犯罪事实供认不讳，法庭将辩论的主要焦点都集中在量刑和其他争议问题上。公诉机关建议对2名被告人加重处罚。理由为2名被告人经常共同实施抢劫行为。这次又是入户抢劫，并且被告人张某在抢劫过程中又实施了强奸行为。随后，法庭引导控辩双方就强奸罪问题进行了辩论。由于被告人王某声称自己不构成犯罪，法庭引导控辩双方先就定罪问题进行辩论，随后又就量刑问题展开了辩论。在辩论过程中，被告人王某的辩护人称其只是负责在外放风，并不知道也没有与张某实施强奸行为。希望法庭能够秉公处理，判决王某不构成强奸罪。经审理查明后，法院认为：被告人王某与张某2人系属抢劫罪的共同犯罪，被告人张某又在抢劫过程中实施了强奸行为。法院认为被告人王某犯抢劫罪，被告人张某犯抢劫罪与强奸罪。法院依法判处王某10年有期徒刑；张某数罪并罚判处有期徒刑14年。一审判决后，2名被告人均未提起上诉。

【专家评析】

本案中，法院在审理被告人王某与张某的抢劫罪与强奸罪时所采取的庭审方式有些不同。《最高人民法院关于适用〈中华人民共和国刑事诉讼法〉的解释》第231条规定："对被告人认罪的案件，法庭辩论时，可以引导控辩双方主要围绕量刑和其他有争议的问题进行。对被告人不认罪或者辩护人作无罪辩护的案件，法庭辩论时，可以引导控辩双方先辩护定罪问题，后辩论量刑问题。"本案中，对于抢劫罪，2名被告均认罪，所以法庭辩论时，合议庭引导控辩双方将辩论范围主要围绕在量刑以及其他争议的问题之上。但对于强奸罪，被告人王某认为其无罪，所以法庭辩论时，合议庭让控辩双方先就该罪的定罪问题展开了辩论，随后才就量刑问题进行辩论。法庭将定罪与量刑的调查与辩论拆分开来，一来使辩论的焦点更加集中；二来量刑的辩论更加深入。最终，法院的这种做法有利于增强裁判的科学性与公信力。法院的做法也是符合新刑事诉讼法的规定的。但需要注意的是，新修订的刑事诉讼法第 193 条第 1 款规定的意义也是在于提醒法庭不要忽略了对于量刑程序的调查与辩论。法院不能因此将定罪与量刑绝对分离开来，从目前司法实践的运行情况来看，我国尚不采取定罪与量刑的绝对分离。

同时需要注意的是，本案的公诉机关在开庭审理时就本案提出了量刑建议。但公诉机关的量刑建议与人民法院的量刑意见并不相同且存在较大差别。《最高人民法院关于适用〈中华人民共和国刑事诉讼法〉的解释》第 230 条规定："人民检察院可以提出量刑建议并说明理由，量刑建议一般应当具有一定的幅度。……"因此，公诉机关在出席庭审支持公诉时，要提出量刑建议。量刑建议要具有一定的幅度。公诉机关的这种权力就是量刑建议权。人民法院要根据庭审情况，结合核实准确的量刑情节，在听取了控辩双方的辩论后，依法对被告人作出判决。判决中对于涉及被告人的量刑处罚意见就是量刑结果，法院的量刑是行使审判权的一种表现，这种权力与公诉机关的量刑建议权截然不同。公诉机关的量刑建议并不能取代人民法院的量刑意见。

最后要指出的是，法院对于强奸罪的判决。被告人张某与王某共同实施了抢劫行为，这是毫无疑问的事实。2 人基于抢劫的共同故意，共同实施了抢劫行为，所以法院判决 2 人抢劫罪成立是符合法律规定的。但是，法院却单独判处了被告人张某的强奸罪，这是因为被告人张某与王某之间只存在犯抢劫罪的共同故意，不存在犯强奸罪的共同故意，张某所实施的强奸行为不在王某可以预见的范围内。所以，被告人张某所实施的强奸行为系其个人基于强奸故意所实施的犯罪。如果被告人张某告知了王某其强奸行为，王某替张某隐瞒这个犯罪事实包庇张某的话，王某就可能构成包庇罪。并且按照刑法第 263 条的规定，对于入户抢劫的被告人要加重对其的处罚，判处 10 年以上有期徒刑、无期徒刑。由于本案中的被告人张某与王某实施了入户抢劫行为，存在刑法所规定的入户抢劫的情形，所以人民法院判处了 2 被告人 10 年以上的刑期，系属加重处罚的结果。

【法条指引】

中华人民共和国刑事诉讼法

第一百九十三条第一款 法庭审理过程中，对与定罪、量刑有关的事实、证据都应当进行调查、辩论。

最高人民法院关于适用《中华人民共和国刑事诉讼法》的解释

第二百二十五条 法庭审理过程中，对与量刑有关的事实、证据，应当进行调查。

人民法院除应当审查被告人是否具有法定量刑情节外，还应当根据案件情况审查以下影响量刑的情节：

（一）案件起因；

（二）被害人有无过错及过错程度，是否对矛盾激化负有责任及责任大小；

（三）被告人的近亲属是否协助抓获被告人；

（四）被告人平时表现，有无悔罪态度；

（五）退赃、退赔及赔偿情况；

（六）被告人是否取得被害人或者其近亲属谅解；

（七）影响量刑的其他情节。

第二百二十八条 合议庭认为案件事实已经调查清楚的，应当由审判长宣布法庭调查结束，开始就定罪、量刑的事实、证据和适用法律等问题进行法庭辩论。

第二百三十条 人民检察院可以提出量刑建议并说明理由，量刑建议一般应当具有一定的幅度。当事人及其辩护人、诉讼代理人可以对量刑提出意见并说明理由。

第二百三十一条 对被告人认罪的案件，法庭辩论时，可以引导控辩双方主要围绕量刑和其他有争议的问题进行。

对被告人不认罪或者辩护人作无罪辩护的案件，法庭辩论时，可以引导控辩双方先辩护定罪问题，后辩论量刑问题。

▶ 21. 在庭审中，需要遵守哪些法庭纪律以及违反法庭纪律会有什么不良后果？

【宣讲要点】

司法权威不容置疑与侵犯。法庭是极为严肃的地方，诉讼参与人与旁听人员都必须遵守法庭纪律。在庭审中，有如下法庭纪律需要遵守：

第一，诉讼参与人和旁听人员主要需要遵循如下法庭纪律：（1）服从法庭指挥，遵从法庭礼仪；（2）不得鼓掌、喧哗、哄闹、随意走动；（3）不得对庭审活动进行录音、录像、摄影或者通过邮件、博客、微博客等方式传播庭审情况，但经人民法院许可的新闻记者除外；（4）旁听人员不得发言、提问。对于违反法庭纪律的诉讼参与人和旁听人员，人民法院首先会对其警告；再次违反的，人民法院应将其强行带出法庭，情节严重的会对其处以1000元以下的罚款或处15日以下的刑事拘留。对于构成犯罪的，人民法院会追究其刑事责任。但是人民法院决定罚款或者拘留的，必须经过院长的批准，否则无效。诉讼参与人和旁听人员可以对人民法院的决定申请复议。他们既可以向上一级法院提出，也可以向作出决定的法院提出。作出决定的法院务必于3日内将材料上报。复议期间不停止决定的执行。

第二，辩护律师违反法庭纪律，人民法院可以将其强行带出法庭、拘留或者处以1000元以下罚款，并通知当地司法行政机关。辩护律师同样可以对不服的决定提起复议。程序与诉讼参与人和旁听人员相同。辩护律师由司法行政机关负责管理，人民法院将对律师的处理决定通知当地司法机关，方便其管理。对于没有律师的被告人，如果其可以自行辩护的，庭审继续进行。如果被告人需要另行委托辩护人或者其属于应当提供法律援助的情形，法院应当宣布休庭。这是出于保障被告人辩护权的考虑，维护审判的公正。

【典型案例】

胡某因涉嫌故意杀人罪被某区人民检察院提起公诉。被告人胡某聘请了某律师事务所的律师张某。该区人民法院受理并公开审理了此案。由于本案社会影响较大，人民法院允许本市的新闻媒体记者进行录音。被害人家属、被告人胡某的家属和许多对本案感兴趣的群众旁听了本次庭审。

在开庭审理的过程中，公诉机关在宣读起诉书中有关被告人胡某的犯罪事实时，被害人家属和许多群众群情激愤。庭审现场一时间出现了噪声。审判长立刻警告旁听人员肃静，不得干扰法庭审理秩序。随后，被告人胡某在陈述中并未对其所犯罪行有丝毫的忏悔，反而认为被害人死有余辜。此话一出，被害人的父亲控制不住自己的愤怒，立刻冲到被告人席上殴打胡某。旁听的群众也辱骂胡某，认为其道德败坏。审判长指示法警立刻控制住了被害人的父亲，并将其带出法庭。随后，审判长称："如果再有扰乱法庭秩序的行为，合议庭将对其处以刑事拘留并罚款2000元。"

在法庭调查阶段，被告人胡某的辩护律师申请启动非法证据排除程序，认为公诉机关所出示的被告人供述系刑讯逼供取得。公诉机关当场予以否认，并出示了相关证据。合议庭依法驳回了辩护律师的启动非法证据排除的申请。辩护律师张某认为公诉机关与人民法院串通起来干违法的事情。张某当庭申请合议庭回避，并对审判人员出言不逊，有侮辱行为。审判长对辩护律师处以1000元的罚款，将其强行带出法庭并通报了当地的司法机关。合议庭又通知法律援助机构为被告人胡某指派了提供法律援助的辩护律师。被告人胡某对该辩护律师不满意，拒绝其辩护。后来，人民法院在被告人胡某没有辩护律师的情况下，对本案进行了审理。经审理，人民法院认为：被告人胡某用极其残忍的手段杀害了被害人，社会影响极其巨大，犯故意杀人罪，判处其死刑缓期2年执行，并剥夺政治权利终身。被告人胡某不服一审判决，提起了上诉。

被告人胡某的原辩护律师张某对法院的决定不服，随后通过决定法院向上一级人民法院申请复议。5日后，决定法院向上级法院传送复议申请。上一级人民法院依法驳回了张某的申请，维持了原法院的处理决定。同时，当地的新闻媒体也在新闻报道时，公开播放了被告人胡某的法庭审理画面。法院对该媒体的违法行为进行了处理。

【专家评析】

本案中，诉讼参与人、旁听人员都存在着违反法庭纪律的情况。根据刑事诉讼法第194条的规定，在法庭审理过程中，如果诉讼参与人或者旁听人员违反法庭秩序，审判长应当警告制止。对不听制止的，可以强行带出法庭；情节严重的，处以1000元以下的罚款或者15日以下的拘留。罚款、拘留必须经过院长批准。对聚众哄闹、冲击法庭或者侮辱、诽谤、威胁、殴打司法工作人员或是诉讼参与人，严重扰乱法庭秩序，构成犯罪的，依法追究刑事责任。首先，被害人的父亲因为情绪激动，冲到被告人席上殴打被告人。所以，法庭指令法警将被害人的父亲强行带出法庭。其次，本案中的旁听人员由于情绪激动，大声喧哗并伴有辱骂被告人的行为，审判长及时予以制止并警告说如果旁听人员中再有人出现干扰庭审的现象，审判长会指令将其强行带出法庭；情节严重的，会对其处以2000元以下的罚款和15日拘留。但是，本案审判长所说的处以2000元以下的罚款并刑事拘留是无法律依据的。罚款与拘留不能同时适用。并且任何一种措施的适用都要经过院长的批准。再次，本案的新闻媒体也存在违法之处。本案的一审法院允许新闻媒体录音，却没有允许他们进行录像。所以，新闻媒体将庭审用新闻视频的形式播出是违反法庭纪律的。最后，本案辩护律师出现了违反法庭纪律的行为。审判长依据法律处以其1000元的罚款，并且通报了当地的司法行政机关。同时，根据《最高人民法院关于适用〈中华人民共和国刑事诉讼法〉的解释》第250条第2款的规定，通过决定罚款、拘留的人民法院申请复议的，该人民法院应当自收到复议申请之日起3日内，将复议申请、罚款或者拘留决定书和有关事实、证据材料一并报上一级人民法院复议。复议期间，不停止决定的执行。本案律师在向上级法院提起复议后，该法院在收到复议申请后5日内上报上一级法院复议，违反了此款的3日的期限规定。

需要指出的是，本案被告人胡某涉嫌故意杀人罪，可能被判处死刑。

对于可能被判处死刑的犯罪嫌疑人，在其没有辩护律师的情况下，人民法院要通知法律援助机构为其指定辩护律师。被告人拒绝的，人民法院要通知法律援助机构为其重新指派辩护律师。但是，本案中的一审法院却并未再次为其指定辩护律师，而是在其没有辩护律师的情况下进行了审判。一审法院显然存在程序违法之处。合法的做法是：法院宣布休庭，待被告人再有辩护律师的时候，再进行庭审。

【法条指引】

中华人民共和国刑事诉讼法

第一百九十四条 在法庭审判过程中，如果诉讼参与人或者旁听人员违反法庭秩序，审判长应当警告制止。对不听制止的，可以强行带出法庭；情节严重的，处以一千元以下的罚款或者十五日以下的拘留。罚款、拘留必须经院长批准。被处罚人对罚款、拘留的决定不服的，可以向上一级人民法院申请复议。复议期间不停止执行。

对聚众哄闹、冲击法庭或者侮辱、诽谤、威胁、殴打司法工作人员或是诉讼参与人，严重扰乱法庭秩序，构成犯罪的，依法追究刑事责任。

最高人民法院关于适用《中华人民共和国刑事诉讼法》的解释

第二百四十九条 法庭审理过程中，诉讼参与人、旁听人员应当遵守以下纪律：

（一）服从法庭指挥，遵从法庭礼仪；

（二）不得鼓掌、喧哗、哄闹、随意走动；

（三）不得对庭审活动进行录音、录像、摄影，或者通过发送邮件、博客、微博客等方式传播庭审情况，但经人民法院许可的新闻记者除外；

（四）旁听人员不得发言、提问；

（五）不得实施其他扰乱法庭秩序的行为。

第二百五十条 法庭审理过程中，诉讼参与人或者旁听人员扰乱法庭秩序的，审判长应当按照下列情形分别处理：

（一）情节较轻的，应当警告制止并进行训诫；

（二）不听制止的，可以指令法警强行带出法庭；

（三）情节严重的，报经院长批准后，可以对行为人处一千元以下的罚款或者十五日以下的拘留；

（四）未经许可录音、录像、摄影或者通过邮件、博客、微博客等方式传播庭审情况的，可以暂扣存储介质或者相关设备。

诉讼参与人、旁听人员对罚款、拘留的决定不服的，可以直接向上一级人民法院申请复议，也可以通过决定罚款、拘留的人民法院向上一级人民法院申请复议。通过决定罚款、拘留的人民法院申请复议的，该人民法院应当自收到复议申请之日起三日内，将复议申请、罚款或者拘留决定书和有关事实、证据材料一并报上一级人民法院复议。复议期间，不停止决定的执行。

第二百五十一条 担任辩护人、诉讼代理人的律师严重扰乱法庭秩序，被强行带出法庭或者被处以罚款、拘留的，人民法院应当通报司法行政机关，并可以建议依法给予相应处罚。

第二百五十三条 辩护人严重扰乱法庭秩序，被强行带出法庭或者被处以罚款、拘留，被告人自行辩护的，庭审继续进行；被告人要求另行委托辩护人，或者被告人属于应当提供法律援助情形的，应当宣布休庭。

▶ 22. 辩护人与诉讼代理人在什么情况下可以申请延期审理？

【宣讲要点】

在法庭审理的过程中，公诉机关、辩护人和诉讼代理人会提出各种各样的请求。比如，辩护人与诉讼代理人有时会申请审判人员回避。对此，人民法院应该如何处理？这里就涉及刑事诉讼法关于延期审理的相关规定。

所谓延期审理，是指人民法院在开庭审理案件之后，法庭评议宣判之前，由于出现了诉讼上的障碍，致使法庭需要推迟案件的审理时间，等待诉讼上的障碍解除后，再次开庭审理的一种诉讼上的处理。

根据刑事诉讼法以及相关司法解释的规定，通常在如下三种情况下，法庭会宣布延期审理：

第一，因调取证据的需要引发的延期审理。通常情况下，辩护人、诉讼代理人会因代理工作的需要补充相关证据。比如：通知新的证人出庭作证、调取新的物证以及申请重新鉴定或者勘验。在此种情况下，辩护人、诉讼代理人需要一些时间准备相关事项，他们会向法庭申请择日继续审理本案。法庭在综合辩护人、诉讼代理人所申请的理由后，认为有必要，会宣布延期审理；无必要的，会说明理由后继续进行庭审。对于犯罪范围比较广，取证比较复杂困难的案件，可以向上一级法院提出延期审理的请求，由上级法院决定是否延期审理。上级法院决定延期审理的，可以延长审理期限。

第二，因补充侦查引发的延期审理。公诉机关在发现缺乏相关证据证明其观点时，需要找到更多的证据证明其观点的成立。公诉机关会进行补充侦查。这一项与辩护人、诉讼代理人因充实证据的情形一样。这两种情况都是因为证据不充足而需要再次调取引发的。不过，因为两者主体的不同，针对本项情形所提出的延期审理，法庭应当同意。但为了避免无限拖延审理的情况，公诉机关提出补充侦查的请求次数不能超过两次。每次的补充侦查都要在 1 个月内侦查完毕。如果公诉机关在补充侦查完毕后不及时提请恢复法庭审理，法庭会按公诉机关撤诉处理。

第三，因申请回避引发的延期审理。辩护人和诉讼代理人认为本案的审判人员不适合承担审判工作时，都会提出回避申请。在回避问题尚未处理完毕前，法庭不能审理案件。这是出于保障审判公正性的考虑。由于回避问题的处理有明确的期限限制。所以，法庭会决定延期审理。待回避问题处理完毕后，继续恢复庭审工作。

【典型案例】

一日，张某与其妻子驾车回家。在途经一处人行道时，张某由于车速过快、刹车不及时，蹭到爬山归来的李某。李某要求张某道歉。张某非但不道歉，反而与其争吵起来。张某的妻子希望张某不要再争吵，赶紧开车回家。李某见张某要走，便走到车前挡住张某的车，并声称要报警。张某试探性地向前移动了几米，轧了李某的脚。李某大叫。李某的丈夫见张某气焰极其嚣张，撞伤了人，非但不赔礼道歉还接着弄伤自己的妻子。李某的丈夫一气之下，抄起登山杖向张某的车玻璃砸去。张某低头，踩到油门，使车突然加速向前移动了200米。在车前的李某被撞死在道路的隔离带上。随后犯罪嫌疑人张某因涉嫌故意杀人罪被公安机关抓捕归案。公安机关侦查完毕之后，向人民检察院移送审查起诉。由于犯罪嫌疑人张某认为侦查机关存在违法审讯的情形，人民检察院依法提审了张某。后人民检察院认定侦查机关确实存在刑讯逼供的行为。遂将非法取来的证据排除。人民检察院以被告人张某涉嫌故意杀人罪向人民法院提起公诉。

在法庭开庭审理的过程中，被告人张某称审判员赵某系被害人的哥哥，申请其回避。法庭宣布本案延期审理，6天后再次开庭审理。在再次开庭审理过程中，控辩双方就被告人张某是否存在杀人故意展开激烈的辩论。公诉机关认为：在人行道附近不知道熄火，在明知车前有人的情况下，还踩住油门加速前进，可见被告人张某存在故意杀人罪的杀人故意。辩护人辩称：被告人张某之所以能突然加速完全是由于死者李某的丈夫敲打玻璃所致。被告人张某所做的完全是应激反应，不能因此认定张某存在杀人的故意。并且张某与李某之前双方互不认识，无冤无仇。只是几句口角，如何认定张某的杀人故意？后来，控辩双方就张某是否看到车前的李某出示了相关证据。但是现有证据确实不能证明张某看到了李某。公诉机关要求补充侦查。法院依法宣布延期审理。公诉机关补充侦查25天后，又向法庭出示了相关证据。最后，法庭建议检察院变更起诉。检察院又以被告人张某涉嫌过失致人死亡罪为由向法院提起公诉。公诉机关认为：被告人张某是一个司机，具有多年经验。他应该知道在人行道附近车流量大的地方停车要熄火的常识。可是张某却并不这样做，最后因为突然加速导致了被害人李某的死亡。故认定被告人张某存在过于自信的过失，犯过失致人死亡罪。法院经审理认为，被告人犯过失致人死亡罪成立，判处其有期徒刑5年。

【专家评析】

本案中，法庭两次决定进行了延期审理。一次是由于辩护人申请回避导致；另一次是由于人民检察院申请补充侦查所致。根据刑事诉讼法第198条的规定："在法庭审判过程中，遇有下列情形之一，影响审判进行的，可以延期审理：（一）需要通知新的证人到庭，调取新的物证，重新鉴定或者勘验的；（二）检察人员发现提起公诉的案件需要补充侦查，提出建议的；（三）由于申请回避而不能进行审判的。"本案中，被告人张某申请回避，导致不能进行审判，符合第3项的规定，人民检察院因补充侦查要求延期审理，符合第2项的规定。同时，根据刑事诉讼法第199条的规定："依照本法第一百九十八条第二项的规定延期审理的案件，人民检察院应当在一个月以内补充侦查完毕。"本案中人民检察院在补充侦查25天后，人民法院恢复了本案的审理。人民检察院遵从了补充侦查要在1个月内完毕的时限规定。

值得注意的是，由于本案中，侦查机关之前的侦查行为存在非法刑讯逼供的行为，检察院在提起公诉之前就将该非法证据进行了排除，其做法也是正确的。

在此，就本案的实体问题进行简单探讨，以方便读者对本案有一个整体认识。本案的公诉机关首先以故意杀人罪提起公诉，后又以过失致人死亡罪向法院提起公诉。最终法院判处被告人张某的过失致人死亡罪成立。这里争议的焦点是被告人张某加速致被害人李某死亡的行为是出于故意还是过失？一开始，控辩双方就张某是否看到车前的李某展开辩论，公诉机关希望通过证据证明张某在加速前看到了车前的李某，张某明知车前有人，其不熄火可能会导致车意外冲出而撞死别人，并且没有采取相应的避险措施，而是放任了这种情况的发生。实际上，张某就存在故意杀人的间接故意。对此检察院出示了大量的证据，但最终未以故意杀人的罪名起诉，原因在于在没有其他证据予以佐证的情况下，被告人是否看到李某是一个较难举证的问题。公诉机关转而指控被告人张某涉嫌过失致人死亡罪。公诉机关提供的证据证实，张某作为一个司机，应该知道在人行道附近停车要熄火，但张某没这样做，最终导致了李某的死亡。公诉机关认定张某存在过于自信的过失。因此，公诉机关指控被告人张某过失致人死亡罪成立。人民法院也采纳了公诉机关的意见。

【法条指引】

中华人民共和国刑事诉讼法

第一百九十八条　在法庭审判过程中，遇有下列情形之一，影响审判进行的，可以延期审理：

（一）需要通知新的证人到庭，调取新的物证，重新鉴定或者勘验的；

（二）检察人员发现提起公诉的案件需要补充侦查，提出建议的；

（三）由于申请回避而不能进行审判的。

第一百九十九条　依照本法第一百九十八条第二项的规定延期审理的案件，人民检察院应当在一个月以内补充侦查完毕。

最高人民法院关于适用《中华人民共和国刑事诉讼法》的解释

第二百二十二条　法庭审理过程中，当事人及其辩护人、诉讼代理人申请通知新的证人到庭，调取新的证据，申请重新鉴定或者勘验的，应当提供证人的姓名、证据的存放地点，说明拟证明的案件事实，要求重新鉴定或者勘验的理由。法庭认为有必要的，应当同意，并宣布延期审理；不同意的，应当说明理由并继续审理。

延期审理的案件，符合刑事诉讼法第二百零二条第一款规定的，可以报请上级人民法院批准延长审理期限。

……

第二百二十三条　审判期间，公诉人发现案件需要补充侦查，建议延期审理的，合议庭应当同意，但建议延期审理不得超过两次。

……

人民检察院刑事诉讼规则（试行）

第四百五十五条 法庭审判过程中遇有下列情形之一的，公诉人可以建议法庭延期审理：

（一）发现事实不清、证据不足，或者遗漏罪行、遗漏同案犯罪嫌疑人，需要补充侦查或者补充提供证据的；

（二）被告人揭发他人犯罪行为或者提供重要线索，需要补充侦查进行查证的；

（三）发现遗漏罪行或者遗漏同案犯罪嫌疑人，虽不需要补充侦查和补充提供证据，但需要补充、追加或者变更起诉的；

（四）申请人民法院通知证人、鉴定人出庭作证或者有专门知识的人出庭提出意见的；

（五）需要调取新的证据，重新鉴定或者勘验的；

（六）公诉人出示、宣读开庭前移送人民法院的证据以外的证据，或者补充、变更起诉，需要给予被告人、辩护人必要时间进行辩护准备的；

（七）被告人、辩护人向法庭出示公诉人不掌握的与定罪量刑有关的证据，需要调查核实的；

（八）公诉人对证据收集的合法性进行证明，需要调查核实的。

在人民法院开庭审理前发现具有上述情形之一的，人民检察院可以建议人民法院延期审理。

▶ 23. 哪些案件可以提起自诉？

【宣讲要点】

各级人民法院审理案件以起诉作为审判前提。如果没人向法院“告状”，法院则不予审理，这就是所谓的“不告不理”原则。我们在现实中接触到刑事案件的法庭审判时，大多看到的都是检察官与辩护律师的唇枪舌战。这种由人民检察院代表国家向人民法院提起诉讼的案件，我们称之为“公诉”。人民检察院是我国司法审判环节中十分重要的一个部分，它代表着国家对犯罪行为提起诉讼。但是由于现实情况的诸多限制，以及在受害人与行为人之间可能存在某些特殊关系的情况下，我国的刑事诉讼中除了“公诉”之外，还有不经检察机关提起的诉讼，这就是“自诉”案件。

自诉案件，是指由被害人自己或其法定代理人向人民法院提起诉讼。包括告诉才处理的案件和不需要侦查的轻微刑事案件以及被害人有证据证明对被告人侵犯自己人身、财产权利的行为应当依法追究刑事责任，而公安机关或者人民检察院不予追究被告人刑事责任的案件。所谓告诉才处理，是指某些刑事案件，必须先由被害人或其法定代理人提出控告，否则，法院则不予受理。刑法分则用 4 个条文规定了 5 个罪名为告诉才处理的犯罪，它们是：第 246 条侮辱罪、诽谤罪（严重危害社会秩序和国家利益的除外），第 257 条暴力干涉婚姻自由罪（致使被害人死亡的除外），第 260 条虐待罪（致使被害人重伤、死亡的除外），第 270 条侵占罪。而“被害人有证据证明的轻微刑事案件”是指下列被害人有证据证明的刑事案件：（1）故意伤害案件（轻伤）；（2）重婚案；（3）遗弃案；（4）妨害通讯自由案；（5）非法侵入他人住宅案；（6）生产、销售伪劣商品案件（严重危害社会秩序和国家利益的除外）；（7）侵犯知识产权案件（严重危害社会秩序和国家利益的除外）；（8）属于刑法分则第 4 章、第 5 章规定的，对被告人可以判处 3 年有期徒刑以下刑罚的其他轻微刑事案件。

这三类自诉案件，第一类告诉才处理的案件属纯自诉案件，也叫“绝对自诉”，是由法律明确规定了适用的范围的，是没有讨论的余地的。当然，法条中明确规定的例外情况也是需要严格遵守的；第二类属于既可以公诉也可以自诉的案件，属于相对自诉，其适用范围，法律只能作大概的规定，再由我国的最高人民法院或者最高人民检察院发布一个另外的司法文件也就是“司法解释”具体予以明确；第三类属于因特定原由而准予自诉的案件，即本来不是由被害方提起诉讼的，而应由公安机关、检察机关进行追诉，但公安机关、检察机关未进行处理，被害人在掌握证据之后，可以自行起诉。这类情况属特别自诉，其适用范围法律只规定了条件，具体适用则以个案情况而定。

【典型案例】

2012 年 10 月 19 日晚 11 时许，被告人王某驾驶夏利牌出租车，从长沙市河西峡湾镇送乘客李某至黄兴路娱乐城。李某一下车便接他朋友的电话，催促其赶至见面地点。匆忙之中，李某就将随身携带的背包遗忘在车内，包内有现金人民币 13105 元及其他物品。王某在接待下一乘客时，经其提醒才发现了李某遗忘在车上的背包，无奈此时已经找不到李某本人，并且也没有李某的联系方式，于是将其带回家中，准备第二天交给公司进行招领。然而回家后，王某打开背包，愕然发现包内装有巨额现金，心生贪念，即将此包藏于家中电视柜内。第二天，公安人员接到李某的报案后，在本市枫叶饭店门前找到王某时，王某矢口否认拾到背包。当公安人员依法搜查其住所并当场起获李某的背包后，王某才在证据面前交代了隐匿该背包的全部过程。破案后，现金和其他财物全部退还失主。对于王某的行为，李某感到非常生气，虽然财务已全部归还，但是依然觉得不解气，遂请求公安人员将王某告上法庭，送至监狱。

【专家评析】

根据刑法第 270 条第 2 款的规定，将他人的遗忘物或者埋藏物非法占为己有，数额较大，拒不交出的，依照该条第 1 款的规定处罚，即处 2 年以下有期徒刑、拘役或者罚金；数额巨大或者有其他严重情节的，处 2 年以上 5 年以下有期徒刑，并处罚金。该条第 3 款明确规定，犯罪的，告诉的才处理。可见，侵占案是告诉才处理的案件。

有法必依，是社会主义法制原则的一项重要内容和必然要求。切实落实这一要求，是司法机关的神圣使命，也是每一个司法工作人员必须履行的法律职责。刑法既然将侵占案规定为告诉才处理的案件，司法机关就应当认真执行，决不能以任何理由不执行或者变通执行。否则，就会损害法制的严肃性和统一性；另一方面，这也是维护司法程序公正的客观需要。可能在很多人看来，司法公正就只是实体法上的公正，只要最后使犯罪分子得到应有的刑事处罚，司法公正就实现了。事实上，程序法的公正是司法公正的重要内容，是实现实体法上公正的重要保障。按照法律规定将侵占案作为告诉才处理的案件，是实现程序公正的客观要求。司法实践中，只有做到实体、程序两方面的公正，才能真正实现司法公正。

在社会生活中，有人丢失了东西，或者其他合法权益受到侵犯或侵犯的威胁时，往往首先会寻求公安机关的帮助。公安机关不应当、也绝不会因为案件属于自诉案件，而不去依法查明事实，维护公民的合法权益。但是，抓获犯罪嫌疑人后，如果发现属于告诉才处理的案件，是移送检察机关提起公诉，还是由失主或者受害人决定是否提起自诉？根据我国法律的规定，答案显然是后者。就告诉才处理这类自诉案件而言，公安机关应失主或者受害人的求助而使其合法权益得到保护，这是司法机关应尽的职责，仅此而已，并不能由此产生再进一步代替其行使诉权的权力。

所以，本案当中，李某请求公安人员将王某告上法庭，送至监狱不能得到法律上的支持，公安人员正确的处理方法应该是，可以建议李某自行向法院起诉王某，司法机关将依法予以惩处。

【法条指引】

中华人民共和国刑事诉讼法

第二百零四条　自诉案件包括下列案件：

（一）告诉才处理的案件；

（二）被害人有证据证明的轻微刑事案件；

（三）被害人有证据证明对被告人侵犯自己人身、财产权利的行为应当依法追究刑事责任，而公安机关或者人民检察院不予追究被告人刑事责任的案件。

第二百零六条　人民法院对自诉案件，可以进行调解；自诉人在宣告判决前，可以同被告人自行和解或者撤回自诉。本法第二百零四条第三项规定的案件不适用调解。

人民法院审理自诉案件的期限，被告人被羁押的，适用本法第二百零二条第一款、第二款的规定；未被羁押的，应当在受理后六个月以内宣判。

中华人民共和国刑法

第二百五十七条 以暴力干涉他人婚姻自由的，处二年以下有期徒刑或者拘役。

犯前款罪，致使被害人死亡的，处二年以上七年以下有期徒刑。

第一款罪，告诉的才处理。

第二百六十条 虐待家庭成员，情节恶劣的，处二年以下有期徒刑、拘役或者管制。

犯前款罪，致使被害人重伤、死亡的，处二年以上七年以下有期徒刑。

第一款罪，告诉的才处理。

第二百七十条 将代为保管的他人财物非法占为已有，数额较大，拒不退还的，处二年以下有期徒刑、拘役或者罚金；数额巨大或者有其他严重情节的，处二年以上五年以下有期徒刑，并处罚金。

将他人的遗忘物或者埋藏物非法占为已有，数额较大，拒不交出的，依照前款的规定处罚。

本条罪，告诉的才处理。

最高人民法院关于适用《中华人民共和国刑事诉讼法》的解释

第一条 人民法院直接受理的自诉案件包括：

（一）告诉才处理的案件：

1. 侮辱、诽谤案（刑法第二百四十六条规定的，但严重危害社会秩序和国家利益的除外）；

2. 暴力干涉婚姻自由案（刑法第二百五十七条第一款规定的）；

3. 虐待案（刑法第二百六十条第一款规定的）；

4. 侵占案（刑法第二百七十条规定的）。

（二）人民检察院没有提起公诉，被害人有证据证明的轻微刑事案件：

1. 故意伤害案（刑法第二百三十四条第一款规定的）；

2. 非法侵入住宅案（刑法第二百四十五条规定的）；

3. 侵犯通信自由案（刑法第二百五十二条规定的）；

4. 重婚案（刑法第二百五十八条规定的）；

5. 遗弃案（刑法第二百六十一条规定的）；

6. 生产、销售伪劣商品案（刑法分则第三章第一节规定的，但严重危害社会秩序和国家利益的除外）；

7. 侵犯知识产权案（刑法分则第三章第七节规定的，但严重危害社会秩序和国家利益的除外）；

8. 刑法分则第四章、第五章规定的，对被告人可能判处三年有期徒刑以下刑罚的案件。

本项规定的案件，被害人直接向人民法院起诉的，人民法院应当依法受理。对其中证据不足、可以由公安机关受理的，或者认为对被告人可能判处三年有期徒刑以上刑罚的，应当告知被害人向公安机关报案，或者移送公安机关立案侦查。

（三）被害人有证据证明对被告人侵犯自己人身、财产权利的行为应当依法追究刑事责任，且有证据证明曾经提出控告，而公安机关或者人民检察院不予追究被告人刑事责任的案件。

▶ 24. 自诉案件可以调解吗？

【宣讲要点】

自诉案件一般是一些轻微的刑事案件，并且大多发生在关系比较密切的当事人之间，若采用判决方式，就会形成他们之间的对抗，不利于社会关系的修复和稳定。刑事诉讼法第 206 条规定，人民法院对自诉案件，可以进行调解；自诉人在宣告判决前，可以同被告人自行和解或者撤回自诉。而该法第 204 条规定，自诉案件包括下列案件：（1）告诉才处理的案件；（2）被害人有证据证明的轻微刑事案件；（3）被害人有证据证明对被告人侵犯自己人身、财产权利的行为应当依法追究刑事责任，而公安机关或者人民检察院不予追究被告人刑事责任的案件。对于前两类告诉才处理的案件和被害人有证据证明的轻微的刑事案件，可以在查清事实，分清是非的基础上进行调解，自诉人在宣告判决前可以同被告人自行和解或者撤回自诉。对于第三类由公诉转化而来的特殊的自诉案件，我国刑事诉讼法第206条规定，不适用于调解。

由于自诉案件一般是一些轻微的刑事案件，并且大多数案件发生在亲属关系、同事关系或近邻关系中，若直接采用判决方式解决纠纷，虽然案件得到及时处理，但是，判决不利于修复他们之间的关系，不利于维护社会稳定以及和谐社会的建设。因此，对于自诉案件的特殊性，我国将起诉权适当地交由当事人自己，尊重当事人的处分权，采用当事人自行和解或撤回自诉、法院也可以进行调解，将这些轻微的犯罪非罪化处理。自诉案件的调解不仅可以弱化矛盾，还可以保障被害人的权利，实践中以对抗方式已经审结的刑事案件，不仅得不到及时赔偿，而且执行效率很低。与此相反，实践证明凡是调解的案件，当事人执行的自觉性要远远高于判决结案的。不少双方调解的案件，当事人还能当场自觉兑现。被害人不仅能获得及时的赔偿，同时也获得精神上的安慰，能尽快走出心理阴影真正做到案结事了。更重要的是，自诉案件调解可以节约司法资源。和审判相比，调解中的当事人可以跨越复杂的诉讼程序的限制，直接就纠纷的争议点展开讨论，由于调解的目的是寻求满意的解决措施，因而可以避免在细微的事实问题上投入不必要的资源。

【典型案例】

刘某是一家中型民营企业的董事长，2012年2月与其公司财务部办事员张某恋爱，恋爱期间两人经常吵架，后因性格不合感情破裂，于2012年下半年宣告分手。分手之后张某旧情未了因爱生恨，对刘某一直耿耿于怀。遂肆意在公司内部散步“刘某是因为自己是同性恋才和她分手”的谣言。由于刘某的公司是家族企业，内部高层基本都是刘某的亲戚，谣言不仅在公司里大范围传开，给刘某造成不可弥补的名誉侵害，还辗转传到了刘某父母的耳中。刘某父亲年事已高，听闻谣言后血压陡然增高，多日茶水不进，对身体健康造成很大影响。基于以上事实，刘某遂决定于2012年11月将张某诉至法庭，以诽谤罪指控张某，并且要求赔偿精神损失费15820元整，以及承担诉讼过程中的全部费用。法庭在开庭审理之后发现该案具备调解的条件，于是在征求张某和刘某的同意之后主持调解。经过调解，双方各作出让步：张某赔偿刘某5680元精神损失费，并且在公司内部做公开道歉，且在道歉之后自行辞职。

【专家评析】

在本案中，张某对刘某进行诽谤，造成了严重的后果，其行为已经构成了诽谤罪。诽谤罪属于告诉才处理的案件，所以本案可以归纳到自诉案件的范围之中。而在本案中，张某和刘某系曾经的恋人关系，可以说两个人的关系是很密切的。一旦以判决结案，会更大程度上造成双方的隔膜，产生不利影响。一是不利于双方关系的调整；二是对双方的心理都是很大的打击。所以这种自诉性案件就符合调解的要求，既能够使双方出于自愿原则，被害人得到经济和名誉上的补救，也可以使被告免去罪名。符合我国刑法以人为本的特征。那么，自诉案件的调解还有哪些有利的地方呢?

众所周知，效率和公正是法律永恒的价值追求。我国由原来的过分注重效率而导致的牺牲公正为代价的司法理念，转向今天的公正与效率并重甚至更加注重公正的理念。标志着我国向现代文明法治社会迈出了关键的一步。调解的内涵恰好体现了司法公正与效率的价值，符合刑法谦抑精神和以人为本、构建和谐社会的时代要求。有利于促进社会和谐、保障被害人的权利、节约司法资源。

首先，调解强调当事人的主动参与，是当事人资源协调而不是法官依法裁判来解决纠纷，整个诉讼过程当事人都全程参与，非常清楚并且容易被当事人理解和接受。作为我国几千年来主流哲学的儒家思想，主张“天人合一”，把“和谐”作为其价值取向和追求的目标，形成了人们不愿意“对簿公堂”的心理，被诉一方常会有一种强烈的屈辱感和愤怒感，自诉人也不愿意与被告在结束诉讼后反目成仇。所以在案件处理过程中，人们更愿意接受“双赢”的结果，即当事人的自行和解或在法庭审判人员主持下形成的调解，不仅有助于防止被告一方再犯、减轻当事人尤其是被告一方当事人的心理负担，还可以使被害人在短时间内就受损权益从精神上、财产上得到及时的补救。这种“双赢”的结果能促进当事人之间的和谐团结，达到服判息诉的心理平衡。一方面保证了诉讼调解的法律正当性，另一方面体现了法律对人性的尊重，从而强化了案件审理的社会效果。

其次，传统刑事司法的办案模式因不能有效保护被害人的利益而受到质疑，而刑事调解却恰恰弥补了这个缺陷，在被害人权益保障方面有积极的效果。因为其结果都是在本人平等自愿的基础之上形成的。通过真实意思表示，就双方争议的事实进行合意，是双方认可和承诺的，而判决是法院强制的。故前者一般没有抵触情绪，且没有上诉问题，降低了诉讼成本。

最后，调解制度的成本具有合作性，它是纠纷当事人直接围绕争议达成调解协议而合作的成本，是当事人为了追求合作、达成协议而付出的一种代价。与此相比，判决成本则是一种当事人之间不合作的成本，是依法强加于当事人的一种外在成本，它往往因为当事人的消极和被动的承担，而不易于被“内部化”为当事人的私人成本（即当事人自觉履行判决义务），往往需要依法强制执行，从而增加了胜诉当事人和法院的成本。

但是调解程序并非没有自身的问题和缺陷。最重要的一点：法官既当审判者又当调解者的双重身份，使自愿原则难以实现。自愿，是启动调解程序的重要原则，也是调解程序的本质属性。而在刑事诉讼程序中，法官具有双重身份：一方面法官是调解者，作为调解者只能帮助当事人澄清案件争议的事实，进行劝说引导双方就解决纠纷的方案或者给双方提供纠纷解决的方案，促成双方达成协议；另一方面法官又是案件的裁判者，在已形成的刑事诉讼法律关系中处于主导地位。法官这种双重身份，在当事人心中会形成很大的压力，会让当事人有一种不接受调解，判决结果可能对其不利的顾虑。权力本身的存在就是一种威慑，往往会使当事人最初违背其真实意愿的意思表达，对于协议内容就会有诸多非自愿的因素，影响当事人的自主决定，严重违背自愿原则。所以，在司法实践中，调解自诉案件时，法官更要谨慎运用自己的权力，端正自己的态度，多注意倾听双方当事人的意见，一定要在尊重双方意愿的前提下进行调解，解决争议。

【法条指引】

中华人民共和国刑事诉讼法

第二百零六条 人民法院对自诉案件，可以进行调解；自诉人在宣告判决前，可以同被告人自行和解或者撤回自诉。本法第二百零四条第三项规定的案件不适用调解。

人民法院审理自诉案件的期限，被告人被羁押的，适用本法第二百零二条第一款、第二款的规定；未被羁押的，应当在受理后六个月以内宣判。

最高人民法院关于适用《中华人民共和国刑事诉讼法》的解释

第二百七十一条 人民法院审理自诉案件，可以在查明事实、分清是非的基础上，根据自愿、合法的原则进行调解。调解达成协议的，应当制作刑事调解书，由审判人员和书记员署名，并加盖人民法院印章。调解书经双方当事人签收后，即具有法律效力。调解没有达成协议，或者调解书签收前当事人反悔的，应当及时作出判决。

刑事诉讼法第二百零四条第三项规定的案件不适用调解。

▶ 25. 简易程序中要注意哪些问题？

【宣讲要点】

简易程序，是相对于普通程序而言，是指基层人民法院在按照第一审程序审理某些简单轻微的刑事案件时所适用的、较第一审普通程序相对简化的程序。我国自 1996 年修订刑事诉讼法起在第一审程序中以专节形式增设了“简易程序”，这一程序将提高人民法院审判效率，有助于缓解人民法院面临的日益繁重的审判任务，同时有利于保护当事人的合法权益，使刑事审判程序更加科学化、合理化。为了使简易程序得到更好的适用，发挥其应有的作用，2012 年修订刑事诉讼法时，又对简易程序作出了一定的增改。那么，在新修订的刑事诉讼法施行后，适用简易程序时要注意以下问题：

第一，在适用条件上，增加了以被告人的自愿和同意为前提。新修订的刑事诉讼法第 208 条规定，基层人民法院管辖的案件，符合下列条件的，可以适用简易程序审判：（1）案件事实清楚、证据充分的；（2）被告人承认自己所犯罪行，对指控的犯罪事实没有异议的；（3）被告人对适用简易程序没有异议的。与原来相比，简易程序的适用案件范围扩大，不过更值得注意的是第三点，被告人对适用简易程序没有异议。这是充分尊重被告人意愿，保障其诉讼权利的体现。

第二，适用简易程序审理的公诉案件，人民检察院应当派员出庭支持公诉。新增的这一规定，将避免法官既扮演控诉方又扮演审判方，既要与被告人展开辩论又要主持法庭审判程序的尴尬境地，保障人民法院应有的中立地位，同时也可以加强检察机关对法院司法活动的监督。

第三，在审判组织上，适用简易程序审理案件，对可能判处 3 年有期徒刑以下刑罚的，可以组成合议庭进行审判，也可以由审判员一人独任审判；对可能判处的有期徒刑超过 3 年的，应当组成合议庭进行审判。这改变了以往适用简易程序，无论什么案件都可以由审判员一人独任审判的情况。

第四，关于审判期限，对不同案件情况作出了不同规定。一般而言，适用简易程序审理的案件应当在 20 日以内审结，但是，对可能判处 3 年以上有期徒刑的案件，可以延长至 1 个半月。

【典型案例】

被告人王某，16 周岁，某高中一年级学生。与被害人周某系同班同学，2 人关系很好，经常一起打闹玩耍。一日下课期间，周某兴致勃勃地找王某要玩格斗游戏，称自己看电视学到极其厉害的一招，要让王某见识见识。不料嬉闹间，王某不慎踢中周某的腹部。周某当即倒地，捂住肚子疼痛得蜷缩成一团。王某大惊，迅速报告老师，将周某送至医院。后经过法医鉴定，构成重伤。检察机关在对此案进行审查起诉时，认为被告人王某系过失致人重伤，依法可能判处的刑罚不会重于有期徒刑3年，于是，在依法提起公诉时，建议人民法院在审理此案时适用简易程序。人民法院受理后，认为符合简易程序条件，并依法适用简易程序进行了开庭审理。但考虑到这起案件为广大的在校师生所关注，为慎重起见，审判员由3人组成合议庭进行案件的审理工作。

在庭审中，被告人王某对于检察机关指控的犯罪事实予以否认，其辩护人也认为被告人王某无罪。在进行到被告人陈述环节，王某正要开口说话，合议庭打断说："被告人年纪还小，从刚才他否认自己所犯罪行就看出来，其实他还什么都不懂。反正已经适用简易程序了，陈述也就省了吧。"

【专家评析】

本案在程序上的错误是显而易见的。

第一，本案不能适用简易程序审理。根据法律规定，被告人承认自己所犯罪行，对指控的犯罪事实没有异议的才可以适用简易程序，而本案中，被告人王某对于检察机关指控的犯罪事实予以否认，故而不应适用简易程序。同时，对于辩护人作无罪辩护的案件不可适用简易程序，本案中王某的辩护人认为被告人王某无罪，这一点也说明本案不可适用简易程序。

第二，法院以被告人王某"年纪还小""什么都不懂"为由不让王某作最后陈述是错误的。且不说本案就不应该适用简易程序，就算本案适用简易程序，根据法律规定，适用简易程序审理案件在判决宣告前，仍然应当听取被告人的最后陈述意见。该法院的做法无论从哪一方面说都是违法的。

另外，如果本案在尊重被告人意见的基础上适用了简易程序，那么在审判组织方面，虽然过失致人重伤可能判处3年有期徒刑以下刑罚的，审判组织可以由审判员1人独任组成，但是也可以组成合议庭进行审判。因此考虑到案件的特殊性，为慎重起见，审判员由3人组成合议庭审理此案是合法合理的。

【法条指引】

中华人民共和国刑事诉讼法

第二百零八条第一款 基层人民法院管辖的案件，符合下列条件的，可以适用简易程序审判：

（一）案件事实清楚、证据充分的；

（二）被告人承认自己所犯罪行，对指控的犯罪事实没有异议的；

（三）被告人对适用简易程序没有异议的。

第二百零九条 有下列情形之一的，不适用简易程序：

（一）被告人是盲、聋、哑人，或者是尚未完全丧失辨认或者控制自己行为能力的精神病人的；

（二）有重大社会影响的；

（三）共同犯罪案件中部分被告人不认罪或者对适用简易程序有异议的；

（四）其他不宜适用简易程序审理的。

第二百一十条 适用简易程序审理案件，对可能判处三年有期徒刑以下刑罚的，可以组成合议庭进行审判，也可以由审判员一人独任审判；对可能判处的有期徒刑超过三年的，应当组成合议庭进行审判。

适用简易程序审理公诉案件，人民检察院应当派员出席法庭。

第二百一十一条 适用简易程序审理案件，审判人员应当询问被告人对指控的犯罪事实的意见，告知被告人适用简易程序审理的法律规定，确认被告人是否同意适用简易程序审理。

第二百一十三条 适用简易程序审理案件，不受本章第一节关于送达期限、讯问被告人、询问证人、鉴定人、出示证据、法庭辩论程序规定的限制。但在判决宣告前应当听取被告人的最后陈述意见。

第二百一十四条 适用简易程序审理案件，人民法院应当在受理后二十日以内审结；对可能判处的有期徒刑超过三年的，可以延长至一个半月。

最高人民法院关于适用《中华人民共和国刑事诉讼法》的解释

第二百八十九条　基层人民法院受理公诉案件后，经审查认为案件事实清楚、证据充分的，在将起诉书副本送达被告人时，应当询问被告人对指控的犯罪事实的意见，告知其适用简易程序的法律规定。被告人对指控的犯罪事实没有异议并同意适用简易程序的，可以决定适用简易程序，并在开庭前通知人民检察院和辩护人。

对人民检察院建议适用简易程序审理的案件，依照前款的规定处理；不符合简易程序适用条件的，应当通知人民检察院。

第二百九十五条　适用简易程序审理案件，可以对庭审作如下简化：

（一）公诉人可以摘要宣读起诉书；

（二）公诉人、辩护人、审判人员对被告人的讯问、发问可以简化或者省略；

（三）对控辩双方无异议的证据，可以仅就证据的名称及所证明的事项作出说明；对控辩双方有异议，或者法庭认为有必要调查核实的证据，应当出示，并进行质证；

（四）控辩双方对与定罪量刑有关的事实、证据没有异议的，法庭审理可以直接围绕罪名确定和量刑问题进行。

适用简易程序审理案件，判决宣告前应当听取被告人的最后陈述。

第二百九十八条　适用简易程序审理案件，在法庭审理过程中，有下列情形之一的，应当转为普通程序审理：

（一）被告人的行为可能不构成犯罪的；

（二）被告人可能不负刑事责任的；

（三）被告人当庭对起诉指控的犯罪事实予以否认的；

（四）案件事实不清、证据不足的；

（五）不应当或者不宜适用简易程序的其他情形。

转为普通程序审理的案件，审理期限应当从决定转为普通程序之日起计算。

人民检察院刑事诉讼规则（试行）

第四百六十五条 人民检察院对于基层人民法院管辖的案件，符合下列条件的，可以建议人民法院适用简易程序审理：

（一）案件事实清楚、证据充分的；

（二）犯罪嫌疑人承认自己所犯罪行，对指控的犯罪事实没有异议的；

（三）犯罪嫌疑人对适用简易程序没有异议的。

办案人员认为可以建议适用简易程序的，应当在审查报告中提出适用简易程序的意见，按照提起公诉的审批程序报请决定。

第四百六十七条 基层人民检察院审查案件，认为案件事实清楚、证据充分的，应当在讯问犯罪嫌疑人时，了解其是否承认自己所犯罪行，对指控的犯罪事实有无异议，告知其适用简易程序的法律规定，确认其是否同意适用简易程序。

第四百六十八条第一款 适用简易程序审理的公诉案件，人民检察院应当派员出席法庭。

▶ 26. 附带民事诉讼可以调解吗？

【宣讲要点】

附带民事诉讼，是指公安司法机关在刑事诉讼过程中，在解决被告人刑事责任的同时，附带解决被害人提起的因被告人的犯罪行为而遭受的物质损失赔偿问题，或人民检察院提起的国家财产、集体财产遭受损失的赔偿问题所进行的诉讼活动。

新修订的刑事诉讼法第 101 条规定："人民法院审理附带民事诉讼案件，可以进行调解，或者根据物质损失情况作出判决、裁定。"这是根据长期司法实践总结而增加的一条，根据该条规定，刑事附带民事诉讼是可以调解的。刑事诉讼中附带民事诉讼调解制度，无论是对被害人，还是对司法资源，还有社会和谐都具有重要意义。

第一，有利于保护被害人的合法权益。我国刑法和刑事诉讼法都很注重对犯罪嫌疑人的惩罚，以此来满足公众、被害人及其家属的泄愤心理，维护社会稳定秩序。但是我们必须看到被告人虽然受到了法律的惩罚，但被害人遭受的物质损失未得到赔偿，一部分被害人的生活陷入极其困难的状态。同时，被告人一旦被定罪量刑，被害人想要获得高额经济赔偿就变得非常困难，因为在法院作出有罪判决后，被告人及其近亲属容易对经济赔偿产生抵触心理，会有“都已经定罪要坐牢了，为什么还要赔钱”的心理。故而，在审判进行前就积极进行调解，不仅解决了被害人生活的窘境，而且对被害人的合法权益是一种更好的保护。被告人因赔偿也能够获得从轻处罚，这将比判决更能彰显刑事司法的人性化。

第二，有利于节约诉讼资源，提高司法效率。目前，我国处在社会转型期，同时公民的法律意识和维权意识也进一步加强，刑事案件增多，人民法院案多人少，法官的诉讼压力特别大。据调查，有很多法官每天至少要审结一起案件，包括送达法律文书、阅读卷宗、开庭审理、合议、写裁判文书等工作。所以，刑事诉讼中的附带民事诉讼调解不仅能缓解法院的压力，节约诉讼成本，而且因为调解是基于双方自愿作出的，故能缓解双方对立情绪，减少当事人因不服判决而反复上诉、申诉、上访的可能，进而提高司法效率。

第三，有利于促进社会和谐。司法实践当中，有不少刑事附带民事诉讼案件，因民事部分未达成调解的合意，即使所作的民事赔偿判决已经大大低于一般的民事赔偿标准，被告人有抵触心理，不愿意执行。而另外一边，被害人未得到赔偿，即使判决合理合法，被害人对判决结果也不满意，有的反复上诉、申诉、上访，更有甚者，认为法院无法帮自己解决问题，就自行报复对方发生恶性事件，加剧了当事人之间的对立，引发新的矛盾冲突，使社会安定存在潜在威胁。而刑事附带民事诉讼的调解就可以化解这种矛盾，通过调解，在双方自愿协商的基础上，让被告人内心深处真正地认识到自己的错误，抱着对被害人的愧疚，请求被害人的原谅来进行赔偿，进而得到被害人的谅解，让双方当事人对处理结果都满意，不仅圆满解决了案件的纠纷，而且削减了社会潜在不安定因素，对创造和谐、稳定的社会环境大有裨益。

附带民事诉讼的成立有一定条件：一是必须以刑事诉讼的成立为前提条件。因为附带民事诉讼是由刑事诉讼派生的，是在解决被追诉人的刑事责任的同时，附带解决被追诉人的损害赔偿责任，如果刑事诉讼不成立，那么附带民事诉讼就成了无本之木，无水之源。二是附带民事诉讼的诉因是被告人的犯罪行为使被害人遭受了物质损失。必须强调的是，被害人遭受的损失是物质损失，且这种损失是由被告人的犯罪行为直接造成的。三是原告需具有提起附带民事诉讼的权利能力。四是必须有明确的被告和具体的诉讼请求。

【典型案例】

被告人黄占某和附带民事诉讼原告人黄立某同为定州市庞村镇某村的村民，两家一直因宅基地有纠纷，积怨较深。2009 年 5 月 28 日 13 时许，黄占某与黄立某又因宅基地纠纷发生打斗，被告人黄占某用砖击打黄立某头部，致其右颞硬膜外血肿，左眼眶内侧壁骨骨折。经定州市司法医学鉴定中心鉴定，黄立某的损伤为重伤。

因被告人和被害人系同村村民，且前后为邻，若因这次案件使两家从此老死不相往来并不妥当，于是办案的法官决定努力做好调解工作，既能够让被害人获得应有的经济赔偿，更要能够让被告人真正愿意给出经济赔偿。但是调解的工作并不容易，两家人原本关系较差，经过这次伤害事件，关系更僵。被害人要求重判，而且要求赔偿 10 万元。被告人坚决不赔，声称“即使坐 10 年牢，也不赔 1 分钱”。法官并不气馁，从两家的纷争源头——宅基地问题入手，邀请所在村委会民调主任、村干部将双方召集到一起，一起做思想动员工作，先就如何解决宅基地纠纷达成了一致意见。然后法官在此基础之上，又引导被告人家属向被害人登门道歉，积极赔偿被害人经济损失，取得了被害人及全家的谅解。后来，双方就民事赔偿部分达成调解协议，被告人赔偿被害人经济损失 6 万元，被害人主动要求对被告人从轻处罚。

【专家评析】

在刑事附带民事诉讼调解中，法官任重而道远。法官需通过向纠纷的双方当事人细致地讲解法律知识，同时注重引导双方客观分析，在对案件有一个更加理性的认识之后，全方面思考把握各自的诉讼权益。在查清案件事实，核实诉讼请求之后，准确平衡当事人之间的利益，积极引导当事人进行换位思考，进而促进当事人之间达成一致意见。当然，调解的过程并不会一帆风顺，毕竟刑事案件关乎被害人的重大利益，所以，在调解过程中受挫时，法官应注意多角度切入，善于与双方近亲属、朋友在相对缓和、理性的氛围中进行利弊的比较和分析，通过亲友或者村委会、居委会等做工作，进而达到帮助化解矛盾，解决纠纷的目的。

本案当中，法官积极主持调解，多次做双方工作，引导被告人家属向被害人登门道歉，积极赔偿被害人经济损失，取得了被害人及全家的谅解，被害人主动写出了要求对被告人从轻处罚的意见书。最后，法庭依法对被告人作出了从轻处理，采取了缓刑。显而易见，刑事附带民事诉讼调解具有特殊的程序利益，可获得比裁判更好的社会效果。

【法条指引】

中华人民共和国刑事诉讼法

第一百零一条　人民法院审理附带民事诉讼案件，可以进行调解，或者根据物质损失情况作出判决、裁定。

最高人民法院关于适用《中华人民共和国刑事诉讼法》的解释

第一百五十三条第一款　人民法院审理附带民事诉讼案件，可以根据自愿、合法的原则进行调解。经调解达成协议的，应当制作调解书。调解书经双方当事人签收后，即具有法律效力。

第一百五十四条　调解未达成协议或者调解书签收前当事人反悔的，附带民事诉讼应当同刑事诉讼一并判决。

第一百五十五条 对附带民事诉讼作出判决，应当根据犯罪行为造成的物质损失，结合案件具体情况，确定被告人应当赔偿的数额。

犯罪行为造成被害人人身损害的，应当赔偿医疗费、护理费、交通费等为治疗和康复支付的合理费用，以及因误工减少的收入。造成被害人残疾的，还应当赔偿残疾生活辅助具费等费用；造成被害人死亡的，还应当赔偿丧葬费等费用。

驾驶机动车致人伤亡或者造成公私财产重大损失，构成犯罪的，依照《中华人民共和国道路交通安全法》第七十六条的规定确定赔偿责任。

附带民事诉讼当事人就民事赔偿问题达成调解、和解协议的，赔偿范围、数额不受第二款、第三款规定的限制。

第一百六十一条 第一审期间未提起附带民事诉讼，在第二审期间提起的，第二审人民法院可以依法进行调解；调解不成的，告知当事人可以在刑事判决、裁定生效后另行提起民事诉讼。

第一百六十三条 人民法院审理附带民事诉讼案件，除刑法、刑事诉讼法以及刑事司法解释已有规定的以外，适用民事法律的有关规定。

《最高人民法院关于审理刑事附带民事诉讼案件有关问题的批复》

第二审人民法院审理对附带民事诉讼部分提出上诉的案件，原告一方要求增加赔偿数额，第二审人民法院可以依法进行调解。调解未达成协议或者调解书送达前一方反悔的，第二审人民法院应当依照刑事诉讼法、民事诉讼法的有关规定作出判决或者裁定。

根据《最高人民法院关于执行〈中华人民共和国刑事诉讼法〉若干问题的解释》第一百条的规定，对于附带民事诉讼当事人提出先予执行申请的，人民法院应当依照民事诉讼法的有关规定，裁定先予执行或者驳回申请。

▶ 27. 附带民事诉讼可以要求精神损害赔偿吗?

【宣讲要点】

在刑事附带民事诉讼中，被害人可以要求被告人赔偿自己的损失。但是，被害人是否可以主张精神损害赔偿呢?

根据刑事诉讼法以及相关司法解释的规定，在附带民事诉讼中，被害人可以要求被告人赔偿的损失范围限于直接的物质损失。所谓直接的物质损失，是指因被告人的犯罪行为而直接导致的物质损失。这里有两点需要注意：一是直接因果关系。被告人只对由犯罪行为引起的最直接的损失进行赔偿。二是赔偿范围限于物质损失。物质损失强调与精神损失相对。也就是说，我国现有法律尚不承认附带民事诉讼中可以要求精神损害赔偿。

【典型案例】

马某，自幼生活在一个贫困的家庭，但是他积极要强，希望通过努力学习来改变自己的命运。初中的时候，马某以优异的成绩考入了当地最好的中学。在高中阶段，马某更是刻苦努力。由于其各方面的突出表现，被评为省三好学生。高考后，马某顺利考入某重点大学，学习生物技术专业。

在大学的学习生活中，马某一边努力学习，一边勤工俭学。但是，由于马某家庭的贫困，一直让他很自卑，和同学们处不好关系，且心理极其敏感。一天，宿舍打牌，同学邵某怀疑马某打牌作弊，两人因此发生了争执。邵某气愤地说道："你人品太差，怪不得龚某过生日也不会叫上你吃饭。"这句话深深地刺激了马某。并且由于毕业在即，也没有找到顺心的工作，一股火气促使马某产生了杀人的动机——杀死龚某和邵某。随后，马某到学校附近的市场购买石工锤。

本来万事顺利，可是住在校外的唐某突然回到宿舍暂住。此时，唐某的出现成为了被告人马某的杀人障碍。于是马某一不做二不休趁唐某不备，用石工锤杀死了他。马某处理了犯罪现场并将被害人唐某藏在了衣柜里。晚上，邵某回到宿舍。马某趁其洗脚的时候，同样用石工锤将他杀死。第二天中午，碰巧杨某到317宿舍叫马某去打牌。已经失去理智的马某害怕杨某告密，又将他杀害。此时，马某已经杀死了3人。当天晚上，马某以317宿舍打牌三缺一为名找到龚某，让他来宿舍打牌。龚某来到宿舍后，马某又用石工锤将其杀害。至此，马某完成了自己所谓的杀人计划，杀死了自己的仇人。随后，马某开始了自己的逃亡之路。

后K市警方接到报案后，在马某所在大学317宿舍发现了4具男尸和一把石工锤。K市警方发布通缉令，全国展开通缉马某。一时间，马某案成了社会舆论的焦点。没过多久，K市警方将犯罪嫌疑人马某逮捕归案。K市人民检察院以被告人马某涉嫌故意杀人罪向K市中级人民法院提起公诉。K市中级人民法院公开审理了这一案件，被告人马某当庭认罪。4名被害人的家属同时提起了刑事附带民事诉讼，要求赔偿因亲属死亡而带来的精神损害。4月24日，K市中级人民法院作出刑事附带民事判决书，认定被告人马某故意杀人罪成立，判处死刑并剥夺政治权利终身；判令马某赔偿附带民事诉讼原告相应的物质损失。对于要求的精神损害赔偿部分，法院未予支持。一审宣判后，被告人马某未提出上诉。K市中级人民法院向Y省高级人民法院报请死刑复核。Y省高级人民法院依法核准了K市中级人民法院对于被告人马某所作的刑事附带民事判决。2004年6月17日，马某被押赴刑场，执行死刑。

马某案至此告一段落。社会上展开了关于大学生心理素质以及人际关系的教育等一系列话题的讨论。人们在为逝去的生命感到惋惜的同时，也对我国教育问题开始了深刻的反思。

【专家评析】

马某案对于我们的启示是多方面的。从附带民事诉讼这个角度来看，被害人家属主张精神损害赔偿，但是法院最终未予以支持。这就表明了我国司法实践中的一般观点：附带民事诉讼的物质损失不包括精神损害赔偿。但是，这种制度是否合理，还需要进一步探讨。

支持这种制度的人认为，国家机关对于被告人的制裁可以看做是对于被害人及其家属的一种精神抚慰。因此，法律不必再要求被告人赔偿被害人及其家属的精神损害。我们认为，这种观点是站不住脚的。国家机关通过刑事手段制裁被告人的主要目的并不是为了抚慰受害人，而是打击犯罪行为，维护社会公共秩序。虽然对犯罪人的制裁能够在一定程度上对被害人家属带来一丝丝的安慰，但这种安慰的程度是有限的，难以弥补由此带来的精神伤害。

根据民法通则、侵权责任法等一系列民事法律的规定，对于因被告人侵权导致的精神损害，原告可以要求赔偿，这就造成一般侵权行为与刑事犯罪行为因适用法律不同而造成的失衡：侵权人实施程度较轻的一般侵权行为可以被判处承担精神损害赔偿，而实施侵权程度较重的刑事犯罪行为，却可以不承担精神损害赔偿责任，这无疑是不合理的。

事实上，被害人最关注的是如何使自己的权益得到切实的维护。刑事附带民事诉讼使被害人能够借着国家机关的公权力维护自己的合法权益，被告人为争取到从宽处罚的机会，往往会较为积极主动的赔偿，如果法律赋予了被害人精神赔偿的请求权，无疑是对被害人有利的，被害人也可以借助国家公权力的介入，付出较小的维权成本。因此，我们认为，我国应该在法律上承认附带民事诉讼的被害人有关精神损害赔偿的请求。

【法条指引】

中华人民共和国刑事诉讼法

第九十九条第一款　被害人由于被告人的犯罪行为而遭受物质损失的，在刑事诉讼过程中，有权提起附带民事诉讼。被害人死亡或者丧失行为能力的，被害人的法定代理人、近亲属有权提起附带民事诉讼。

最高人民法院关于适用《中华人民共和国刑事诉讼法》的解释

第一百三十八条　被害人因人身权利受到犯罪侵犯或者财物被犯罪分子毁坏而遭受物质损失的，有权在刑事诉讼过程中提起附带民事诉讼；被害人死亡或者丧失行为能力的，其法定代理人、近亲属有权提起附带民事诉讼。

因受到犯罪侵犯，提起附带民事诉讼或者单独提起民事诉讼要求赔偿精神损失的，人民法院不予受理。

▶ 28. 刑事诉讼过程中未提起附带民事诉讼的，可否另行提起民事诉讼？另行提起的民事诉讼如何处理？

【宣讲要点】

被害人及其法定代理人、近亲属由于各种原因在刑事诉讼中未提起民事诉讼，但由于确实遭受了相应损害，其应该如何维护自己的合法权益？被害人及其法定代理人、近亲属可以在刑事诉讼后另行提起民事诉讼么？如果可以的话，另行提起的民事诉讼是否要遵从附带民事诉讼的标准呢？

第一，《最高人民法院关于适用〈中华人民共和国刑事诉讼法〉的解释》第147条明确规定："附带民事诉讼应当在刑事案件立案后及时提起。……"按照一般的理解，附带民事诉讼最晚的提出时间应在刑事案件审理结束前，如果被害人及其法定代理人由于各种原因没能在刑事案件审理过程中提起的，可以另行提起民事诉讼。但由于本诉的特殊性，区别于单纯的民事诉讼，所以，人民法院应该加大调解力度，在双方合法、自愿的情况下进行调解。

第二，《最高人民法院关于适用〈中华人民共和国刑事诉讼法〉的解释》第164条明确规定，对于另行提起民事诉讼的，人民法院可以进行调解，或者根据物质损失情况作出判决。也就是说，另行提起的民事诉讼应该遵照民事诉讼的相应程序进行。但是，由于本诉的特殊性，如果是以判决的方式结案，附带民事诉讼的赔偿范围较单纯的民事诉讼要窄很多，人民法院只能依据"物质损失情况"作出判决、裁定。而如果能够调解的附带民事诉讼案件，调解的赔偿数额与范围则可以不受附带民事诉讼的限制。

在司法实践中，许多被害人及其法定代理人、近亲属为了能够获得更多的赔偿，不在刑事诉讼中提起附带民事诉讼，而是另行提起民事诉讼。根据上述分析，被害人及其法定代理人、近亲属不适时提起附带民事诉讼而另行提起民事诉讼的，并不一定能够获得更多的赔偿。能否获得更多赔偿的关键在于被告人是否能与其调解成功。同时，人民法院也要做好法律解释工作，告知其相应的法律后果，更好地维护被害人一方的合法权益。

【典型案例】

于某因涉嫌强奸罪被人民检察院依法向人民法院提起公诉。人民法院受理了本案。在法庭审理过程中，合议庭告知被害人徐某可以提起附带民事诉讼。被害人徐某的律师告诉她："我们不在这时候提起民事诉讼。我们要在刑事案件审理结束后，另行提起民事诉讼。"被害人徐某表示不解。被害人的诉讼代理人称："由于我国附带民事诉讼的赔偿范围和单纯的民事诉讼标准不一样。附带民事诉讼的赔偿范围更小，赔偿标准更为严格。如果我们现在提起了附带民事诉讼，那么我们可以获得的赔偿便会少了很多。比如，如果现在提起附带民事诉讼，我们就不会获得精神损害赔偿金。"被害人徐某恍然大悟，向合议庭表明不会提起附带民事诉讼。法院审理结束后，人民法院判定被告人于某强奸罪成立。

随后，被害人的诉讼代理人便向人民法院提起了民事诉讼，控告被告人于某涉嫌侵权，依法主张赔偿精神损失。人民法院民事法庭依法受理并审理了本案。被告人于某提出："原告人徐某曾在刑事诉讼中，明确表明自己不提起附带民事诉讼。徐某的这种做法是不对的。"原告人徐某说："我当时拒绝提起附带民事诉讼，又没有说以后不提起民事诉讼。"人民法院查明了案情后，建议双方调解。被告人称："我已经被人民法院判刑，并且我也没有多余的钱赔偿给她。"人民法院在合法、自愿的前提下，主持了双方的调解工作。但双方未能达成调解。人民法院最后依照相关法律规定，根据附带民事诉讼的标准，对于徐某遭受的物质损失要求被告人于某给予赔偿。对于原告人徐某主张的精神损害赔偿人民法院不予支持。

【专家评析】

本案中，被害人徐某并未能按照其诉讼代理人的想法在另行提起的民事诉讼中获得更多的赔偿。被害人徐某获得的赔偿数额与范围和附带民事诉讼是相同的。人民法院民事法庭在审理本案时，依据刑事附带民事诉讼的规则作出判决，是否存在不当之处呢？

在司法实践中，对于上述情况，不同法院的观点和做法都不同。有些法院认为："另行提起的民事诉讼的赔偿范围与标准要和单纯的民事诉讼一样，不应区别对待。"因此，这些法院的判决给予了被害人更多的赔偿。而有些法院认为："另行提起的民事诉讼的赔偿范围要区别于单纯的民事诉讼。人民法院作出判决时，依旧要遵照附带民事诉讼的赔偿范围与标准。"这些法院没有要求被告人赔偿物质损失以外的部分。为了统一法律适用，保证公正裁判，《最高人民法院关于适用〈中华人民共和国刑事诉讼法〉的解释》第164条规定："被害人或者其法定代理人、近亲属在刑事诉讼过程中未提起附带民事诉讼，另行提起民事诉讼的，人民法院可以进行调解，或者根据物质损失情况作出判决。"因此，对于被害人另行提起的民事诉讼，人民法院要主持双方调解。在调解不能的情况下，人民法院要根据"物质损失"情况作出判决。也就是说，对于另行提起的民事诉讼中，当事人主张的精神损害赔偿，人民法院依旧不予以支持。本案中，被害人徐某在人民法院的主持下，尝试与被告人于某进行调解，但未能成功。人民法院便依法遵照附带民事诉讼的规定进行了判决，驳回了其要求精神损害赔偿的请求。人民法院的处理是合法合理的。

实际上，《最高人民法院关于适用〈中华人民共和国刑事诉讼法〉的解释》如此规定是有一定道理的。一方面，如果对于另行提起的民事诉讼，人民法院将其按照一般的民事诉讼进行审理，就会出现适用附带民事诉讼程序与适用一般民事诉讼程序结果不一样的情况。基于一个常识——相同情况必须相同对待，这样势必会造成同案不同判。

【法条指引】

中华人民共和国刑事诉讼法

第一百零一条 人民法院审理附带民事诉讼案件，可以进行调解，或者根据物质损失情况作出判决、裁定。

最高人民法院关于适用《中华人民共和国刑事诉讼法》的解释

第一百三十八条第二款 因受到犯罪侵犯，提起附带民事诉讼或者单独提起民事诉讼要求赔偿精神损失的，人民法院不予受理。

第一百六十四条 被害人或者其法定代理人、近亲属在刑事诉讼过程中未提起附带民事诉讼，另行提起民事诉讼的，人民法院可以进行调解，或者根据物质损失情况作出判决。

▶ 29. 未征得被告人的同意，被告人的辩护人和近亲属能否自行提起上诉？

【宣讲要点】

在一审宣判后，如果被告人对判决不服的，被告人当然可以提起上诉。但是，如果未征得被告人的同意，被告人的辩护人和近亲属可否自行提起上诉？这里涉及刑事诉讼法对于上诉主体的相关规定。

刑事诉讼法规定，被告人、自诉人和他们的法定代理人，不服第一审的判决、裁定，有权用书状或者口头向上一级人民法院上诉。被告人的辩护人和近亲属，经被告人同意，可以提出上诉。针对标题所提出的问题，被告人的辩护人和近亲属想要提起上诉的前提条件是征得被告人的同意。法律作出如此规定的理由是：

首先，被告人的辩护人参与了第一审的法庭审理。对于案情的证据是否充分、法律适用是否准确，都有着更为全面的了解和掌握。在庭审的过程中，辩护人也已经就法庭审理的各种具体情况了解得更为清楚。所以，被告人的辩护人具有极强的优势。

其次，被告人的近亲属因为与被告人关系亲近，与被告人经常接触，更了解被告人的实际状况。同时，旁观者清。被告人的近亲属没有亲自参与案件过程，看问题较被告人相比，可能更客观。但是，被告人的近亲属与辩护人需在征得被告人的同意后，方可提起上诉。

最后，不管是被告人的近亲属也好，还是被告人的辩护人也罢，二者归根结底都是为了维护被告人的合法利益。但是，每个人都是自己决策的最佳判断者。除非是法定代理人，任何其他人都不能在法律上代替别人作判断。所以，只有当被告人同意上诉后，被告人的近亲属和辩护人才可以提起上诉。

【典型案例】

章某，男，黑龙江省某市人，27 周岁。章某于 23 周岁时获得驾照，一直从事货车司机的工作。一日，他与朋友在一个酒馆吃饭，章某一个人就喝了 1 斤白酒、10 瓶啤酒和 1 瓶洋酒。章某的朋友劝其坐出租车回家，不要自己开车。章某说："没关系。我是干司机的。就算喝了酒也能找到回家的路。不用担心。"于是章某驾车在长安路上由北向南行驶，在途经一个环形转盘时，错转方向盘，逆向行驶，随即与一辆奥迪 A6 车相撞。章某撞车后，想赶紧一走了之，随后左转方向盘，向西奔去。结果，章某刚刚打转方向盘就撞向一辆公交车。章某饮酒过度，加之其撞车后过于紧张，紧接着无意识操作方向盘冲向人行道。2 名群众躲闪不及被撞倒在地。

公安人员随后赶到现场，将章某逮捕归案。公安机关迅速处理了事故现场。此次事故造成了 5 人受伤，3 人死亡。公安人员抽取了犯罪嫌疑人章某的血液样本进行酒精测试。经检测，章某每百毫升血液中含有 200 毫克的酒精，属于严重醉酒驾驶。公安机关以犯罪嫌疑人章某涉嫌以危险方法危害公共安全罪向人民检察院移送审查起诉。随后，人民检察院在审查起诉时，对于章某犯罪的定性存在激烈争论。一种观点认为，章某构成交通肇事罪；另一种观点认为，章某构成以危险方法危害公共安全罪。人民检察院以被告人章某涉嫌以危险方法危害公共安全罪提起了公诉。

在法庭审理的过程中，被告人章某留下了悔恨的泪水，对于自己因喝酒造成的弥天大错，悔不当初。章某承认自己的犯罪行为，希望法院对其依法公正地审理。经审理，一审法院判处章某犯以危险方法危害公共安全罪，判处死刑，并剥夺政治权利终身。

虽然被告人章某认识到了自己行为的严重性，但没想到一审法院会对自己判决如此重的刑罚。被告人的辩护律师会见了章某，声称："一审法院量刑过重，我可以帮你上诉，争取改判。"被告人章某同意了辩护律师的意见，委托辩护律师代为上诉。二审法院开庭审理了本案。经审理后，二审法院作出终审判决，改判无期徒刑，剥夺政治权利终身。

【专家评析】

本案中，辩护律师虽然向二审法院提起了上诉，但这并不意味着被告人章某的辩护律师具有独立的上诉权。刑事诉讼法第 216 条第 1 款规定："被告人、自诉人和他们的法定代理人，不服地方各级人民法院第一审的判决、裁定，有权用书状或者口头向上一级人民法院上诉。被告人的辩护人和近亲属，经被告人同意，可以提出上诉。"被告人的辩护人想要替被告人上诉必须征得被告人的同意。本案中，辩护律师在会见被告人章某并取得他的同意后才代其进行上诉的做法是正确的。

同时需要指出的是，在人民检察院审查起诉的时候，公诉机关对于本案被告人章某的定性存在争论。一种观点认为：章某构成交通肇事罪。一种观点认为，章某构成以危险方法危害公共安全罪。根据刑法第 133 条的规定，违反道路交通安全法造成交通事故，构成严重后果的将处以 3 年以下的有期徒刑。同时，如果肇事人交通肇事逃逸未造成死亡的后果，将处以 3 年以上 7 年以下有期徒刑。但是肇事人肇事逃逸后致人死亡，将处以 7 年以上的有期徒刑。本罪的主观方面为过失。认为章某构成交通肇事罪的说："章某喝酒后开车。这种行为就违反了道路交通安全法。被告人章某只是想逃走，并未想造成对公共秩序的危害。并且，在他的朋友劝他不要开车回家时，被告人章某对其驾驶技术表现出了极大的自信。所以，被告人章某的主观方面是过于自信的过失。"另一种观点认为：被告人章某的主观方面不是过于自信的过失，而是间接故意。我们认为，一个醉酒如此严重的人开车上道，必然会了解到自己的行为对公共交通的严重危害性。并且，被告人章某撞车后，为了躲避车辆，四处逃窜乱闯。在一个车辆川流不息的环形转盘中，违反交通法规的乱闯都会引起极为严重的危害后果。虽然，被告人章某主观上并不是必然想引起危害结果的发生，但是，章某的确能够认识到这种危害的存在，并且放任了这种后果的发生。所以，被告人章某存在以危险方法危害公共安全的主观故意。至于有关交通肇事中的过于自信的过失的观点是不能成立的。过于自信的过失要求犯罪分子对于危害的发生轻信能够避免。根据上述的场景分析，一个正常人在一个车辆川流不息的环形转盘中乱闯都肯定会导致事故的发生，更何况一个醉酒如此严重的醉驾者。被告人章某这种酗酒者又有什么轻信能够避免的资格？所以，被告人章某的主观故意并不是交通肇事中的过于自信的过失，应该是以危险方法危害公共安全罪中的故意。也正是基于此，一审法院与二审法院都判处了被告人章某以危险方法危害公共安全罪成立。

章某案件的警示何其惨烈。5伤3死的结果更让人触目惊心。最后，我们再次提醒大家注意：为了别人的安全，更是为了自己的安全，一定要遵守交通法规！做到开车不喝酒！禁止酒驾行为！让酒驾行为彻底消失，让道路安全意识常驻每个司机的脑海里。

【法条指引】

中华人民共和国刑事诉讼法

第二百一十六条第一款 被告人、自诉人和他们的法定代理人，不服地方各级人民法院第一审的判决、裁定，有权用书状或者口头向上一级人民法院上诉。被告人的辩护人和近亲属，经被告人同意，可以提出上诉。

▶ 30. 被害人及其法定代理人不服一审判决的，可以提起刑事上诉吗？

【宣讲要点】

根据刑事诉讼法第 216 条的规定，被告人、自诉人及其法定代理人可以提起刑事上诉。经被告人同意的辩护人和近亲属也可以提起刑事上诉。但是，法律并未将被害人及其法定代理人规定为提起上诉的主体。这就意味着被害人及其法定代理人对一审判决不服的，不可以提起上诉。但是，如果一审判决的确偏袒了被告方，那么被害人及其法定代理人如何维护其正当利益？

刑事诉讼法为了解决这一问题，赋予了被害人及其法定代理人申请检察院抗诉的权利。被害人及其法定代理人对第一审法院判决不服的，可以申请人民检察院提出抗诉。值得注意的是，这里的申请抗诉权并不是上诉权。上诉人可以通过行使上诉权，主动启动第二审程序。但是被害人及其法定代理人申请抗诉的，并不必然启动第二审程序。是否启动，需要由人民检察院审查后决定。如果人民检察院同意被害人申请的，案件便进入了第二审程序，而如果人民检察院不同意被害人的申请，被告人又没有上诉，一审判决就会成为生效判决。被害人确需维权的，也只能通过申请再审来进行。

至于被害人及其法定代理人申请抗诉的程序，我国法律规定，被害人及其法定代理人在收到一审判决后 5 日内，可以申请人民检察院抗诉。人民检察院要在收到申请抗诉请求的 5 日内作出是否同意抗诉的决定。在审查申请时，公诉机关要对一审判决书进行法律监督，如果一审判决存在程序违法、事实不清、证据不足以及量刑不均衡等情况时，公诉机关应当同意被害人的申请，提出抗诉。公诉机关准备提出抗诉的案件要报由本院检察长批准，重大疑难案件需要交由本院检委会批准。随后，公诉机关应当制作抗诉书通过原审法院向上一级法院提出抗诉。

【典型案例】

赵某，男，43周岁，因涉嫌故意杀人罪被警方逮捕。警方查明：2013年6月初，犯罪嫌疑人赵某在田间劳作。在劳动过程中，他发现自己家的地被邻地的主人黄某侵占了几垄。赵某随即用锄头将垄中的小苗连根拔起，恢复了原状。第二日，黄某发现自己一垄地中的苗被人毁坏。黄某找到赵某理论。赵某称："那垄地本是我的，你侵占我的垄种苗，我拔自己垄中的苗有什么不对?"黄某说："苗是我种的。你毁坏了我的苗，你就要赔!"二人语言不和，便争吵了起来。赵某用锄头将黄某打昏。由于害怕赵某便匆匆逃走。后来，有群众报案，并将黄某送到医院。经抢救无效，黄某死亡。

公安机关在侦查完毕后，向人民检察院移送审查起诉。人民检察院以被告人赵某涉嫌故意杀人罪向人民法院提起了公诉。赵某并未委托辩护律师。人民法院通知了法律援助机构为赵某指派了辩护律师为其辩护。在法庭审理过程中，控辩双方紧紧围绕赵某是具有伤害故意还是杀人故意展开了激烈的辩论。最终，一审法院判定赵某故意伤害罪成立。一审宣判后，被害人黄某的家属对一审法院的判决不服，希望通过第二审程序维护其合法权益。被害人黄某的家属在收到一审判决后的第6天向人民检察院申请抗诉。人民检察院在收到申请抗诉书7日内受理了被害人家属的申请。随后，检察长批准了抗诉申请。公诉机关通过原审法院向上一级人民法院提出抗诉。二审法院经审理，维持了原判。

【专家评析】

本案是由于口角的摩擦最终酿成的惨案。一审法院判处被告人赵某故意伤害罪成立。被害人黄某的家属认为被告人赵某是故意杀人罪。因此，被害人黄某的家属不服一审判决，希望通过向人民检察院申请抗诉来维护其合法权利。刑事诉讼法第218条规定："被害人及其法定代理人不服地方各级人民法院第一审的判决的，自收到判决书后五日以内，有权请求人民检察院提出抗诉。人民检察院自收到被害人及其法定代理人的请求后五日以内，应当作出是否抗诉的决定并且答复请求人。"也就是说，被害人及其法定代理人应当在收到一审判决后5日内请求人民检察院提出抗诉。而本案被害人黄某的家属收到一审判决后的第6天向人民检察院请求抗诉。此时，被害人黄某家属的请求已经超过了法定的期限。人民检察院不应该受理黄某家属的请求。一审判决宣判10天后，在被告人未提出请求、检察院未抗诉的情况下，本案的判决已经是生效判决了。被害人黄某的家属不服一审判决的，只能通过再审程序来维护其合法权益，而不是通过第二审程序来解决问题。同时，根据该条的规定，人民检察院要在收到被害人及其法定代理人请求的5日内作出是否受理的答复。可是本案的人民检察院却在收到请求的7日内作出是否受理的答复。显然，人民检察院存在违反程序期限规定的行为。

刑事诉讼法为何不赋予被害人及其法定代理人上诉权，而是通过赋予其请求抗诉权的方式来维护其权利？事实上，由于被告人的犯罪行为对被害人及其家属造成了无法弥补的伤害，被害人及其法定代理人认为被告人应该被判处极重的刑罚才可以。比如，针对本案中的被告人赵某的杀人行为，被害人黄某的家属认为赵某是死有余辜。基于非理性的情感，被害人会认为法院的正当裁判并不正当，如果赋予被害人上诉权，案件将有可能陷入无休止的诉讼当中。同时，刑事诉讼案件不同于民事案件的情形在于，从刑事诉讼程序的设置来看，抗辩的双方是公诉机关与被告人，被害人并非是狭义上的诉讼参与人，而上诉权是赋予抗辩双方的诉讼权利，被害人当然也不应该具有上诉权。如果被害人认为案件审理结果有违公正，则只能通过申诉的方式进行维权。

【法条指引】

中华人民共和国刑事诉讼法

第二百一十八条　被害人及其法定代理人不服地方各级人民法院第一审的判决的，自收到判决书后五日以内，有权请求人民检察院提出抗诉。人民检察院自收到被害人及其法定代理人的请求后五日以内，应当作出是否抗诉的决定并且答复请求人。

人民检察院刑事诉讼规则（试行）

第五百八十四条　人民检察院认为同级人民法院第一审判决、裁定有下列情形之一的，应当提出抗诉：

（一）认定事实不清、证据不足的；

（二）有确实、充分证据证明有罪而判无罪，或者无罪判有罪的；

（三）重罪轻判，轻罪重判，适用刑罚明显不当的；

（四）认定罪名不正确，一罪判数罪、数罪判一罪，影响量刑或者造成严重社会影响的；

（五）免除刑事处罚或者适用缓刑、禁止令、限制减刑错误的；

（六）人民法院在审理过程中严重违反法律规定的诉讼程序的。

第五百八十五条　人民检察院在收到人民法院第一审判决书或者裁定书后，应当及时审查，承办人员应当填写刑事判决、裁定审查表，提出处理意见，报公诉部门负责人审核。对于需要提出抗诉的案件，公诉部门应当报请检察长决定；案情重大、疑难、复杂的案件，由检察长提交检察委员会讨论决定。

第五百八十六条　人民检察院对同级人民法院第一审判决的抗诉，应当在接到判决书的第二日起十日以内提出；对裁定的抗诉，应当在接到裁定书后的第二日起五日以内提出。

第五百八十七条　人民检察院对同级人民法院第一审判决、裁定的抗诉，应当制作抗诉书通过原审人民法院向上一级人民法院提出，并将抗诉书副本连同案件材料报送上一级人民检察院。

第五百八十八条　被害人及其法定代理人不服地方各级人民法院第一审的判决，在收到判决书后五日以内请求人民检察院提出抗诉的，人民检察院应当立即进行审查，在收到被害人及其法定代理人的请求后五日以内作出是否抗诉的决定，并且答复请求人。经审查认为应当抗诉的，适用本规则第五百八十四条至第五百八十七条的规定办理。

被害人及其法定代理人在收到判决书五日以后请求人民检察院提出抗诉的，由人民检察院决定是否受理。

▶ 31. 被告人上诉会加重刑罚吗?

【宣讲要点】

在实践中，比较常见的上诉缘由是被告人一方认为一审法院的判决结果过重。但这个时候他们往往会有另外的担心："我们是因为觉得之前的判决太重才提出上诉的，万一二审判的更重怎么办?"

要回答这个问题就要引出刑事诉讼法中的一个重要原则——上诉不加刑原则。简而言之，上诉不加刑，是指在审理被告人一方提出的上诉案件时，二审法院不得加重被告人的刑罚。刑事诉讼法第 226 条第 1 款规定："第二审人民法院审理被告人或者他的法定代理人、辩护人、近亲属上诉的案件，不得加重被告人的刑罚。第二审人民法院发回原审人民法院重新审判的案件，除有新的犯罪事实，人民检察院补充起诉的以外，原审人民法院也不得加重被告人的刑罚。"所以，依据这一法条，上述问题就迎刃而解，被告人一方可以没有后顾之忧地提起上诉了。

在实践当中，上诉不加刑是怎样具体适用的呢?《最高人民法院关于适用〈中华人民共和国刑事诉讼法〉的解释》第 325 条作了进一步的解释：审理被告人或者其法定代理人、辩护人、近亲属提出上诉的案件，不得加重被告人的刑罚，并应当执行下列规定：(1) 同案审理的案件，只有部分被告人上诉的，既不得加重上诉人的刑罚，也不得加重其他同案被告人的刑罚；(2) 原判事实清楚，证据确实、充分，只是认定的罪名不当的，可以改变罪名，但不得加重刑罚；(3) 原判对被告人实行数罪并罚的，不得加重决定执行的刑罚，也不得加重数罪中某罪的刑罚；(4) 原判对被告人宣告缓刑的，不得撤销缓刑或者延长缓刑考验期；(5) 原判没有宣告禁止令的，不得增加宣告；原判宣告禁止令的，不得增加内容、延长期限；(6) 原判对被告人判处死刑缓期执行没有限制减刑的，不得限制减刑；(7) 原判事实清楚，证据确实、充分，但判处的刑罚畸轻、应当适用附加刑而没有适用的，不得直接加重刑罚、适用附加刑，也不得以事实不清、证据不足为由发回第一审人民法院重新审判。必须依法改判的，应当在第二审判决、裁定生效后，依照审判监督程序重新审判。

然而绝对的上诉不加刑会有放纵犯罪的危险，因此法律也对其进行了一定限制，防止其滥用。刑事诉讼法第226条第2款规定，人民检察院提出抗诉或者自诉人提出上诉的，不受上诉不加刑的限制。也就是说，只有被告人一方，即被告人或其法定代理人、辩护人、近亲属提出上诉的，第二审人民法院才不得加重被告人的刑罚，这也是上诉不加刑原则为保障被告人充分行使上诉权，保证上诉制度和两审终审制度贯彻执行的应有之义。

【典型案例】

2005年5月16日至2006年3月13日期间，被告人王某担任某公司董事长。2005年6月14日，该公司账户因故被冻结。2005年8月29日，被告人王某代表公司与中石化股份有限公司该市石油分公司签订协议，以280万元的价格将城南中心加油站的土地使用权出让，石油公司分三次支付王某公司土地转让金170万元。王某和公司主要领导郭某、张某等商议后，同意该土地转让金先由王某保管。王某将款取出后，陆续为公司支付了工程款、测绘费、国土局罚款、土地登记费、土地使用权出让金、营业税、借款利息、加油站围墙款等费用。后因公司急需用款，王某又与张某、郭某等商议后，分3次将土地转让金中的14.5万元以个人名义借给本公司使用，利息按月息1分计算，但约定不得支取，后陈某代领了部分借款利息，且至今未退回公司。土地转让金中余款431397.50元由被告人王某保管。2006年8月23日，县公安局以涉嫌“挪用资金罪”将王某刑事拘留，同年9月5日，王某被批捕的当天，他的妻子将自家在公司的集资款86000元扣除后，把剩余的345397.5元交给了县检察院。

2007年1月24日，县法院以挪用资金罪一审判处王某拘役5个月。王某不服，提出上诉。

3个月后，市中级人民法院以“事实不清，证据不足”为由，裁定撤销原判，发回重审。

然而令王某始料不及的是，在所有的事实均没有改变的情况下，县法院却在重审时以挪用资金罪判处其有期徒刑 5 年。王某再次提出上诉，市人民法院作出了驳回上诉，维持原判的裁定。

【专家评析】

若此案适用新修订的刑事诉讼法，县人民法院的做法就违背了上诉不加刑原则。新修订的刑事诉讼法特别增加了如下规定："第二审人民法院发回原审人民法院重新审判的案件，除有新的犯罪事实，人民检察院补充起诉的以外，原审人民法院也不得加重被告人的刑罚。"上述案例当中，县人民法院对此案被发回重审之后在没有新的犯罪事实、人民检察院补充起诉的情况下，一下子将5个月拘役刑罚加重为5年有期徒刑的刑罚，这一做法当然是违法的。实践当中这一现象并不少见，如一些二审人民法院认为一审判决轻了，就发回重审，打电话或者发函指明案子要判重一些，或者要求追加罪名等，来变相加刑，使得上诉不加刑原则对被告人的保护大大减弱。这当然与法官自身不严格遵守法律有关，但不可否认，制度的缺口给了他们可乘之机。为此，刑事诉讼法的修改堵住了这一缺口，完善了上诉不加刑原则在司法实践当中的适用。当然，如果发回重审的案件确有出现新的犯罪事实且人民检察院补充起诉的情况，人民法院判决时不受上诉不加刑的限制，而是根据案件的具体情况依法进行审判。不过此处应注意，对于上诉人之前上诉所针对的犯罪事实还是应当坚持上诉不加刑原则。

此外，关于案件本身，挪用资金罪是指公司、企业或者其他单位的工作人员，利用职务上的便利，挪用本单位资金归个人使用或者借贷给他人，数额较大、超过 3 个月未还的，或者虽未超过 3 个月，但数额较大、进行营利活动的，或者进行非法活动的行为。而案例当中，王某以个人名义将自己保管的本单位资金借给本单位使用的行为，是因公司急需用款，主观上是为了本单位的利益；客观上与公司多名领导商讨研究，取得了同意，虽计算利息，但王某并未支取利息，除了公司必需支出的 126802.5 元之外，王某没有擅自挪用过存放在家中的 431397.5 元中的一分钱，即实际使用人仍然是本单位，王某个人并未使用单位资金，更没有借贷给他人，或者进行营利活动、非法活动，他的行为没有侵害本单位资金的使用权，也就不符合挪用资金罪的构成要件。因此，本案判决有误。

【法条指引】

中华人民共和国刑事诉讼法

第二百二十六条 第二审人民法院审理被告人或者他的法定代理人、辩护人、近亲属上诉的案件，不得加重被告人的刑罚。第二审人民法院发回原审人民法院重新审判的案件，除有新的犯罪事实，人民检察院补充起诉的以外，原审人民法院也不得加重被告人的刑罚。

人民检察院提出抗诉或者自诉人提出上诉的，不受前款规定的限制。

中华人民共和国刑法

第二百七十二条第一款 公司、企业或者其他单位的工作人员，利用职务上的便利，挪用本单位资金归个人使用或者借贷给他人，数额较大、超过三个月未还的，或者虽未超过三个月，但数额较大、进行营利活动的，或者进行非法活动的，处三年以下有期徒刑或者拘役；挪用本单位资金数额巨大的，或者数额较大不退还的，处三年以上十年以下有期徒刑。

最高人民法院关于适用《中华人民共和国刑事诉讼法》的解释

第三百二十五条 审理被告人或者其法定代理人、辩护人、近亲属提出上诉的案件，不得加重被告人的刑罚，并应当执行下列规定：

（一）同案审理的案件，只有部分被告人上诉的，既不得加重上诉人的刑罚，也不得加重其他同案被告人的刑罚；

（二）原判事实清楚，证据确实、充分，只是认定的罪名不当的，可以改变罪名，但不得加重刑罚；

（三）原判对被告人实行数罪并罚的，不得加重决定执行的刑罚，也不得加重数罪中某罪的刑罚；

（四）原判对被告人宣告缓刑的，不得撤销缓刑或者延长缓刑考验期；

（五）原判没有宣告禁止令的，不得增加宣告；原判宣告禁止令的，不得增加内容、延长期限；

（六）原判对被告人判处死刑缓期执行没有限制减刑的，不得限制减刑；

（七）原判事实清楚，证据确实、充分，但判处的刑罚畸轻、应当适用附加刑而没有适用的，不得直接加重刑罚、适用附加刑，也不得以事实不清、证据不足为由发回第一审人民法院重新审判。必须依法改判的，应当在第二审判决、裁定生效后，依照审判监督程序重新审判。

人民检察院抗诉或者自诉人上诉的案件，不受前款规定的限制。

第三百二十六条 人民检察院只对部分被告人的判决提出抗诉，或者自诉人只对部分被告人的判决提出上诉的，第二审人民法院不得对其他同案被告人加重刑罚。

第三百二十七条 被告人或者其法定代理人、辩护人、近亲属提出上诉的案件，第二审人民法院发回重新审判后，除有新的犯罪事实，人民检察院补充起诉的以外，原审人民法院不得加重被告人的刑罚。

▶ 32. 针对高级人民法院不同意判处死刑进行提审的刑事案件，被害人及其诉讼代理人能否对提审结果申请抗诉？

【宣讲要点】

针对中级人民法院判处死刑的第一审案件，高级人民法院不同意判处死刑进行了提审，那么被害人及其诉讼代理人能否对高级人民法院提审后所作出的判决申请抗诉？

根据刑事诉讼法以及相关司法解释的规定，对于中级人民法院判处死刑的第一审案件，被告人不上诉、检察院未进行抗诉的，应当报由高级人民法院进行复核。高级人民法院不同意判处死刑的，可以提审。此时提审应按照第二审程序进行。也就是说，高级人民法院不同意判处死刑进行提审所遵循的程序是第二审程序。那么，高级人民法院的提审结果是第二审终审的结果。由于我国实行两审终审制，被害人及其诉讼代理人对提审结果不服的，不能申请抗诉。但他们可以通过再审制度予以维护其自己的合法权益。

【典型案例】

被告人李某曾是被害人王某的男朋友，但是后来2人分手。李某此后对王某心生恨意。一天，李某的哥哥与王某的母亲发生争吵，双方大打出手。李某知道后，急忙赶回家，准备为自己的哥哥讨回公道。在进入村子后，李某看到王某在其二叔家门口玩耍。王某见到李某就挖苦讽刺。李某想到自己的哥哥被她的妈妈欺负，自己曾经也受过她的伤害，瞬间被激怒。两人大打出手。由于李某出手过重，将王某打晕。李某对王某还有留恋和渴望，产生了强奸的念头。李某将王某拖入到厨房门口，随后对其实施了强奸行为。王某醒来后，惊慌不已。李某一不做二不休，将被害人王某杀害。由于被害人王某3岁的妹妹王家某目睹了他的犯罪过程，李某又将王家某倒拎起来，狠狠地撞向门框。王家某当场死亡。李某随即将2人抬到堂屋内，并用绳子捆住2人。处理完犯罪现场后，李某逃跑。警方接到报案后，第一时间封锁了犯罪现场。在离犯罪现场不远处的沙洞内发现了李某的裤子。比对裤子上残留的血迹与精斑，警方确认了本案的杀人凶手就是李某。李某在逃案4天后，向警方自首归案。

Z市中级人民法院经开庭审理后认为：被告人李某将被害人王某与王家某残忍杀害。同时，李某还对王某实施了强奸行为。因此，被告人李某构成故意杀人罪与强奸罪。两罪数罪并罚。李某杀人行为的手段极其残忍，情节特别恶劣，后果特别严重，社会危害特别巨大。虽然李某有自首的情节，但较他所制造的危害相比微不足道。一审法院判定被告人李某犯故意杀人罪和强奸罪成立，两罪数罪并罚，判决被告人死刑立即执行。由于本案的被害人家属提起了附带民事诉讼，一审法院判决被告人向原告赔偿经济损失3万元。随后被告人提起了上诉。

Y省高级人民法院依法开庭审理了该案。Y省高级人民法院认为，本案事实清楚、证据充分。对于被告人的定性准确，但量刑失当。被告人主动自首归案。事后又积极对被害人进行了赔偿。被告人李某认罪态度良好。因此，Y省高级人民法院依法改判李某死刑缓期2年执行。此判决一出，舆论哗然，对Y省高级人民法院的二审结果表示质疑。被害人的家属也对本案的审理结果表示不服，向人民检察院请求抗诉。

Y省高级人民法院就李某强奸、故意杀人一案进行了再审。审理后，Y省高级人民法院撤销了原来二审的死刑缓期2年执行的判决，改判被告人李某死刑立即执行。Y省高级人民法院依法将本案报请最高人民法院死刑复核。最高人民法院复核后认为：Y省高级人民法院的再审判决事实清楚、证据充分、法律适用正确、量刑适当。最高人民法院依法复核了Y省高级人民法院的再审判决。Z市人民法院执行了被告人李某的死刑。

【专家评析】

本案在经历了一波三折后，终于成为定局。Z市中级人民法院一审判处了被告人李某死刑。被告人李某不服，提出上诉。二审法院认为一审法院量刑失当，撤销了一审判决，并改判被告人李某死刑缓期2年执行。刑事诉讼法第237条规定："中级人民法院判处死刑缓期二年执行的案件，由高级人民法院核准。"Y省高级人民法院拥有对死缓的核准权，核准了被告人李某的死缓。但后来由于舆论压力，Y省高级人民法院通过再审程序，改判被告人李某死刑立即执行。随后，Y省高级人民法院报请最高人民法院死刑复核。最高人民法院依法核准了被告人李某的死刑裁定。

我们假设条件一：被告人李某对一审判决并未提起上诉。基于这个条件，一审法院将会依法报请高级人民法院进行死刑复核。我们假设条件二：高级人民法院不同意一审法院判处死刑，并进行了提审。提审结果为：判处被告人李某死刑缓期2年执行。基于这个条件，李某最终刑期为死刑缓期2年执行。问题是：被害人王某的家人对高级人民法院的提审结果不服，怎么办？他们可以对提审判决请求人民检察院抗诉启动第二审程序吗？《最高人民法院关于适用〈中华人民共和国刑事诉讼法〉的解释》

第344条第1款第1项规定：“（一）中级人民法院判处死刑的第一审案件，被告人未上诉、人民检察院未抗诉的，在上诉、抗诉期满后十日内报请高级人民法院复核。高级人民法院同意判处死刑的，应当在作出裁定后十日内报请最高人民法院核准；不同意的，应当依照第二审程序提审或者发回重新审判；”因此，Y省高级人民法院提审程序为第二审程序。基于我国两审终审制的特点，那么高级人民法院提审判决就是二审的终审判决。所以，被害人王某的家人对高级人民法院的提审结果不服的，不能通过请求抗诉启动第二审程序的方式，而是通过请求再审的程序进行。

值得注意的是，该案的一审判决结果并未引起舆论的广泛关注。该案二审法院依法改判被告人李某为死刑缓期2年执行。至此，该案便被全国媒体广泛关注。大家讨论的焦点是：被告人李某该不该杀。虽然我国法律对于死刑的态度是逐渐减少死刑的适用，但是对于犯罪手段极其残忍、情节特别恶劣、社会影响特别严重的犯罪行为，仍然保留了死刑。本案被告人李某的犯罪行为即属于此类。而Y省高级人民法院的二审判决过于超前，似乎对我国当前死刑的刑事政策存在一定的误解，以至于所作出的判决遭到了社会舆论的质疑。可见，Y省高级人民法院的二审判决是不符合当前司法大背景的。Y省高级人民法院在认识到问题的严重性后，依法及时地启动了再审程序纠正了之前的二审判决错误，改判被告人李某死刑。

【法条指引】

中华人民共和国刑事诉讼法

第二百三十六条第一款　中级人民法院判处死刑的第一审案件，被告人不上诉的，应当由高级人民法院复核后，报请最高人民法院核准。高级人民法院不同意判处死刑的，可以提审或者发回重新审判。

最高人民法院关于适用《中华人民共和国刑事诉讼法》的解释

第三百四十四条　报请最高人民法院核准死刑案件，应当按照下列情形分别处理：

（一）中级人民法院判处死刑的第一审案件，被告人未上诉、人民检察院未抗诉的，在上诉、抗诉期满后十日内报请高级人民法院复核。高级人民法院同意判处死刑的，应当在作出裁定后十日内报请最高人民法院核准；不同意的，应当依照第二审程序提审或者发回重新审判；

（二）中级人民法院判处死刑的第一审案件，被告人上诉或者人民检察院抗诉，高级人民法院裁定维持的，应当在作出裁定后十日内报请最高人民法院核准；

（三）高级人民法院判处死刑的第一审案件，被告人未上诉、人民检察院未抗诉的，应当在上诉、抗诉期满后十日内报请最高人民法院核准。

高级人民法院复核死刑案件，应当讯问被告人。

▶ 33. 在死刑复核程序中，最高人民法院应否听取辩护律师意见？

【宣讲要点】

刑事诉讼是判处犯罪分子刑罚的一种诉讼制度，而死刑则是所有刑罚中最严厉的一种刑罚，包括死刑立即执行和死刑缓期 2 年执行。从 2006 年以后，死刑核准权收归最高人民法院，因此人民法院判处的死刑案件最终都要由最高人民法院核准。因为死刑是关乎生命的最重刑罚，而死刑复核程序是死刑案件得到公正裁决的最后一道防线，其存在的价值主要就在于纠正死刑错误适用，防止冤、假、错案的发生。完善死刑复核程序，真正实现避免冤杀、错杀的目标，成为学界和实务界以及民众关注的焦点，这其中，律师辩护的作用不可忽视。被告人、辩护人期待充分参与、获取申辩的机会，而且，被害人以及社会公众也十分关注死刑案件的处理结果。

那么，在对于死刑案件的复核程序中，辩护律师能起到什么样的作用呢？最高人民法院复核死刑案件是否应当听取辩护律师的意见呢？

根据刑事诉讼法以及相关司法解释的规定，在最高人民法院的死刑复核程序中，被告人的辩护律师的参与方式主要有两种，一种是辩护律师要求当面反映意见的，最高人民法院应当安排有关合议庭的人员在办公场所听取辩护律师对于死刑复核的意见，并安排专人制作笔录；另一种是辩护律师在最高人民法院的死刑复核程序中提出书面意见的，最高人民法院应当附卷。此外，在高级人民法院复核的死刑案件中，如果被告人没有委托辩护律师，高级人民法院也应当通知法律援助机构指派律师为被告人进行辩护。向法官当面陈述辩护意见是目前律师参与死刑复核程序最直接的方式，显然，与邮寄书面意见相比，这种表达意见的方式更为有效。此外，在高级人民法院复核的死刑案件中，如果被告人没有委托辩护律师，高级人民法院也应当通知法律援助机构指派律师为被告人进行辩护。

我国相关法律、法规对死刑复核程序的这些规定对于被告人及其辩护律师诉讼权利的行使无疑是强有力的保障，这就要求辩护律师能够及时介入到刑事诉讼程序中去，并能够享有阅卷权、会见权等相关权利。

【典型案例】

2009 年 5 月 16 日，辽宁下岗工人夏某摆摊被沈阳市城管执法人员查处，后同执法人员到沈阳市城市管理行政执法局沈河分局滨河勤务室接受处罚。处罚期间，夏某与执法人员发生争执打斗，夏某刺死城管队员 2 名后又重伤一人后逃离现场。当天下午 15 时许，夏某被公安机关抓获。

2009 年 11 月 15 日，夏某一案在沈阳市中级人民法院一审判决。法院认定夏某的行为构成故意杀人罪，判处死刑，剥夺政治权利终身。沈阳市中级人民法院一审判决中称，没有其他证据证明夏某被殴打，因此不具有防卫情节，最终判其死刑，并赔偿受害人家属65 万余元。终审判决书中指出，当天执法人员亮明身份后，对液化气罐进行登记保存，夏某阻拦，双方有拽、夺液化气罐的肢体接触，不属于殴打。而且在二审调查时，夏某也否认有殴打行为。其承认是主动提出和执法队员回队里，再接受处罚，不存在限制人身自由的情况。而且夏某的伤痕更符合双方拉扯形成的状态，证人证言也不能证实有殴打的情况，因此正当防卫的意见不能成立。此外，法院也驳回了夏某“自首”的辩护意见。夏某的妻子张某在接受记者采访时说："当时我在场，还有好多人都在现场看到了夏某挨打。我们找了6个证人证明夏某被打了，这些证人都愿意到法庭作证，但是没有获准出庭。"在法官宣读判决书后，夏某高喊："不服，他们乱说。"

2011年5月9日上午，夏某刺死城管案终审宣判，辽宁省高级人民法院作出刑事裁定，驳回上诉，维持原判。

最高人民法院于2011年5月20日受理被告人夏某故意杀人死刑复核案件后，依法组成合议庭，进行阅卷，并两次讯问了夏某，还会见了夏某委托的辩护人陈律师，听取其意见，并接收了律师提交的书面辩护意见等材料。2013年9月25日最高人民法院经复核认为，被告人夏某非法剥夺他人生命的行为已构成故意杀人罪。夏某违规经营炸串，在城市管理执法人员依法查处时，不服从管理，与执法人员发生冲突，即持刀行凶，致2人死亡、1人重伤。犯罪情节极其恶劣，手段极其残忍，后果特别严重，应依法惩处。对发生的冲突，被害人申某、黄某负有一定责任，夏某也负有责任，夏某罪行特别严重，不足以从轻处罚。第一审判决、第二审裁定认定的事实清楚，证据确实、充分。定罪准确，量刑适当。审判程序合法。故依法作出核准死刑的裁定。

2013年9月25日经最高人民法院核准，罪犯夏某被依法执行死刑。

【专家评析】

夏某案轰动全国，也挑动了许多人的敏感神经，社会舆论几乎一边倒地同情夏某，而对于死者家庭的关注程度远远低于对夏某的关注。值得一提的是，夏某方面对于受害人家庭的道歉和补偿并没有真正去履行，被害人申某父亲表示"说要我们谅解，上百万也没见给我们1分钱"。在本案中，夏某本人坚称自己出于正当防卫，夏某的辩护律师也指出，申某的尸检鉴定中，其身上有多处伤痕，而申某在街头并未参与殴打夏某，那么这些伤显然是在办公室与夏某发生冲突时留下的。

夏某在闹市被打不还手、东西被抢不还手，反而在办公室里，执法人员说服教育时却无缘无故用刀伤害申某和黄某，这是不合理的。律师在辩护词中称，该案是执法人员违反法定程序执法并殴打夏某导致的，夏某具有自卫情节。最高人民法院在死刑复核程序中，依法组成合议庭，进行阅卷，并两次讯问了被告人夏某，还会见了夏某委托的辩护律师，听取其意见，并接收了律师提交的书面辩护意见等材料。而最高人民法院有关负责人在对为何核准死刑作出回应时表示夏某违章占道经营炸串，被害人申某、黄某等行政执法人员依法前去查处，夏某不服从管理，行政执法人员与夏某推搡撕扯发生冲突，双方均有责任。夏某在杀人现场与申某、黄某发生冲突时，持随身携带的尖刀分别捅刺未持任何凶器的申某、黄某数刀，致申某、黄某死亡，还将后进入勤务室，且将与自己没有任何冲突的张某刺成重伤，犯罪情节极其恶劣，手段极其残忍，后果特别严重。在杀人现场发生的冲突中，夏某与申某、黄某双方均有责任，但不足以减轻夏某的罪责，且夏某并致无任何责任的张某重伤，罪行特别严重，无法定从轻处罚的情节，对其判处死刑立即执行是适当的。

【法条指引】

中华人民共和国刑事诉讼法

第二百三十六条 中级人民法院判处死刑的第一审案件，被告人不上诉的，应当由高级人民法院复核后，报请最高人民法院核准。高级人民法院不同意判处死刑的，可以提审或者发回重新审判。

高级人民法院判处死刑的第一审案件被告人不上诉的，和判处死刑的第二审案件，都应当报请最高人民法院核准。

第二百三十七条 中级人民法院判处死刑缓期二年执行的案件，由高级人民法院核准。

第二百四十条第一款 最高人民法院复核死刑案件，应当讯问被告人，辩护律师提出要求的，应当听取辩护律师的意见。

中华人民共和国人民法院组织法

第十二条 死刑除依法由最高人民法院判决的以外，应当报请最高人民法院核准。

最高人民法院关于适用《中华人民共和国刑事诉讼法》的解释

第四十二条第二款 高级人民法院复核死刑案件，被告人没有委托辩护人的，应当通知法律援助机构指派律师为其提供辩护。

第三百五十六条 死刑复核期间，辩护律师要求当面反映意见的，最高人民法院有关合议庭应当在办公场所听取其意见，并制作笔录；辩护律师提出书面意见的，应当附卷。

▶ 34. 被告人被执行死刑前后，是否应该通知家属？

【宣讲要点】

被告人被依法核准执行死刑后，应该通知其家属。

首先，依据刑事诉讼法第 252 条第 7 款的规定：被告人被执行死刑后，交付执行的人民法院应当通知罪犯家属。因此，被告人被执行死刑后，人民法院应当通知罪犯家属。

其次，依据《最高人民法院关于适用〈中华人民共和国刑事诉讼法〉的解释》第 423 条规定，在被告人执行死刑前，被告人申请会见近亲属的，人民法院应当通知其会见近亲属。近亲属提出申请会见的，人民法院也应当准许并及时安排。也就是说，被告人被执行死刑之前，人民法院只有在被告人或者罪犯近亲属提出申请会见的情况下，才会通知近亲属并允许会见。因此，在被告人被执行死刑前，人民法院并非绝对地负有通知被告人家属并允许会见的义务。只有当被告人或其家属提出申请时，人民法院才负有通知并允许会见的义务。

【典型案例】

曾某，男，湖南邵县人，湖南某房地产开发集团有限公司原总裁。2003 年，被告人曾某开始竞争吉首市的 S 项目。随后，曾某通过行贿湘西自治州州长弟弟的方式竞标成功。为了筹集到更多的资金，曾某开始以 S 房地产开发集团有限公司的名义对外筹集资金，吸引人们投资。为了能够募集到更多的资金，曾某在2003年到2008年之间，将贷款利率从1.69%涨到10%。其曾某不顾自己的经济实力，无休止地大量募集社会资金，由于自己的投资项目运行状况还出现问题，为了套钱曾某通过吹嘘自己公司经济实力、为自己花钱买头衔等方式向世人展现自己公司的强大经济实力。并且通过非法方式获得了“湖南商业地产十强”“中国诚信企业家”等称号。由于被告人曾某并没有很好地打理自己的公司，公司的资金链条处于断裂的边缘。随后，曾某通过他人名义将集资款向其个人项下移转。2008年，曾某的S公司以及其他项目都出现资金困难的情况。S公司停止了向集资款户还本付息。吉首市百万群众围堵市政府要求政府给予说法。吉首市上万群众包围了铁路等公共设施。2009年，一集资户见还钱无望，在湘西自治州政府旁边用汽油引燃自己自焚，造成七级重度伤残。曾某涉嫌非法集资总金额345286.45万元，集资诈骗金额为82983.67万元。

2011年5月，长沙市中级人民法院依法开庭审理了本案。长沙市中级人民法院判定被告人曾某集资诈骗罪名成立，判处其死刑，剥夺政治权利终身。随后，被告人曾某向湖南省高级人民法院提起上诉。2011年12月26日，湖南省高级人民法院作出终审判决。该判决维持了一审法院的判决。湖南省高级人民法院向最高人民法院报请死刑复核。2013年6月14日，最高人民法院核准了被告人曾某的死刑复核裁定。同年7月12日，长沙市中级人民法院依法执行了被告人曾某的死刑。但关于核准被告人曾某的死刑裁定以及被告人曾某被执行死刑的消息都未通知其家人。

曾某被执行完毕后，其家人获悉了被告人曾某已死的消息。家属痛苦不已。被告人曾某的家人提出质疑：为何父亲死前，司法机关不通知其家人？司法机关的回答是：被告人曾某未提出相应要求。被告人曾某的女儿将此事发布在微博上，引起了舆论的广泛关注。被告人被执行死刑前，人民法院是否应当通知其家属？这个问题更是一石激起千层浪。许多人认为长沙市中级人民法院的回答未免太过牵强。该中级人民法院发布微博称：“法律没有明文规定，对犯人执行死刑时，犯人必须跟亲人会面。”这样冷冰冰的话语更是引起了舆论的愤慨。随后，长沙市中级人民法院删除了该条微博并致歉。

【专家评析】

本案中，大家争论的焦点问题是：被告人被执行死刑前，人民法院是否应当通知其家属？依据上述宣讲的司法解释第423条规定，如果被告人提出了会见请求，那么人民法院就应该安排罪犯与家人会见，进行最后的告别。而如果被告人未提出会见家属的请求，法院则不会主动安排家属的会见。这也是为什么长沙市中级人民法院称“被告人曾某并未提出会见家属以及其遗嘱中并无此要求”的理由。

事实上，除了被告人被执行死刑前后的通知家属的问题以外，还存在另外一个通知家属的情况，即在核准死刑时，是否应当通知被告人的家属？我国刑事诉讼法第240条第2款规定：“在复核死刑案件过程中，最高人民检察院可以向最高人民法院提出意见。最高人民法院应当将死刑复核结果通报最高人民检察院。”从此法律条文来看，最高人民法院只负有将死刑复核结果通报最高人民检察院的义务，法律并未规定将结果通知给犯罪分子的家属。实际上，这种做法是违背了法理的。控辩双方的权利应该是被平等对待的。法律既然要求最高人民法院将死刑复核的结果通报公诉方，那么，辩护方也就有权利知道这一结果。

回到我们最初的焦点问题。《最高人民法院关于适用〈中华人民共和国刑事诉讼法〉的解释》第423条对被告人执行死刑前，人民法院通知家属的情形限定了条件。一是被告人提出要求的；二是家属要求会见的。可是，对于在押的被告人来说，如果被告人提出要求，而司法机关不准予会见，又或者明知被告人提出要求而故意不转达，被告人是无能为力的，法律并未规定相应的制约程序。对于要求会见的家属，由于人民法院并不会将死刑复核的结果通知他们，被告人的家属在不知道死刑复核结果的情况下，申请会见行刑前的被告人更不现实。所以，我国现有法律并未明确肯定在被告人执行死刑前，人民法院绝对地负有通知被告人的家属并会见的义务。但是，根据人道主义精神以及善良解释法律的观念，我们应该对这一问题采取肯定的态度。我们的法律应该允许在被告人执行死刑前，人民法院通知被告人的家属并允许会见。

【法条指引】

中华人民共和国刑事诉讼法

第二百五十二条第七款 执行死刑后，交付执行的人民法院应当通知罪犯家属。

最高人民法院关于适用《中华人民共和国刑事诉讼法》的解释

第四百二十三条 第一审人民法院在执行死刑前，应当告知罪犯有权会见其近亲属。罪犯申请会见并提供具体联系方式的，人民法院应当通知其近亲属。罪犯近亲属申请会见的，人民法院应当准许，并及时安排会见。

▶ 35. 辩护人、诉讼代理人如何启动审判监督程序？

【宣讲要点】

当刑事判决生效后，辩护人或者诉讼代理人发现人民法院的判决损害了其当事人的合法权益，辩护人或者诉讼代理人可以通过审判监督程序来撤销生效的裁判，从而维护其当事人的合法权益。所谓审判监督程序，是指人民检察院、人民法院认为已经生效的刑事判决或者裁定的确存在错误，重新审理案件的程序。但是，辩护人或者诉讼代理人如何启动审判监督程序？根据刑事诉讼法的规定，辩护人和诉讼代理人可以通过再审申诉的方式启动再审程序。

（1）再审申诉的提请主体。所谓再审申诉，是指当事人及其法定代理人、近亲属，对已经发生效力的刑事判决、裁定，认为其存在错误，向人民法院或者人民检察院提出申诉，要求重新处理本案。再审申诉是启动审判监督程序的一种途径。根据刑事诉讼法的规定，被告人及其辩护人、被害人及其法定代理人或者近亲属都可以成为再审申诉的主体。

（2）再审申诉的提请理由。再审申诉只是启动审判监督程序的多种方式之一。辩护人或者诉讼代理人提起再审申诉并不必然导致再审程序的启动。因为，提起再审申诉必须满足法定的理由。根据刑事诉讼法的规定，当刑事判决存在错误或者法院审理活动存在错误可能影响公正审判时，当事人再审申诉的理由会被支持。比如，刑事判决书中存在着事实认定不清、法律适用错误或者量刑不当的情况；法庭审理过程中存在违反法定程序并可能影响公正审判的行为；审判人员徇私舞弊，收受贿赂等。

（3）再审申诉的提请方式。辩护人和诉讼代理人要提交申诉状、原一审或者二审的判决书以及其他材料。如果辩护人和诉讼代理人上交的材料不完整，人民法院会告知其补充材料。如果辩护人和诉讼代理人不补充材料又无正当理由的，人民法院将不予受理审查申请。

（4）再审申诉的受理机构。辩护人和诉讼代理人既可以向人民法院也可以向人民检察院提起再审申诉。对于向人民法院提起的再审申诉，通常由终审法院负责受理。如果申诉人直接向上一级人民法院提出申诉的，上一级人民法院可以告知申诉人向终审法院提起申诉，或者直接交由终审法院受理并告知申诉人。对于死刑案件的申诉，可以由原核准的人民法院直接审查处理，也可以交由原审人民法院审查受理。对于终审法院准许撤回上诉的案件，再审申诉人对第一审审理提出申诉的，可以交由第一审法院进行审理。

（5）再审与原裁定的执行。刑事诉讼法规定，当事人、法定代理人及其近亲属提起再审申请的，由于判决已经生效，原则上不停止原判决与裁定的执行。但是，如果被告人可能被判处无罪或者改判致使被告人刑期届满的，可以决定中止原判决、裁定的执行。法律作此规定是出于保护被告人合法权益的考虑。如果此时不中止原判决或者裁定的执行，可能会导致被告人实际多服刑期的尴尬。

【典型案例】

聂某某，男，河北人。被告人聂某某因涉嫌故意杀人罪、强奸罪被公安机关逮捕。1995 年 3 月 3 日，河北省石家庄市人民检察院以聂某某涉嫌故意杀人罪、强奸罪向人民法院提起公诉。

法院出具的判决书载明查实的事实如下：被告人聂某某于 1994 年 8 月

5日下午5点左右，骑自行车跟踪被害人康某，伺机图谋不轨。被告人聂某某假装不注意将康某用自行车撞倒，然后不顾康某的反对，将其拽到公路旁的玉米地中。康某强烈反抗，大声呼救。聂某某害怕被人发现，便用拳头痛击其头部致使其昏迷，随后实施了强奸行为。强奸后，聂某某用自己的上衣将康某勒死。尔后，聂某某逃跑。公安机关带领被告人聂某某指认了犯罪现场。经过现场勘验，警方发现了聂某某埋藏在犯罪现场的衣物。

石家庄市中级人民法院认为，被告人聂某某撞倒康某，趁其不备，将其拉入玉米地内实施强奸行为。尔后，聂某某又用自己的上衣将被害人康某勒死。被告人聂某某的犯罪手段极其残忍、情节特别恶劣、社会影响特别严重。法院以聂某某构成强奸罪与故意杀人罪，判处死刑并剥夺其政治权利终身。1995年，被告人聂某某被石家庄市中级人民法院执行了死刑。

2005年，河北广平人王某被河南警方抓获。被告人王某供述了自己实施的多起强奸案。这其中就包括了聂某某案中的康某。

相关媒体披露了聂某某冤案后，舆论哗然。2007年，河北省邯郸市中级人民法院以王某犯故意杀人罪判处死刑。但是，法院未对王某供认的康某一事作出认定。王某以一审法院未对自己自首的情节进行认定为由提起上诉。2013年，王某案二审开庭。王某声称自己存在自首、立功的情节。二审法院认为，王某所供述的自己强奸杀害康某一事并未有充足的证据予以证明，因此不予采纳。被告人王某的自首、立功情节不能成立。

王某案一审宣判后，聂某某的父母便向最高人民法院申请再审。其父母申请再审的主要理由是：首先，被告人聂某某在缺乏充足证据的情况下被执行死刑，违反法律规定。其次，王某案的一审判决书可以证明聂某某无罪。最后，聂某某在被审讯中，侦查机关存在刑讯逼供的行为。聂某某并非犯罪凶手，他是被屈打成招的。

河北省高级人民法院展开了关于聂某某案的复查工作。

【专家评析】

聂某某早在1995年就被执行了死刑。他的父母于2007年便向最高人民法院提起了再审申诉。

首先，刑事诉讼法第241条规定，当事人及其法定代理人、近亲属，对已经发生法律效力的判决、裁定，可以向人民法院或者人民检察院提出申诉。本案中聂某某的父母，作为其近亲属向人民法院提出申诉，要求重审聂某某案是符合法律规定的。

其次，《最高人民法院关于适用〈中华人民共和国刑事诉讼法〉的解释》第372条规定，当事人提起申诉的要提交申诉状和其他证据材料。本案中聂某某的父母向最高人民法院提交了申诉状与其他相关证据材料，如王某一审刑事判决书、聂某某案的一审、二审判决书等。

再次，根据刑事诉讼法第242条的规定，当事人及其法定代理人、近亲属的申诉符合法定情形的，人民法院应当重新审判。本案中，聂某某的父母提出了聂某某的供述系刑讯逼供取得、法院判决对于证据的认定尚不能做到充分以及存在新的事实证明聂某某无罪等理由。聂某某父母的再审理由符合刑事诉讼法第242条规定的第1项、第2项和第4项的情形。

最后，《最高人民法院关于适用〈中华人民共和国刑事诉讼法〉的解释》第374条规定："对死刑案件的申诉，可以由原核准的人民法院直接审查处理，也可以交由原审人民法院审查。原审人民法院应当写出审查报告，提出处理意见，层报原核准的人民法院审查处理。"本案是死刑案件。聂某某被最高人民法院核准了死刑，所以聂某某的父母直接向最高人民法院提起了再审申诉。

需要指出的是，再审程序与二审程序存在诸多不同。一是再审程序针对的是已经生效的法律判决与裁定；二审程序针对的是尚未生效的法律判决与裁定。二是再审程序的提起并无时间限制；二审程序的提起存在法定期限。如果当事人未在法定期限内提起上诉，法院就不可能启动二审程序。三是提起再审的理由更加严格，必须符合法定的条件；提起二审的理由相对较宽松。只要被告人不服一审判决的，都可以提起上诉，启动第二审程序。

【法条指引】

中华人民共和国刑事诉讼法

第二百四十一条 当事人及其法定代理人、近亲属，对已经发生法律效力的判决、裁定，可以向人民法院或者人民检察院提出申诉，但是不能停止判决、裁定的执行。

第二百四十二条 当事人及其法定代理人、近亲属的申诉符合下列情形之一的，人民法院应当重新审判：

（一）有新的证据证明原判决、裁定认定的事实确有错误，可能影响定罪量刑的；

（二）据以定罪量刑的证据不确实、不充分、依法应当予以排除，或者证明案件事实的主要证据之间存在矛盾的；

（三）原判决、裁定适用法律确有错误的；

（四）违反法律规定的诉讼程序，可能影响公正审判的；

（五）审判人员在审理该案件的时候，有贪污受贿，徇私舞弊，枉法裁判行为的。

最高人民法院关于适用《中华人民共和国刑事诉讼法》的解释

第三百七十二条 向人民法院申诉，应当提交以下材料：

（一）申诉状。应当写明当事人的基本情况、联系方式以及申诉的事实与理由；

（二）原一、二审判决书、裁定书等法律文书。经过人民法院复查或者再审的，应当附有驳回通知书、再审决定书、再审判决书、裁定书；

（三）其他相关材料。以有新的证据证明原判决、裁定认定的事实确有错误为由申诉的，应当同时附有相关证据材料；申请人民法院调查取证的，应当附有相关线索或者材料。

申诉不符合前款规定的，人民法院应当告知申诉人补充材料；申诉人对必要材料拒绝补充且无正当理由的，不予审查。

第三百七十三条 申诉由终审人民法院审查处理。但是，第二审人民法院裁定准许撤回上诉的案件，申诉人对第一审判决提出申诉的，可以由第一审人民法院审查处理。

上一级人民法院对未经终审人民法院审查处理的申诉，可以告知申诉人向终审人民法院提出申诉，或者直接交终审人民法院审查处理，并告知申诉人；案件疑难、复杂、重大的，也可以直接审查处理。

对未经终审人民法院及其上一级人民法院审查处理，直接向上级人民法院申诉的，上级人民法院可以告知申诉人向下级人民法院提出。

▶ 36. 针对被害人启动的再审程序，法院能否加重被告人的刑罚？

【宣讲要点】

我们知道，我国法律规定了刑事第二审程序的“上诉不加刑”原则。在再审程序中，针对被害人启动的再审程序，法院能否加重被告人的刑罚？

《最高人民法院关于适用〈中华人民共和国刑事诉讼法〉的解释》第386条规定：“除人民检察院抗诉的以外，再审一般不得加重原审被告人的刑罚。……”该条规定的含义就是上诉不加刑原则在再审程序中的体现。该条虽未直接规定在刑事诉讼法中，而是规定于《最高人民法院关于适用〈中华人民共和国刑事诉讼法〉的解释》中，但是，《最高人民法院关于适用〈中华人民共和国刑事诉讼法〉的解释》也是全国各级法院进行刑事审判的参考标准。故本条司法解释的规定对于辩护人以及诉讼代理人开展代理工作仍具有重要意义。该条规定的含义是：除了人民检察院抗诉外，对于人民法院启动再审程序以及其他当事人通过申请启动再审程序的，都“一般”不得加重原审被告人的刑罚。申请再审的当事人当然包括被害人及其法定代理人。所以，由被害人启动的再审程序，法院“一般”也不得加重被告人的刑罚。

需要指出的是，上述再审程序“不加刑”原则，仅仅是一般性的规定，法律并没有完全禁止再审“不加刑”的做法，如果生效判决作出后，发现新的案件事实，导致原审判决量刑畸轻的，也可以对被告人“加刑”，但这时的证明标准要求较高，必须要建立在新出现的事实确已查清、证据确凿的基础上。

【典型案例】

林某，男，27周岁。林某在一家外贸公司上班，从事行政管理工作。林某工作一直很认真努力，得到了公司上下的一致好评。林某在一次公司年会上结识了人力资源管理部的赵某。随后，两人迅速坠入了爱河。林某与赵某此后很是恩爱，经常一起出行，煞是让人羡慕。尔后，林某与赵某开始了同居生活。同居后，由于两人生活习惯不合，一直摩擦不断，吵架成了家常便饭。赵某不想再与林某纠缠下去，想和他分手。赵某将自己的想法告诉林某后，林某坚决不同意，但心里却觉得赵某肯定是脚踩两只船。林某越来越注意赵某与男性同事的关系。偶尔，林某还翻看赵某的手机。慢慢地，林某发现赵某与同部门的张某关系暧昧。两人经常有通话记录，林某便对赵某和张某心生恨意。

某个周末，林某出差回家。打开门后，林某发现屋内多出了一双男人的鞋。林某悄悄打开卧室的门，眼前的一幕让林某目瞪口呆，赵某竟然与张某抱在一起，林某随即暴跳如雷。张某和赵某则惊慌失措，不知如何是好。林某从厨房拿来一把水果刀，向张某捅去，由于张某未能及时躲闪，水果刀刺进了张某的心脏处。一时间，鲜血直流。林某一不做二不休，想杀了赵某灭口，随即用水果刀将赵某杀害。林某将2人杀害后，便向公安机关投案自首。公安机关将犯罪嫌疑人林某逮捕归案。公安机关侦查完毕后向人民检察院移送审查起诉，人民检察院以被告人林某涉嫌故意杀人罪向人民法院提起公诉。

人民法院依法公开审理本案后认为，被告人林某在其屋内，用水果刀残忍地杀害了赵某与张某，其行为已经构成故意杀人罪，但被告人林某立即自首，存在法定从轻量刑情节。故人民法院判定被告人林某故意杀人罪成立，判处林某死刑缓期 2 年执行。被害人赵某的家属在收到一审判决书的第 8 日向人民检察院申请抗诉。人民检察院以被害人的家属未在法定期限内申请抗诉为由，拒绝了申请人的申请。由于本案一审判决已经生效，被害人赵某的家属便希望通过再审程序来推翻一审判决。被害人赵某的家属以一审判决量刑不当为由向上一级人民法院提出申诉申请再审。同时，两个被害人的家属通过媒体将事件报道出来，本案引起了社会的广泛关注，一时间，舆论哗然。上一级人民法院直接将案件发回原一审法院并告知了被害人赵某家属。原一审法院接受了被害人赵某家属的申诉，启动了再审程序，审理了本案。一审法院依法改判了本案，判处被告人林某死刑。尔后，一审法院向高级人民法院报请死刑复核。高级人民法院核准后，向最高人民法院报请死刑复核，最高人民法院核准了被告人林某的死刑。原一审人民法院执行了被告人林某的死刑。

【专家评析】

本案中，针对被害人赵某家属启动的再审程序，原一审法院改判了对被告人林某的刑期，加重了对林某的刑罚。原一审法院的做法是不符合法律规定的。根据司法解释的规定，在一般情况下，只有人民检察院的抗诉案件，再审才可以加重原审被告人的刑罚。本案是基于被害人赵某家属的申诉提起的再审程序，同时又没有新的证据证实林某尚有遗漏的犯罪事实未予查证。原一审法院在同样的事实基础上，对林某进行加刑，显然是违反了法律规定的。

《最高人民法院关于适用〈中华人民共和国刑事诉讼法〉的解释》第 386 条体现了上诉不加刑原则在再审程序中的适用。事实上，我国有些学者并不承认再审程序中，可以适用上诉不加刑原则。他们认为，再审程序的目的是为了纠正错误。只要原裁判的量刑不正确，那么人民法院就可以通过再审程序及时纠正错误。但是，《最高人民法院关于适用〈中华人民共和国刑事诉讼法〉的解释》第 386 条明确否定了上述学者的观点。应该说，该条如此规定是有一定道理的，具体理由如下：

第一，有利于保障被告人的合法权益。在司法实践中，被告人不服一审判决提起上诉的，二审法院认为一审法院量刑偏轻的，二审法院通常会维持一审法院的判决。尔后，一审法院通过启动再审程序加重被告人的刑罚。事实上，法院的这种做法是变相加刑，违背上诉不加刑原则的。如果再审程序中适用上诉不加刑原则，将会遏止这种侵害被告人合法权益的行为的出现。

第二，维护再审程序的设立宗旨。再审程序设立的主要目的是给予被告人一个救济的途径。如果再审程序可以加重刑罚，被告人会对提起再审思虑过多，不敢提出申诉申请再审。那么，一些被冤枉的被告人便不会得到公正地对待。法律也切断了被告人最后的一个救济途径。

正是基于以上两个方面的考虑，《最高人民法院关于适用〈中华人民共和国刑事诉讼法〉的解释》第386条明确了上诉不加刑原则可以适用于再审程序中。

最后需要指出的是，本案的被害人家属之所以没能通过二审程序推翻一审判决的原因在于其错过了一审申请抗诉的期限。刑事诉讼法第218条规定："被害人及其法定代理人不服地方各级人民法院第一审的判决的，自收到判决书后五日以内，有权请求人民检察院提出抗诉。……"本案被害人赵某的家属在收到一审判决书后的第8天才向人民检察院申请抗诉，超过了法律规定的申请抗诉期限。所以人民检察院拒绝了被害人赵某家属的申请。其家属也只能通过申诉启动再审程序维护其合法权益了。

【法条指引】

最高人民法院关于适用《中华人民共和国刑事诉讼法》的解释

第三百八十六条 除人民检察院抗诉的以外，再审一般不得加重原审被告人的刑罚。再审决定书或者抗诉书只针对部分原审被告人的，不得加重其他同案原审被告人的刑罚。

▶ 37. 再审进行时，服刑犯人可否先行走出监狱？

【宣讲要点】

这实际上涉及的是再审进行时，原判决是否继续执行的问题。一般而言，刑事判决一经确定，非经法律程序不得更改，这是维护司法权威和法律公信力的应有之义。从原则上来讲，再审在作出新的判决之前，原来的判决、裁定在法律上依然有效，服刑的罪犯在再审审判期间依然要待在监狱里服刑。但是实践中存在有些案件明显错判误判，此时如果继续执行刑罚，有损被告人的合法权益，有损司法公正，反而引起公民对司法权威的质疑。从另一个层面说，依然执行原判决的规定是立法者出于优先维护社会秩序的考虑作出的选择，但是，在现代社会法治理念中，人权保障也拥有着与惩罚犯罪、维护秩序同等的意义，所以，新修订的刑事诉讼法就对这一情况作出了新的规定。第 246 条第 2 款规定，人民法院按照审判监督程序审判的案件，可以决定中止原判决、裁定的执行。这是立法者在保障人权、维护公民人身自由方面迈出的一步，也是切实贯彻“国家尊重和保障人权”宪法原则的一步。

由此，司法机关在坚持“有错必纠”原则，进行审判监督程序的同时，也要注意根据个案具体情况，妥当运用自由裁量权，决定是否中止原判决、裁判的执行，来有效避免因执行死刑而剥夺无辜者的生命，造成无可挽回的严重后果，避免确有错误生效裁判的执行给当事人和其他利益相关人造成更大的损失，避免因这些错误生效判决损害司法权威，避免给国家带来更多的司法赔偿等。

此外要注意，从时间上来讲，该款适用对象是人民法院对申诉进行审查后决定按照审判监督程序审判的案件，所以仅仅适用于再审的审判阶段。而且，法律规定的是“中止”原判决、裁定的执行，而非“终止”，一旦经过再审程序，发现原生效判决并无依法应当改判或者发回重申的情况，原生效判决的效力，依然应该得到恢复。

【典型案例】

1999年12月2日晚，河南周口市沈丘县某村，22岁的女医生张某出诊后莫名失踪。在四处找寻无果后，她的家人只得报警求助。1个月后，她的家人被警方告知，村南机井中浮起的女尸正是失踪已久的张某。警察调查时发现，张某的诊所设在自家院中的西屋，卧室在东屋，这两处的门窗、门锁没有明显的作案痕迹，只有当天的诊金300余元以及一串钥匙不见了。根据这些发现，警方作出了初步判断，即张某是出诊完毕后，在家中被人杀害抛尸的。

经过一系列的调查后，警察将犯罪嫌疑人锁定在张绍某、胡某两人之中。然而，时年21周岁、又已结婚生子的胡某因有人证明他没有作案时间被排除在重大嫌疑人之外。那么就只剩下另一个嫌疑人张绍某。由于与被害人张某住在同一个院，又是被害人的小叔，犯罪嫌疑人张绍某最后在这起案件中被定性为罪犯，因“奸杀”侄女被一审判处死刑，后因其不断喊冤而改判为死缓。

尽管案子已告一段落，但是被害人张某的弟弟一直不相信叔叔是杀人真凶。这些年来，张家花费数万元坚持不懈地四处查找真凶。案情在2008年3月10日终于有了转机，一个神秘女子称自己实在受不了良心的谴责，一定要告诉张家人当年案件的真相：原来当年奸杀案的真凶是胡某，并且他现在人在新疆。激动万分而又满怀期望的张家人赶紧将这一重要信息反映给办案民警。4月23日，警方赶到新疆将胡某抓获。

在审讯中，胡某对自己的犯罪事实供认不讳。原来，1999年12月2日晚，他身体不适，于是前往被害人张某家去寻求治疗。在看病时，他无意中看见张某的诊所抽屉内有钱，遂见财起意，顿生盗窃之心。看完病后，他并未离开张某家，而是溜进张某东屋的卧室，藏在床下等待合适的作案时机。当晚，张某看完病人回到卧室休息，筋疲力尽的她迅速地进入了梦乡。胡某等张某熟睡以后，偷走钥匙，返回诊所，取走诊金300余元。但他在放回钥匙时，见张某年轻貌美，又起了色心。张某在睡梦中感觉到有双手在粗暴地抚摸她，她猛然惊醒，奋力反抗。作案中的胡某没料到她突然惊醒，且这般奋力挣扎。又害怕张某事后报警，于是恶向胆边生，下狠手将张某掐死。他怕事情暴露，便将张某的尸体背到村南的一口机井旁，绑上半袋砖头抛尸。在回家途中，他又顺手把张某的钥匙丢到自家附近的一口井中。

警察将犯罪嫌疑人胡某带到井口指认，从这口井中打捞出了一串钥匙。8 年过去了，这串一直浸泡在井中的钥匙依然能打开门锁！

得知调查结果的公安机关马不停蹄地将这一情况上报，河南省高级人民法院开会讨论，于 2008 年 5 月 22 日作出两份裁定，认定原来的张绍某案在“认定事实上有错误”，决定进入再审程序，并中止原生效判决的执行。于是，在牢中的张绍某被取保候审。

2008 年 10 月 24 日，本案开庭。10 月 28 日，周口市中级人民法院经审理认为，胡某杀人抛尸，手段残忍，后果严重，社会影响极坏，应予严惩。据此以故意杀人罪判处死刑，剥夺政治权利终身；并赔偿被害人张某父母经济损失 6.4 万元。

至此，可以说张绍某的冤屈被彻底洗清。曾经扣在他身上的“谋杀侄女”的帽子终于摘掉，他也不用再面对别人的指指点点和冷嘲热讽。然而，这并不代表着对张绍某的伤害就此揭过。事实上，他的身心已经蒙受重创，并因此基本丧失劳动能力，他接下来的生活将成为很大的问题。就此，张绍某与其家人委托律师代理了他的国家赔偿事宜。

【专家评析】

实践中，有些案件再审程序启动之后，人民法院根据现有证据判断原来的判决、裁定明显存在错误，比如有新证据表明犯罪行为系他人所为的，如果继续执行原判决、裁定，要求被告人继续服刑的，实质侵害了被告人的人身自由，也有违背司法公正。所以，新修订的刑事诉讼法第 246 条规定了法院可以中止原判决、裁定的执行。就如在本案中，张绍某被屈打成招，锒铛入狱。多年后张家接到“神秘人”的电话，得知真凶另有他人，申诉启动再审程序。办案人员确实根据犯罪嫌疑人胡某的供述发现了重要证据，即被害人家的钥匙，而这把重要的钥匙在当初未找到时，只是被办案人员以张绍某不老实交代为由一笔带过。所幸新出现的证据表明被告人张绍某错判误判的可能性极高，所以就在胡某接受警方审讯期间，正在监狱服刑的张绍某接到了取保候审的通知。当天上午，张绍某被司法机关送回了老家。通过这个案例，我们清楚地看到，就是要有这样的明确规定，才可以帮助含冤入狱的人们及时走出监狱，恢复人身自由，回归社会。

另外，要注意对比理解刑事诉讼法第 246 条与第 241 条的规定。第 241 条规定，当事人及其法定代理人、近亲属，对已经发生法律效力的判决、裁定，可以向人民法院或者人民检察院提出申诉，但是不能停止判决、裁定的执行。这条看上去与我们前面所说的第 246 条是冲突矛盾的，实则不然。第 241 条规定的是当事人及其法定代理人、近亲属对已经发生法律效力的判决、裁定的申诉权，这种权利的行使，并不必然启动再审程序。而只有当事人的再审申诉被接受，人民法院决定再审或者人民检察院提出抗诉之后人民法院再审，即进入再审审判阶段的，才可以适用第 246 条之规定，也就是由人民法院根据案件情况决定是否中止原判决、裁定的执行。

【法条指引】

中华人民共和国刑事诉讼法

第二百四十六条 人民法院决定再审的案件，需要对被告人采取强制措施的，由人民法院依法决定；人民检察院提出抗诉的再审案件，需要对被告人采取强制措施的，由人民检察院依法决定。

人民法院按照审判监督程序审判的案件，可以决定中止原判决、裁定的执行。

最高人民法院关于适用《中华人民共和国刑事诉讼法》的解释

第三百八十二条 对决定依照审判监督程序重新审判的案件，除人民检察院抗诉的以外，人民法院应当制作再审决定书。再审期间不停止原判决、裁定的执行，但被告人可能经再审改判无罪，或者可能经再审减轻原判刑罚而致刑期届满的，可以决定中止原判决、裁定的执行，必要时，可以对被告人采取取保候审、监视居住措施。

▶ 38. 办理未成年人刑事案件应坚持哪些原则?

【宣讲要点】

刑事诉讼意义上的未成年人，指的是已满 14 周岁，未满 18 周岁者，因为不满 14 周岁的未成年人是不需要负刑事责任的。在这个年龄段上的人实施了危害社会、应受刑罚处罚的行为，就是我们所说的未成年人犯罪。与成年人犯罪相比，未成年人有其特殊的生理和心理特点，因此办理未成年人刑事案件时，需要适应未成年人的特点，遵循与普通刑事诉讼案件不同的原则。具体来讲，在办理未成年人刑事案件的过程中应该特别注意做到坚持以下几个原则：

第一，必须要坚持教育为主、惩罚为辅。教育为主、惩罚为辅是我国刑事诉讼法明确规定应当坚持的所谓矫正原则。未成年人因为心理还未成熟，在受到错误的诱导或刺激时，容易作出非理性的行为，同样这样的心理也容易得到矫正，况且，未成年人尚处在花样年华，一生才刚刚开始，用教育的方式矫正其错误的观念，不仅仅有利于未成年人本人的发展，对社会也是有益无害。

第二，要坚持保障未成年人诉讼权利原则和办案人员专业化原则。所谓保障未成年人诉讼权利原则，是指公安司法机关在办理未成年人刑事案件的过程当中，应当充分保障未成年人依法享有的各项权利。除了一般犯罪嫌疑人、被告人享有的诉讼权利外，未成年人作为特殊群体，还应当着重保障他们依法享有的特殊诉讼权利，比如获得指定辩护的权利、法定代理人参加诉讼的权利等。所谓办案人员专业化原则，是指办理未成年人刑事案件的公安司法人员应该熟悉未成年人的身心特点。我们前面已经说过，处理未成年人刑事案件要坚持教育为主、惩罚为辅的原则。教育发生在整个办案过程中，办案的公安司法人员只有熟悉未成年人的身心特点才可以针对其特点施以教育，达到矫正其错误认识的目的。

第三，要坚持不公开审判原则。这是指在审判时，如果被告人未满 18

周岁，则不公开审理。这也是为了保护未成年人的身心健康，贯彻教育为主、惩罚为辅的原则，避免社会负面评价对未成年人的成长造成伤害。

第四，要坚持隐私特别保护原则。这一原则强调的是对未成年人隐私的特别保护，避免给其贴上罪犯的标签，帮助其顺利回归社会。这一原则主要表现为两点：一是对未成年人犯罪案件，新闻报道、影视节目、公开出版物、网络等不得披露该未成年人的姓名、住所、照片、图像以及可能推断出该未成年人的资料；二是犯罪不满18周岁，被判处5年有期徒刑以下刑罚的，对其犯罪记录应予封存。对被封存的犯罪记录，除法律规定的司法机关为办理案件需要、有关单位根据国家规定可进行查询外，国家司法机关不得向任何单位和个人提供，亦不允许其他人员查阅、摘抄或者复制未成年人犯罪材料。

未成年人刑事犯罪案件的处理，无疑是与成年人犯罪案件的处理有着很多的不同的。由于我国人口基数大，人口管理工作难度自然也较大，在司法实践中，办案机关一般是以公安机关的人口户籍登记材料作为认定犯罪嫌疑人、被告人年龄的依据。但在一些较为落后、偏远的地区，难免会出现人员实际年龄与人口登记不符的情况。作为辩护律师，在当事人可能是未成年人，但未被依法认定，出现身份信息与实际年龄不一致的情况时，一定要积极向办案机关申请调取证据、进行骨龄测算等，以核实当事人的真实年龄，最大程度地维护当事人本应享有的权益。

【典型案例】

2009年2月16日，17周岁的陈某和16周岁的卢某以及尚不满15周岁的张某，3人因要办事身上没钱，遂来到××市某中学门口，计划在学生放学后，向该校学生借钱。待到学校放学后，3人立即向早前认识的学生借钱，谁知分文也未借到，在这种情况下，3人遂决定“实在借不到，就硬要”。于是先由年纪较小的卢某、张某2人在校门口用言语威胁的手段，在2名学生处分别要来人民币2元和1元。随后，在听说一学生身怀320元学分款时，卢某、张某2人立即向其索借120元，该生当即拒绝，于是卢某、张某2人将其带到学校附近一围墙处，连同陈某一起继续言语威胁，此时，该生仍拒绝借钱给3人。于是，3人用暴力手段致使该学生被迫交出了120元。案发后，被抢学生立即报了案。随后，陈某退回了全部赃款，卢某、张某2人也主动向公安机关投案自首。

在审理此案时，考虑到作案人员是未成年人，同时，此次亦为初犯，且在犯罪后有自首和悔罪的表现，遂考虑是否可以判处缓刑。办理未成年人犯罪的刑事案件，我国一直坚持的是“教育为主、惩罚为辅”的原则。对于这3人，如果适用缓刑不致再危害社会，可以适用缓刑。于是，办案人员立即向3人所在学校、当地基层组织进行调查了解，其中不满15周岁的张某家在浙江临安，于是办案人员又奔赴临安实地了解情况。在走访过程中，学校和当地基层组织等均证实，3人平时表现较好，也没有其他的违法事实。

于是该人民法院根据刑法第263条的规定：“以暴力、胁迫或者其他方法抢劫公私财物的，处三年以上十年以下有期徒刑，并处罚金；……”鉴于3人犯罪时未满18周岁，依据刑法第17条第3款的规定：“已满十四周岁不满十八周岁的人犯罪，应当从轻或者减轻处罚。”对3人作出如下判决：陈某犯抢劫罪，判处有期徒刑3年，缓刑3年，并处罚金人民币2000元。卢某犯抢劫罪，判处有期徒刑2年，缓刑2年6个月，并处罚金人民币2000元。张某犯抢劫罪，判处有期徒刑1年6个月，缓刑2年，并处罚金人民币2000元。

【专家评析】

本案的办理过程主要体现了我国刑事诉讼法中教育为主、惩罚为辅的原则。3名犯罪的未成年人均已满14周岁未满18周岁，根据我国刑法的规定，已满14周岁未满18周岁的未成年人犯抢劫罪的应当负刑事责任。同时规定应当从轻或减轻处罚。3人系初犯，抢劫财物数额不多，又有自首和悔罪表现，在教育为主、惩罚为辅的原则下，应当给予较轻的刑事处罚而重视对他们的教育和引导。所以，对以上3人进行社区调查，查证满足适用缓刑的条件，而对其适用缓刑，其意义就在于警示、教育和引导。对他们判处有期徒刑、罚金兼具惩罚性和教育意义，应该说这一判决较好地体现和贯彻了教育为主、惩罚为辅的原则。

【法条指引】

中华人民共和国刑事诉讼法

第二百六十六条 对犯罪的未成年人实行教育、感化、挽救的方针，坚持教育为主、惩罚为辅的原则。

人民法院、人民检察院和公安机关办理未成年人刑事案件，应当保障未成年人行使其诉讼权利，保障未成年人得到法律帮助，并由熟悉未成年人身心特点的审判人员、检察人员、侦查人员承办。

第二百七十四条 审判的时候被告人不满十八周岁的案件，不公开审理。但是，经未成年被告人及其法定代理人同意，未成年被告人所在学校和未成年人保护组织可以派代表到场。

第二百七十五条 犯罪的时候不满十八周岁，被判处五年有期徒刑以下刑罚的，应当对相关犯罪记录予以封存。

犯罪记录被封存的，不得向任何单位和个人提供，但司法机关为办案需要或者有关单位根据国家规定进行查询的除外。依法进行查询的单位，应当对被封存的犯罪记录的情况予以保密。

中华人民共和国刑法

第十七条第二、三款 已满十四周岁不满十六周岁的人，犯故意杀人、故意伤害致人重伤或者死亡、强奸、抢劫、贩卖毒品、放火、爆炸、投毒罪的，应当负刑事责任。

已满十四周岁不满十八周岁的人犯罪，应当从轻或者减轻处罚。

▶ 39. 未成年犯罪嫌疑人、被告人可以不要委托辩护人吗?

【宣讲要点】

刑事案件立案后，未成年犯罪嫌疑人、被告人及其法定代理人通常会为其委托辩护人，但如果未成年犯罪嫌疑人、被告人没有辩护人为其辩护的，法律是否允许这种情况的发生呢?

根据我国刑事诉讼法的规定，未成年犯罪嫌疑人、被告人存在没有辩护人为其辩护的情况是不被允许的。如果其法定代理人、近亲属未能帮助其委托辩护人，公安机关、人民检察院以及人民法院有义务通知法律援助机构为其指派承担法律援助义务的辩护律师为其辩护。

首先，未成年犯罪嫌疑人、被告人在法院庭审前就可以获得辩护律师的帮助。刑事诉讼法明确规定了犯罪嫌疑人在被第一次讯问时，或者采取强制措施后，就可以聘请辩护律师。未成年犯罪嫌疑人也不例外。审前阶段对于审判阶段至关重要。许多证据的搜集、案件事实的查明都会对审判阶段产生实质性影响。未成年犯罪嫌疑人由于其自身的特点，在面对侦查机关的各种讯问时都会使其更感紧张。由于在审前阶段，侦查机关为了追诉犯罪可能会采取一些违法、甚至极端残酷的手段来获取证据。较成年人相比，未成年人在审前阶段更难维护其合法权益。法律规定，未成年犯罪嫌疑人可以在审前获得辩护律师的帮助，无疑对于其维护合法权益会产生实质性影响。

其次，未成年人案件属于应当提供法律援助的情形。2012 年修订的刑事诉讼法未修改之前，许多规范性文件都对于未成年人案件提供法律援助进行了规定。但是这些规范性文件大都规定未成年犯罪嫌疑人、被告人在符合特定条件下，才会被提供法律援助。2012 年修订的刑事诉讼法统一了这些文件的规定，对未成年犯罪嫌疑人、被告人无条件地提供法律援助，将未成年人案件列入应当提供法律援助的情形。这种做法将对维护未成年犯罪嫌疑人、被告人的合法利益至关重要。

再次，需要明确有关未成年被告人拒绝辩护的问题。如果未成年被告人当庭提出拒绝辩护律师辩护的，人民法院一律应当准许。未成年被告人在再次庭审中提出拒绝辩护律师辩护的，要根据不同的情形进行不同处理。如果再次庭审时，未成年被告人已满 18 周岁，那么人民法院可以准许，但该未成年被告人不得再另行聘请律师，只能由其自行辩护。如果再次庭审时，未成年被告人仍未满 18 周岁，那么人民法院不得准许。法律之所以准许未成年被告人的首次拒绝请求，是基于尊重未成年被告人辩护权的体现。法律之所以对未成年被告人的再次拒绝请求区别不同情况分别处理，是因为再次庭审时的已满18周岁的未成年人已经不属于应当提供法律援助的情形。

最后，司法机关不负有指定法律援助律师的义务，而仅是通知义务。修改前的刑事诉讼法将指定法律援助律师的义务交给了具体办案机关。但是，此时辩护律师的行政色彩过于浓厚，其在身份上也存在混乱。由于我国法制建设的巨大成就，政府的法律援助服务更加完善。所以，法律规定办案的司法机关只负有通知法律援助机构为未成年犯罪嫌疑人、被告人指定辩护律师的义务。

【典型案例】

孙某，17周岁，系某大学大一学生。孙某因涉嫌盗窃罪被警方刑事拘留。警方查明：2013年11月3日上午，犯罪嫌疑人孙某在学校自习室自习。在此期间，孙某前排的赵某将其苹果手机一直放在桌子上。下自习后，赵某将手机遗落在桌子上。孙某午休回来，见赵某的手机一直放在桌子上，便动了贪念，将手机揣到自己的衣兜中。随后，孙某将手机出卖，获得2000元。

后来，赵某向警方报警。警方调取了当天的自习室监控录像，发现偷取赵某手机的人就是孙某。警方依法对犯罪嫌疑人孙某进行讯问。警方告知其有聘请辩护律师的权利。犯罪嫌疑人孙某称自己因经济困难，没有能力聘请辩护律师。公安机关通知了法律援助机构为孙某指派了承担法律援助义务的辩护律师张某为其辩护。侦查终结后，公安机关向人民检察院移送审查起诉。人民检察院以被告人孙某涉嫌盗窃罪向人民法院提起公诉。人民法院依法组成合议庭不公开审理本案。

在案件审理过程中，被告人孙某要求更换辩护律师张某，要求法律援助机构为其另行指派承担法律援助义务的其他律师。法院发现孙某并未有他人为其辩护，便宣布休庭，另行通知法律援助机构指派律师辩护。再次开庭审理时，孙某已经年满18周岁。庭审中，被告人孙某与新的辩护律师意见不合，孙某再次要求更换辩护律师，请求法律援助机构再次另行指派。合议庭未同意孙某变更辩护律师的请求，不准其另行委托辩护律师，要求其自行辩护。最后，人民法院依法判处被告人孙某盗窃罪成立。一审宣判后，被告人孙某未上诉。

【专家评析】

本案是一起未成年人涉嫌盗窃罪的案件。本案的公安机关、人民法院都依照刑事诉讼法的相关规定，保障了未成年犯罪嫌疑人、被告人孙某合法行使辩护权。

首先，刑事诉讼法第267条规定："未成年犯罪嫌疑人、被告人没有委托辩护人的，人民法院、人民检察院、公安机关应当通知法律援助机构指派律师为其提供辩护。"本案中，未成年犯罪嫌疑人孙某在被第一次侦查机关讯问时，公安机关依法告知了其有聘请辩护人为其辩护的权利。当孙某表示自己无能力聘请辩护人后，公安机关又依法通知了法律援助机构为其指派了承担法律援助义务的辩护律师张某。公安机关保障了未成年犯罪嫌疑人孙某合法行使辩护权。

其次，《最高人民法院关于适用〈中华人民共和国刑事诉讼法〉的解释》第254条第1款规定，被告人当庭拒绝辩护人辩护，要求另行委托辩护人或者指派律师的，合议庭应当准许。本案的未成年被告人孙某在第一次开庭审理时，当庭拒绝辩护律师张某为其辩护，并要求另行指派律师。合议庭准许了孙某拒绝辩护的要求，并通知了法律援助机构为其另行指派辩护律师。

最后，《最高人民法院关于适用〈中华人民共和国刑事诉讼法〉的解释》第481条第2款规定："重新开庭后，未成年被告人或者其法定代理人再次当庭拒绝辩护人辩护的，不予准许。重新开庭时被告人已满十八周岁的，可以准许，但不得再另行委托辩护人或者要求另行指派律师，由其自行辩护。"本案再次开庭审理时，被告人孙某已经年满18周岁。故孙某再次拒绝律师辩护，人民法院准许了他的拒绝辩护请求，但要求其自行辩护。需要提醒注意的是，如果再次开庭审理时，未成年被告人孙某仍然处于未成年阶段，其当庭拒绝辩护的，人民法院不得准许其请求，由其第二次被指派的律师为其辩护。

【法条指引】

中华人民共和国刑事诉讼法

第二百六十七条 未成年犯罪嫌疑人、被告人没有委托辩护人的，人民法院、人民检察院、公安机关应当通知法律援助机构指派律师为其提供辩护。

最高人民法院关于适用《中华人民共和国刑事诉讼法》的解释

第二百五十四条第一款 被告人当庭拒绝辩护人辩护，要求另行委托辩护人或者指派律师的，合议庭应当准许。被告人拒绝辩护人辩护后，没有辩护人的，应当宣布休庭；仍有辩护人的，庭审可以继续进行。

第四百七十二条 审判时不满十八周岁的未成年被告人没有委托辩护人的，人民法院应当通知法律援助机构指派律师为其提供辩护。

第四百七十三条 未成年被害人及其法定代理人因经济困难或者其他原因没有委托诉讼代理人的，人民法院应当帮助其申请法律援助。

第四百八十一条 未成年被告人或者其法定代理人当庭拒绝辩护人辩护的，适用本解释第二百五十四条第一款、第二款的规定。

重新开庭后，未成年被告人或者其法定代理人再次当庭拒绝辩护人辩护的，不予准许。重新开庭时被告人已满十八周岁的，可以准许，但不得再另行委托辩护人或者要求另行指派律师，由其自行辩护。

▶ 40. 对未成年犯罪嫌疑人、被告人适用羁押措施时，律师能在其中起到什么作用？

【宣讲要点】

我国刑事诉讼法对于未成年犯罪嫌疑人、被告人适用羁押措施时规定，对未成年犯罪嫌疑人、被告人应当严格适用逮捕措施。人民检察院、人民法院在决定适用逮捕措施时，应当讯问未成年犯罪嫌疑人、被告人。在适用逮捕措施后，应当将未成年人与成年人分别关押、分别管理和分别教育。辩护律师要在人民检察院、人民法院决定适用逮捕措施时提出意见，并且人民检察院和人民法院应当听取。

首先，辩护律师要注意人民检察院审查批准和人民法院决定适用逮捕措施是否严格，主要体现为司法机关对未成年犯罪嫌疑人、被告人适用逮捕的理由与程序。羁押措施是强制措施中最为严厉的一种。它剥夺了被告人的人身自由。因此，法律对此措施的适用进行了严格规定。较成年人相比，未成年人生理上、心理上都处于尚未完全发育的阶段。一旦未成年犯罪嫌疑人、被告人被逮捕，将对其身心发展产生巨大的负面影响。因此，司法机关在对未成年犯罪嫌疑人、被告人适用逮捕措施时，慎之又慎。同时，未成年犯罪嫌疑人、被告人共同关押在一起，容易发生交叉感染的情况。所以，法律也要求对未成年犯罪嫌疑人、被告人给予特殊保护。

其次，人民检察院在审查批准逮捕和人民法院决定逮捕时，应当听取辩护律师的意见。在人民检察院审查批准逮捕和人民法院决定逮捕时，辩护律师就已经就其对未成年犯罪嫌疑人、被告人适用逮捕措施是否严格进行了分析。当司法机关决定对未成年人适用时，相应的司法机关“应当”听取来自辩护律师的意见。注意，这是司法机关的法定义务，而不是权力。由于我国司法机关在决定逮捕时，通常是书面审查并不实际接触犯罪嫌疑人、被告人。这很可能造成许多犯罪嫌疑人、被告人被错误羁押的情况。辩护律师当面就适用逮捕措施发表意见，可以帮助司法机关审查其适用逮捕措施是否适当。防止对未成年犯罪嫌疑人、被告人造成不应有的伤害。

最后，辩护律师要注意的是，在执行逮捕时，司法机关是否实行了分别关押、分别管理和分别教育。司法实践中，经常会出现将成年犯罪嫌疑人、被告人与未成年犯罪嫌疑人、被告人混押的现象。这种做法非常容易造成交叉感染情况，是对未成年人的第二次伤害。因此，为了维护未成年犯罪嫌疑人、被告人的合法权益，在执行逮捕时，司法执行机构要实行分别关押、分别管理和分别教育。辩护律师在此要予以注意。

【典型案例】

未成年被告人李某，15周岁，因涉嫌强奸罪被公安机关逮捕。未成年犯罪嫌疑人李某系某中学初三学生。由于青春期发育，李某对女性的身体产生了强烈的好奇。李某经常独自观看不利于青少年身心健康的黄色录像，长时间的视觉刺激和没有家长的正确引导，使李某渐渐对两性关系产生了畸形的观念。

2013年8月某晚，李某在网吧观看完黄色录像后回家。一路上，李某一直沉醉在录像之中难以自拔。经过一处暗路，李某发现前面有一名身材姣好的年轻女子。李某见四下无人，便产生了强奸该女子的犯罪念头。李某假借向该女子问路，将该女子带进一条小巷后，将被害人扑倒。被害人大声呼救，李某害怕被人发现，便用拳头击打其头部、面部，将其打晕后，学着录像里的动作，对该名女子实施了强奸。

事后，李某感到了极度的恐惧。李某回到家中，向父母说明了此事。李某的父母非常震惊，要求他去自首。随后，李某的父母带着李某向公安机关自首。公安机关立案后，立即对该案展开了调查。李某的父母为李某聘请了辩护律师。公安机关报请人民检察院审查批准逮捕李某的申请，人民检察院召集辩护律师并听取了辩护律师的意见，并批准了关于对未成年犯罪嫌疑人李某适用逮捕的申请。公安机关迅速将李某送押至少管所。侦查终结后，公安机关向人民检察院移送审查起诉。经审查后，人民检察院以未成年被告人李某涉嫌强奸罪向人民法院提起公诉。人民法院依法不公开审理了本案。经审理，人民法院认定未成年被告人李某强奸罪成立，依法对其判处了有期徒刑。未成年被告人李某未提起上诉，在一审判决生效后，未成年被告人李某被送押至监狱服刑。

【专家评析】

本案中的未成年被告人李某长时间观看黄色录像，使其产生了犯罪的念头，最终因为犯强奸罪被投入监狱改造。本案是未成年人案件，因此在刑事诉讼的程序上都应严格维护好未成年人的合法利益。

首先，刑事诉讼法第269条第1款规定："对未成年犯罪嫌疑人、被告人应当严格限制适用逮捕措施。人民检察院审查批准逮捕和人民法院决定逮捕，应当讯问未成年犯罪嫌疑人、被告人，听取辩护律师的意见。"人民法院审查批准关于未成年被告人李某的批准逮捕决定时，召集了辩护律师并听取了他的相关意见。但是，本案的人民检察院却没有依法讯问未成年犯罪嫌疑人。人民检察院在此是存在违反法律规定之处的。

其次，刑事诉讼法第269条第2款规定："对被拘留、逮捕和执行刑罚的未成年人与成年人应当分别关押、分别管理、分别教育。"本案的人民检察院批准了被告人李某的逮捕决定后，公安机关及时将李某送押至少管所。公安机关的做法体现了本规定中所说的"分别关押"与"分别管理"。

再次，本案中人民检察院对于李某适用逮捕措施存在不适当之处。逮捕措施是限制被告人人身自由的措施。对于适用逮捕措施必须极为严格。由于未成年犯罪嫌疑人、被告人的特点，适用逮捕措施更应仔细权衡。《人民检察院办理未成年人刑事案件的规定》第13条第2款规定，对于罪行比较严重，但主观恶性不大，有悔罪表现，具备有效监护条件或者社会帮教措施，不具有社会危险性，不会妨害诉讼正常进行，并属于已满14周岁不满16周岁的未成年犯罪嫌疑人，也可以依法不予批准逮捕。本案中，虽然李某实施了罪行严重的强奸行为，但是其主动投案自首，有悔罪表现，其父母能对其提供有效的监护。同时，李某不会妨害诉讼的正常秩序并且是年满15周岁。因此，人民检察院不应对其适用逮捕措施，而是适用其他强制性措施。

最后需要指出的是，李某不满16周岁，未达到刑事责任年龄，为何一审法院还要求其承担刑事责任？刑法第17条第2款规定："已满十四周岁不满十六周岁的人，犯故意杀人、故意伤害致人重伤或者死亡、强奸、抢劫、贩卖毒品、放火、爆炸、投毒罪的，应当负刑事责任。"虽然本案的未成年被告人不满16周岁，但李某实施了强奸行为，属于依法应当负刑事责任的人。因此，人民法院判定其犯强奸罪成立，并对其执行了刑罚。

【法条指引】

中华人民共和国刑事诉讼法

第二百六十九条 对未成年犯罪嫌疑人、被告人应当严格限制适用逮捕措施。人民检察院审查批准逮捕和人民法院决定逮捕，应当讯问未成年犯罪嫌疑人、被告人，听取辩护律师的意见。

对被拘留、逮捕和执行刑罚的未成年人与成年人应当分别关押、分别管理、分别教育。

人民检察院办理未成年人刑事案件的规定

第十二条 人民检察院审查批准逮捕未成年犯罪嫌疑人，应当根据未成年犯罪嫌疑人涉嫌犯罪的事实、主观恶性、有无监护与社会帮教条件等，综合衡量其社会危险性，确定是否有逮捕必要，慎用逮捕措施，可捕可不捕的不捕。

第十三条 对于罪行较轻，具备有效监护条件或者社会帮教措施，没有社会危险性或者社会危险性较小，不会妨害诉讼正常进行的未成年犯罪嫌疑人，一般不予批准逮捕。

对于罪行比较严重，但主观恶性不大，有悔罪表现，具备有效监护条件或者社会帮教措施，不具有社会危险性，不会妨害诉讼正常进行，并具有下列情形之一的未成年犯罪嫌疑人，也可以依法不予批准逮捕：

（一）初次犯罪、过失犯罪的；

（二）犯罪预备、中止、未遂的；

（三）有自首或者立功表现的；

（四）犯罪后能够如实交待罪行，认识自己行为的危害性、违法性，积极退赃，尽力减少和赔偿损失，得到被害人谅解的；

（五）不是共同犯罪的主犯或者集团犯罪中的首要分子的；

（六）属于已满十四周岁不满十六周岁的未成年人或者系在校学生的；

（七）其他没有逮捕必要的情形。

▶ 41. 询问、审判未成年犯罪嫌疑人、被告人时，法定代理人可以为其做什么？

【宣讲要点】

刑事诉讼法第270条规定，对于未成年人刑事案件，在讯问和审判的时候，应当通知未成年犯罪嫌疑人、被告人的法定代理人到场。无法通知、法定代理人不能到场或者法定代理人是共犯的，也可以通知未成年犯罪嫌疑人、被告人的其他成年亲属，所在学校、单位、居住地基层组织或者未成年人保护组织的代表到场，并将有关情况记录在案。理论中对犯罪嫌疑人、被告人的法定代理人和其他人员也称“合适成年人”，其中法定代理人是第一顺序的合适成年人，只有在无法通知、法定代理人不能到场或者法定代理人是共犯的情况下，才可以通知第二顺序的合适成年人到场。那么，这些到场的法定代理人和其他合适成年人能为犯罪嫌疑人、被告人做什么呢？

第一，到场的法定代理人可以代为行使未成年犯罪嫌疑人、被告人的诉讼权利。具体包括：使用本民族语言文字进行诉讼；申请侦查人员、检察人员、审判人员、书记员、鉴定人、翻译人员回避；自行或在辩护人协助下辩护；讯问时拒绝回答侦查人员提出的与本案无关的问题；对审判人员、检察人员和侦查人员侵犯公民诉讼权利和人身侮辱的行为，有权提出控告；参加法庭调查、法庭辩论，并对证据、案件情况和定罪、量刑发表意见。此外，审判未成年人刑事案件，未成年被告人最后陈述后，其法定代理人可以进行补充陈述。

第二，到场的法定代理人或其他合适成年人有权对司法机关工作人员侵犯未成年犯罪嫌疑人、被告人合法权益的行为提出意见，以及有权阅读讯问笔录、法庭笔录。法定代理人或其他合适成年人认为办案人员在讯问、审判、询问中侵犯未成年人合法权益的，可以提出意见，司法机关及其工作人员对提出的意见应予重视，如果确有侵犯到未成年犯罪嫌疑人、被告人的合法权益，应当及时地予以纠正。至于有权阅读讯问笔录和法庭笔录，是因为依据法律规定，讯问笔录和法庭笔录作为重要的法律文书，必须交当事人核对无误，并签名盖章，确保其合法性和真实性。允许合适成年人阅读讯问笔录和法庭笔录，可以协助未成年犯罪嫌疑人、被告人对讯问笔录、法庭笔录进行核对，确保讯问、审判真实有效。

另外，不仅讯问、审判未成年犯罪嫌疑人、被告人需要遵循上述关于合适成年人的规定，询问未成年被害人、证人时，也应当遵守刑事诉讼法第270条关于法定代理人或者其他合适成年人到场的规定，法定代理人可以代为行使未成年被害人、证人的诉讼权利，对询问过程中侵害未成年人权益的行为，到场的合适成年人有权提出意见，并有权阅读询问笔录。

【典型案例】

被告人朱某，A省人，案发时年仅16周岁。他出生在一个贫困的家庭，父母都是勤勤恳恳劳作的农民。初中读完后，朱某因交不起学费辍学。父母原本想着让他回家务农，也算给家里多出一份力。不料，朱某却完全不想回生他养他的小村庄，成天在外瞎混，父母几次教训，反而将处在叛逆期的他彻底逼走，干脆与一些不三不四，流里流气的社会闲散青年称兄道弟，不再回家。

朱某与这群人熟悉之后，才知道原来他们是在贩卖毒品。起先朱某感到害怕，后来，他禁不住心动了，答应帮助他们贩卖毒品。2013年4月，朱某将毒品藏在体内，乘飞机来到B省C市贩卖。当他在C市准备与别人接头时，被当地公安机关当场抓获。

因涉嫌运输毒品，朱某被C市人民检察院提起公诉。按照法律规定，一般情况下，未成年人刑事案件审理时，其父母作为法定代理人应当在场。然而，当法官通知朱某的父母前来参加开庭，朱某的父亲听闻好几个月未见的儿子居然去贩卖毒品，气得不行，虽然很想赶过去狠狠教训儿子一顿，无奈到C市路途遥远，交通不便，再加上家里很穷，付不起路费，实在无法到庭参加诉讼。

为了保证朱某的合法权益，合议庭决定为其指派一名“合适成年人”，代行法定代理人职责。经过认真审查筛选，并经朱某和他父母同意后，B省心理咨询师协会青少年专业委员会副主任委员、高级心理咨询师王某被选定，她将以朱某法定代理人的身份代替其父母出庭。

庭审中，王某运用自己的心理学知识，为朱某分析了走上犯罪道路的个人、家庭及社会原因，对他进行了法律道德教育和心理疏导，鼓励朱某勇敢正视自己，面对过去，引导他迷途知返，重新做人。朱某表示已深刻反省自己，感谢王老师对其的帮助，他将改过自新，好好做人。

【专家评析】

刑事诉讼法未修改之前，曾规定对于未成年犯罪嫌疑人、被告人讯问和审判时，可以通知其法定代理人到场。由于其规定的是“可以”，也就是可以通知，也可以不通知，由司法机关视个案情况自行决定，这样就不利于维护未成年犯的权益。且只规定了法定代理人的到场，对无法通知法定代理人或者法定代理人无法到场的情况考虑不周。同时，到场之后具体可以为未成年人提供怎样的帮助也没有明确的规定，使法条形同虚设，不能发挥其应有的作用。

故新修订的刑事诉讼法作出了新的规定，对司法机关的通知义务予以确定，清楚地规定了权利内容，同时考虑现实情况，允许其他合适成年人到场帮助未成年犯罪嫌疑人、被告人。正如在本案中，未成年人朱某因涉嫌毒品运输被提起公诉，其父母作为法定代理人应当在场。但朱某的父亲表示，路途遥远，交通不便，又无力承担车费，实在无法到庭参加诉讼。鉴于此情况，合议庭经过审查筛选，并经朱某和他父母同意后，指派了王某作为“合适成年人”，以朱某法定代理人的身份代替其父母出庭。于是，王某作为“合适成年人”协助朱某行使各项权利，并且还注意运用自己的专业知识，对未成年被告人朱某进行法律道德教育和心理疏导，引导他改过自新，重新做人。

【法条指引】

中华人民共和国刑事诉讼法

第二百七十条 对于未成年人刑事案件，在讯问和审判的时候，应当通知未成年犯罪嫌疑人、被告人的法定代理人到场。无法通知、法定代理人不能到场或者法定代理人是共犯的，也可以通知未成年犯罪嫌疑人、被告人的其他成年亲属，所在学校、单位、居住地基层组织或者未成年人保护组织的代表到场，并将有关情况记录在案。到场的法定代理人可以代为行使未成年犯罪嫌疑人、被告人的诉讼权利。

到场的法定代理人或者其他人员认为办案人员在讯问、审判中侵犯未成年人合法权益的，可以提出意见。讯问笔录、法庭笔录应当交给到场的法定代理人或者其他人员阅读或者向他宣读。

讯问女性未成年犯罪嫌疑人，应当有女工作人员在场。

审判未成年人刑事案件，未成年被告人最后陈述后，其法定代理人可以进行补充陈述。

询问未成年被害人、证人，适用第一款、第二款、第三款的规定。

人民检察院办理未成年人刑事案件的规定

第十条 人民检察院审查批准逮捕未成年人犯罪案件，应当讯问未成年犯罪嫌疑人。

讯问未成年犯罪嫌疑人，应当根据该未成年人的特点和案件情况，制定详细的讯问提纲，采取适宜该未成年人的方式进行，讯问用语应当准确易懂。

讯问未成年犯罪嫌疑人，应当告知其依法享有的诉讼权利，告知其如实供述案件事实的法律规定和意义，核实其是否有自首、立功、检举揭发等表现，听取其有罪的供述或者无罪、罪轻的辩解。

讯问未成年犯罪嫌疑人，应当通知法定代理人到场，告知法定代理人依法享有的诉讼权利和应当履行的义务。

讯问女性未成年犯罪嫌疑人，应当有女检察人员参加。

第十一条　讯问未成年犯罪嫌疑人一般不得使用戒具。对于确有人身危险性，必须使用戒具的，在现实危险消除后，应当立即停止使用。

公安机关办理刑事案件程序规定

第三百一十二条　讯问未成年犯罪嫌疑人，应当通知未成年犯罪嫌疑人的法定代理人到场。无法通知、法定代理人不能到场或者法定代理人是共犯的，也可以通知未成年犯罪嫌疑人的其他成年亲属，所在学校、单位、居住地基层组织或者未成年人保护组织的代表到场，并将有关情况记录在案。到场的法定代理人可以代为行使未成年犯罪嫌疑人的诉讼权利。

到场的法定代理人或者其他人员提出办案人员在讯问中侵犯未成年人合法权益的，公安机关应当认真核查，依法处理。

第三百一十三条第一款　讯问未成年犯罪嫌疑人应当采取适合未成年人的方式，耐心细致地听取其供述或者辩解，认真审核、查证与案件有关的证据和线索，并针对其思想顾虑、恐惧心理、抵触情绪进行疏导和教育。

第三百一十四条　讯问笔录应当交未成年犯罪嫌疑人、到场的法定代理人或者其他人员阅读或者向其宣读；对笔录内容有异议的，应当核实清楚，准予更正或者补充。

▶ 42. 学校和未成年人保护组织可否未经未成年被告人及其法定代理人的同意旁听庭审？

【宣讲要点】

对于审判时被告人不满 18 周岁的案件，人民法院应当不公开审理本案。但是，学校和未成年人保护组织可否未经未成年被告人及其法定代理人的同意旁听庭审？

我国法律规定，经未成年被告人及其法定代理人同意，未成年被告人所在学校和未成年人保护组织可以派代表到场。也就是说学校和未成年人保护组织旁听庭审的前提是征得未成年被告人及其法定代理人的同意。法律作此规定的主要理由是考虑到了未成年人的自身特点。未成年人尚处于成长发育的阶段，心理与生理发育得都不太成熟。未成年人由于犯罪已经蒙上了一层心理阴影，法庭的严肃性更会让未成年人感到恐慌与害怕。据实际统计得出的结论：未成年被告人所在学校或者未成年人保护组织的代表到场有利于缓解未成年被告人紧张、焦虑的情绪，有利于庭审工作的顺利进行，更有利于感化与教育未成年人。因为，未成年人所在的学校或者未成年人保护组织更了解未成年人的身心特点与需求。他们会让未成年人感到舒适。

同时，由于审判时不满 18 周岁的案件适用不公开审理的规则，未成年人所在的学校或者未成年人保护组织代表旁听法庭审理也必须尊重未成年被告人及其法定代理人的意见，取得他们的同意。并且，这些主体旁听法庭审理的过程中，也要尊重法庭纪律。不得大声喧哗，随意走动。

总之，未成年人所在的学校或者未成年人保护组织代表旁听法庭审理必须征得未成年被告人及其法定代理人的同意。参加庭审的这些主体也要是有利于保护未成年被告人利益的。

【典型案例】

2010 年 7 月的一天下午，同案被告人徐某、于某以及赵某在操场踢球。被告人徐某不慎撞到李某，徐某与李某语言不和，二人争吵起来，双方约定当晚在学校树林后面斗殴。当天晚上，徐某找到于某和赵某，李某找到社会上的闲散人员，双方在学校树林后进行打架斗殴。徐某和于某被打成重伤，对方李某也被徐某刺伤大腿。警方将这些人逮捕归案。后来，人民法院对徐某、于某、赵某以及李某等人判处了相应的刑罚。在庭审过程中，被告人所在学校派出的代表在征得了未成年被告人及其法定代理人的同意后参加了本案的庭审。由于本案涉及罪犯人数较多，社会影响较大，人民法院将其作为典型案例发布。在发布案例前，人民法院将未成年被告年李某、于某、徐某和赵某的姓名隐去。

【专家评析】

本案是一起典型的未成年被告人犯罪的案件。案例中有两处值得注意的点。一是被告人所在学校派出的代表在征得了未成年被告人及其法定代理人的同意后参加了本案的庭审。刑事诉讼法第274条规定："审判的时候被告人不满18周岁的案件，不公开审理。但是，经未成年被告人及其法定代理人同意，未成年被告人所在学校和未成年人保护组织可以派代表到场。"本案未成年被告人所在的学校在征得了被告人及其法定代理人的同意后派出代表旁听了本案的庭审。这种做法有利于缓解未成年被告人紧张、恐惧的心理，是有利于未成年被告人利益的。二是人民法院在发布典型案例时，隐去了同案几个未成年被告人的姓名。根据刑事诉讼法的规定，对于未成年被告人犯罪案件的报道，媒体要隐去被告人的姓名和个人信息，不得将被告人的姓名和个人信息直接报道出来。本案人民法院在发布典型案例时，隐去了同案中几个被告人的姓名，保护了未成年被告人的隐私。人民法院的这种做法是值得肯定的。

【法条指引】

中华人民共和国刑事诉讼法

第二百七十四条 审判的时候被告人不满十八周岁的案件，不公开审理。但是，经未成年被告人及其法定代理人同意，未成年被告人所在学校和未成年人保护组织可以派代表到场。

▶ 43. 针对人民检察院作出的附条件不起诉决定不服的，被告人及其辩护人、被害人及其诉讼代理人可以怎么做？

【宣讲要点】

人民检察院会依照刑事诉讼法第271条对未成年被告人作出附条件不

起诉的决定。如果被告人及其辩护人、被害人及其诉讼代理人对附条件不起诉决定不服的，该怎么办？

首先，我们需要了解关于附条件不起诉的相关概念。所谓附条件不起诉，是指对于涉嫌实施刑法第4章、第5章和第6章犯罪的未成年被告人，可能被判处1年以下的有期徒刑，并且具有悔罪表现的，人民检察院可以对符合起诉条件的作出附条件不起诉的决定。在作出附条件不起诉决定前，人民检察院要听取公安机关、被害人的意见。附条件不起诉制度设立的目的是给予未成年被告人一次改过自新的机会，避免因服刑而对其带来的身心摧残。附条件不起诉的考验期为6个月以上1年以下。

其次，被害人及其诉讼代理人对于附条件不起诉决定不服的，有三种救济途径。一是被害人及其诉讼代理人可以直接向人民法院起诉；二是被害人及其诉讼代理人可向人民检察院提出申诉，请求人民检察院支持公诉；三是被害人对于上一级检察院维持申诉决定的，可以向人民法院提起刑事自诉。期限都是在收到附条件不起诉决定的7日内。

最后，被告人及其辩护人对附条件不起诉决定不服的，可以向人民检察院提出异议。该主体提出异议的主要理由就是未成年被告人不构成犯罪或者依法属于免除刑事责任的情形，因此不满足附条件不起诉的条件。为了保障未成年被告人的合法权益，给予其一个证明清白的机会，人民检察院应当作出起诉决定。

【典型案例】

张某，16周岁，系某大学的大一学生。张某的家境并不好。由于父母老来得子，张某被家人惯坏了。进入大学后，由于张某的同宿舍同学生活条件都比较不错，经常出入饭店，穿着也很时尚，张某很是羡慕。张某不停地向家里索要生活费，学着同宿舍同学买衣服，买苹果手机，生怕自己低人一等。张某的父母对此虽然不太高兴，但怕委屈了孩子就每月多给张某一些钱。

有一天，张某见同宿舍杨某在床上玩游戏。张某问其用的是什么数码产品。杨某告诉他是平板电脑。张某见后非常喜欢，也想买来玩。周末，张某来到数码店，看中了一台苹果16G的平板电脑，但5000元的价格让张某感到震惊。张某回家后央求父母买给自己。张某的父母已经忍耐了张某很久。这次，张某的父母狠狠地批评了张某，希望他以后能勤俭生活。张某非常生气与失望，他决定自己想办法买一台平板电脑。

回到宿舍后，张某发现杨某的平板电脑经常不锁在柜子里，只是放在床上，便经常趁杨某不在，拿出来玩玩。尔后，张某渐渐产生了盗窃的念头。一日，张某和同学都去上课。上课间隙，张某折回宿舍把杨某的平板电脑锁在了自己的柜子里。下课回到宿舍后，杨某发现自己的平板电脑不见了，四处寻找。杨某随后报警。警察来到宿舍后，张某一时心虚便向警方投案自首，说出了实情，交出了杨某丢失的平板电脑。

警方以张某涉嫌盗窃罪向人民检察院移送审查起诉。经审查，人民检察院认为，虽然被告人张某存在盗窃行为，但是张某积极自首，并退还了平板电脑。因此，人民检察院对未成年被告人作出了附条件不起诉的决定。人民检察院将决定通知了公安机关和杨某。杨某听到后非常不能接受，他不能忍受自己身边的人偷盗自己的东西。杨某向人民检察院提起申诉。张某的父母找到杨某，向其赔礼道歉，保证张某以后再也不会了。张某也给杨某真诚地道歉，说自己是一时糊涂。人民检察院复查后，依旧作出了不起诉决定。杨某也没有再次申诉。人民检察院对被告人张某考验6个月。

【专家评析】

本案中，未成年被告人张某因为一时糊涂犯下大错。好在其悔罪态度良好，人民检察院根据刑事诉讼法的规定，对其作出了附条件不起诉的决定。但是，被害人杨某对人民检察院所作出的附条件不起诉决定不服，向人民检察院提起申诉，请求人民检察院支持公诉。刑事诉讼法第271条第2款规定："对附条件不起诉的决定，公安机关要求复议、提请复核或者被害人申诉的，适用本法第一百七十五条、第一百七十六条的规定。"刑事诉讼法第176条明确规定："对于有被害人的案件，决定不起诉的，人民检察院应当将不起诉决定书送达被害人。被害人如果不服，可以自收到决定书后七日以内向上一级人民检察院申诉，请求提起公诉。……”本案中，被害人杨某对人民检察院的附条件不起诉决定不服向人民检察院提起申诉的行为是正确的。如果人民检察院的复查维持了附条件不起诉的决定，杨某可以向人民法院提起刑事自诉，追究被告人张某的法律责任。

同时，刑事诉讼法第271条第3款规定：“未成年犯罪嫌疑人及其法定代理人对人民检察院决定附条件不起诉有异议的，人民检察院应当作出起诉的决定。”如果未成年被告人张某对人民检察院的附条件不起诉决定不服的，他们可以向人民检察院提出异议。人民检察院应当作出起诉的决定。当然，在本案这种情况下，未成年被告人张某是不会对人民检察院的附条件不起诉提出异议的。因为张某并不存在不构成犯罪或者依法属于免除其刑事责任的理由。

对于附条件不起诉的期限，刑事诉讼法第272条第2款规定：“附条件不起诉的考验期为六个月以上一年以下，从人民检察院作出附条件不起诉的决定之日起计算。”本案的人民检察院依照本条规定为未成年被告人张某设定了6个月的考验期。在考验期内，被告人张某要遵守相关义务规定，否则人民检察院会撤销附条件不起诉决定，对未成年被告人张某提起公诉。

【法条指引】

中华人民共和国刑事诉讼法

第一百七十五条 对于公安机关移送起诉的案件，人民检察院决定不起诉的，应当将不起诉决定书送达公安机关。公安机关认为不起诉的决定有错误的时候，可以要求复议，如果意见不被接受，可以向上一级人民检察院提请复核。

第一百七十六条 对于有被害人的案件，决定不起诉的，人民检察院应当将不起诉决定书送达被害人。被害人如果不服，可以自收到决定书后七日以内向上一级人民检察院申诉，请求提起公诉。人民检察院应当将复查决定告知被害人。对人民检察院维持不起诉决定的，被害人可以向人民法院起诉。被害人也可以不经申诉，直接向人民法院起诉。人民法院受理案件后，人民检察院应当将有关案件材料移送人民法院。

第二百七十一条 对于未成年人涉嫌刑法分则第四章、第五章、第六章规定的犯罪，可能判处一年有期徒刑以下刑罚，符合起诉条件，但有悔罪表现的，人民检察院可以作出附条件不起诉的决定。人民检察院在作出附条件不起诉的决定以前，应当听取公安机关、被害人的意见。

对附条件不起诉的决定，公安机关要求复议、提请复核或者被害人申诉的，适用本法第一百七十五条、第一百七十六条的规定。

未成年犯罪嫌疑人及其法定代理人对人民检察院决定附条件不起诉有异议的，人民检察院应当作出起诉的决定。

人民检察院刑事诉讼规则（试行）

第四百九十四条第二款 上述复议、复核、申诉的审查由公诉部门或者未成年人犯罪检察工作机构负责。

▶ 44. 公诉案件当事人可以和解吗？

【宣讲要点】

新修订的刑事诉讼法增加了“当事人和解的公诉案件诉讼程序”。因此，对于符合法律规定情形的公诉案件，当事人是可以和解的。对于这个新增制度，我们需要掌握以下几点：

（1）当事人和解的主体。法律规定，双方当事人可以进行和解。这里的双方当事人是指犯罪嫌疑人、被告人和被害人。值得注意的是，本程序适用于公诉案件。所以，自诉案件的自诉人与被告人不包括在内。

（2）当事人和解的适用范围。法律规定，并不是一切公诉案件都可以适用当事人和解程序。只有符合当事人和解的适用范围的案件，当事人才可以进行和解。这类案件是：双方当事人因民间纠纷引起，被告人涉嫌侵犯人身、民主权利的犯罪或者侵犯财产犯罪的案件且可能判处3年有期徒刑以下刑罚，或者除渎职犯罪以外的可能判处7年有期徒刑以下刑罚的过失犯罪案件。但是对于犯罪嫌疑人、被告人在5年以内曾经故意犯罪的，当事人之间不能适用和解程序。

（3）当事人和解的方式。首先，被告人必须是真诚悔罪。真诚表明了被告人的态度是自愿的，希望获得被害人及其家属的谅解。悔罪，是指被告人认识到了自己犯罪行为的严重性，悔恨自己的行为。其次，被告人可以通过赔偿损失、赔礼道歉等多种方式获得被害人的谅解。最后，被告人必须是在自愿的基础上与对方和解的。这更是司法机关介入和解程序的前提条件。

（4）当事人和解的适用程序。当事人和解程序适用于刑事诉讼审判终结前的各个阶段。因此，公安机关、人民检察院和人民法院都应该对当事人和解的自愿性和合法性进行审查，听取当事人和相关人员的意见。当事人之间同意和解的，上述司法机关应当出具和解协议书。如果双方当事人达成了和解协议，并且及时履行完毕，一方当事人提起附带民事诉讼的，人民法院不予支持。除非存在和解协议是非法作出的，即和解协议违反了合法、自愿的原则。

（5）当事人和解的法律效果。对于当事人和解的案件，公安机关、人民检察院可以提出从宽处理的建议。对于犯罪情节轻微的刑事案件，人民检察院可以作出附条件不起诉的决定。人民法院可以在量刑时，对被告人从宽处理，减轻或者从轻处罚。

【典型案例】

2012年9月，犯罪嫌疑人牛某由于着急取些东西，就把车停在了小区的人行道上。碰巧邻居王某的车经过。由于牛某的车横在路上，王某的车便不能经过。王某很是气愤。牛某出来后，见到邻居王某便主动赔礼道歉。但是王某并不领情，训斥了牛某。随后2人发生争执并动起手来。犯罪嫌疑人牛某把其打成轻伤。王某向公安机关报案。公安机关在侦查后以犯罪嫌疑人牛某涉嫌故意伤害罪向人民检察院移送审查起诉。在该案审查起诉期间，承办检察官发现，牛某在案发后，能够如实供述自己的犯罪事实，自愿一次性赔偿被害人各种损失28000元，具有悔过表现，情节符合刑事诉讼法中关于刑事和解的相关规定。随后，在办案人员的主持下，双方当事人见面并进行沟通。经过一番努力，牛某主动认错，得到被害人王某的谅解，双方签订了和解协议，冰释前嫌，握手言和。

【专家评析】

在本案中，犯罪嫌疑人牛某因为琐事将其邻居王某打成轻伤，属于因民间纠纷而发生的轻微刑事案件，在案发后，犯罪嫌疑人牛某认罪态度良好、真诚悔罪，向被害人王某赔偿了损失，犯罪嫌疑人牛某的行为得到了被害人王某的谅解。根据刑事诉讼法第277条第1款“因民间纠纷引起，涉嫌刑法分则第四章、第五章规定的犯罪案件，可能判处三年有期徒刑以下刑罚的规定”，犯罪嫌疑人、被告人真诚悔罪，通过向被害人赔偿损失、赔礼道歉等方式获得被害人谅解，被害人自愿和解的，双方当事人可以和解。

在办案人员的主持下，双方当事人见面并进行沟通，双方当事人同意和解并签订和解协议的行为，符合刑事诉讼法第278条“双方当事人和解的，公安机关、人民检察院、人民法院应当听取当事人和其他有关人员的意见，对和解的自愿性、合法性进行审查，并主持制作和解协议书”的规定。

本案是在审查起诉阶段，犯罪嫌疑人牛某与被害人王某达成和解协议的，所以根据刑事诉讼法第279条规定，人民检察院可以向人民法院提出从宽处罚的建议，对于犯罪情节轻微，不需要判处刑罚的，可以作出不起诉的决定。

当事人和解的公诉案件诉讼程序是中国特色的司法制度的创新。该制度的目的，一是为了促进诉讼效率的提高；二是为了促进社会的和谐与稳定。公诉案件要消耗大量的司法资源。从公安机关侦查到人民检察院审查起诉、提起公诉再到人民法院依法审判交由监狱机关执行。这些程序无疑是复杂而繁琐的。对于特定的危害不大、犯罪嫌疑人或者被告人认罪态度良好的案件，通过当事人和解程序，可以大大提升诉讼效率，同时也节省了大量的司法资源。同时，当事人在自愿与合法的基础上进行和解，也有利于化解社会矛盾，促进社会的和谐。我国一贯崇尚“和为贵”的精神，当事人公诉案件和解程序便是该精神在刑事诉讼领域的具体体现。

【法条指引】

中华人民共和国刑事诉讼法

第二百七十七条 下列公诉案件，犯罪嫌疑人、被告人真诚悔罪，通过向被害人赔偿损失、赔礼道歉等方式获得被害人谅解，被害人自愿和解的，双方当事人可以和解：

（一）因民间纠纷引起，涉嫌刑法分则第四章、第五章规定的犯罪案件，可能判处三年有期徒刑以下刑罚的；

（二）除渎职犯罪以外的可能判处七年有期徒刑以下刑罚的过失犯罪案件。

犯罪嫌疑人、被告人在五年以内曾经故意犯罪的，不适用本章规定的程序。

第二百七十八条 双方当事人和解的，公安机关、人民检察院、人民法院应当听取当事人和其他有关人员的意见，对和解的自愿性、合法性进行审查，并主持制作和解协议书。

第二百七十九条 对于达成和解协议的案件，公安机关可以向人民检察院提出从宽处理的建议。人民检察院可以向人民法院提出从宽处罚的建议；对于犯罪情节轻微，不需要判处刑罚的，可以作出不起诉的决定。人民法院可以依法对被告人从宽处罚。

最高人民法院关于适用《中华人民共和国刑事诉讼法》的解释

第五百零二条 和解协议约定的赔偿损失内容，被告人应当在协议签署后即时履行。

和解协议已经全部履行，当事人反悔的，人民法院不予支持，但有证据证明和解违反自愿、合法原则的除外。

第五百零三条　双方当事人在侦查、审查起诉期间已经达成和解协议并全部履行，被害人或者其法定代理人、近亲属又提起附带民事诉讼的，人民法院不予受理，但有证据证明和解违反自愿、合法原则的除外。

第五百零四条　被害人或者其法定代理人、近亲属提起附带民事诉讼后，双方愿意和解，但被告人不能即时履行全部赔偿义务的，人民法院应当制作附带民事调解书。

第五百零五条　对达成和解协议的案件，人民法院应当对被告人从轻处罚；符合非监禁刑适用条件的，应当适用非监禁刑；判处法定最低刑仍然过重的，可以减轻处罚；综合全案认为犯罪情节轻微不需要判处刑罚的，可以免除刑事处罚。

……

▶ 45. 犯罪嫌疑人、被告人的近亲属和其他利害相关人在没收违法所得的案件的审理中应当遵循什么样的程序?

【宣讲要点】

首先简要介绍一下什么是没收违法所得程序。它规定在刑事诉讼法特别程序里的第 3 章，称为犯罪嫌疑人、被告人逃匿、死亡案件违法所得的没收程序，具体是指对于贪污受贿犯罪、恐怖活动犯罪等重大犯罪案件，犯罪嫌疑人、被告人逃匿，在通缉 1 年后不能到案，或者犯罪嫌疑人、被告人死亡，依照刑法规定应当追缴其违法所得及其他涉案财产的，由人民检察院提出申请，人民法院审理后裁定予以没收的程序。有关没收程序的规定是为了满足严厉打击贪污受贿犯罪、恐怖活动犯罪等严重犯罪活动，及时追缴犯罪活动违法所得及其他涉案财物的需要，并且为切实履行我国已加入的反腐败国际公约及有关反恐怖问题决议里的国际公约义务而作出的。

那么犯罪嫌疑人、被告人的近亲属和其他利害相关人在没收违法所得的案件的审理中应当遵循什么样的程序呢?

根据法律规定，没收违法所得的申请，由犯罪地或者犯罪嫌疑人、被告人居住地的中级人民法院组成合议庭进行审理。人民法院在受理没收违法所得的申请后发出公告，公告期间为6个月。公告形式有张贴布告和在报纸、刊物、网络上发布消息等，公告内容包括需要没收犯罪嫌疑人、被告人违法所得及其涉案财产的情况等。

在公告期间，犯罪嫌疑人、被告人的近亲属和其他与所审理案件涉及财产有利害关系的人有权申请参加诉讼，也可以委托诉讼代理人参加诉讼。因为涉及对犯罪嫌疑人、被告人相关财产的没收或处分，但此时犯罪嫌疑人、被告人不在案或者死亡，那么赋予其近亲属参与诉讼以维护其合法权益是必要的。同样的，“其他利害关系人”，即犯罪嫌疑人、被告人的近亲属以外的与所审理案件涉及财产有利害关系的人，没收违法所得的案件审理的结果很有可能将影响到其权益，故而也应赋予这些人参与诉讼的权利。一般来说，申请的提出要在公告期内，但是如果公告期满，犯罪嫌疑人、被告人的近亲属和其他利害相关人能够合理说明理由，并提供证明申请没收的财产为其所有的证据材料的，人民法院也应当准许。

对于没有犯罪嫌疑人、被告人的近亲属、其他利害关系人申请参加诉讼的，人民法院可以进行书面审理，但必须组成合议庭进行，不可采取独任审判。对于利害关系人提出申请的，应当开庭审理，审理程序参照第一审普通程序。经过审理，人民法院可作出两种裁定：一是经查证属于违法所得及其他涉案财产，除依法返还被害人的以外，应当裁定予以没收；二是对不属于应当追缴的财产的，应当裁定驳回申请，解除查封、扣押、冻结措施。对于人民法院的裁定结果，犯罪嫌疑人、被告人的近亲属和其他利害关系人或者人民检察院可以提出上诉、抗诉。上诉、抗诉的期间为5日，从收到裁定书的次日起计算。而关于如何提出上诉、抗诉，接受上诉、抗诉的法院如何进行处理等，可以参照新刑事诉讼法对一审裁定不服的上诉、抗诉以及第二审人民法院审理上诉、抗诉案件的有关规定执行。

【典型案例】

李某是某地国税局局长，自2002年当上局长以来，利用职务上的便利收取贿赂达到4000余万元。因害怕东窗事发受到刑事处罚，李某很早就开始谋划出逃方案，他将资产进行转移，并为自己准备护照。2010年，李某事发，其迅速利用先前准备好的护照潜逃国外，并一直滞留在国外。因该国与我国并无刑事引渡条约，所以无法要求引渡李某回国接受审判。在工作中，检察机关发现李某留下的不动产多达4处，现已有相关的行贿者证明这些房产中有两栋别墅系其受贿所得。鉴于犯罪嫌疑人李某不回国，不能到案，且根据法律规定，应当追缴其违法所得及其他涉案财产，故当地人民检察院依法向中级人民法院提出了没收李某违法所得的申请。人民法院受理申请之后，依法发布公告，公布了相关情况。在公告期内，李某的妻子孙某申请参加诉讼。

公告期满后，人民法院依法组成合议庭，开庭审理没收李某违法所得一案。

【专家评析】

在司法实践当中，有些案件的犯罪嫌疑人、被告人长期潜逃或者已经死亡，如果按照一般的诉讼原则和适用程序就无法进行审判，那么对国家、集体或者被害人造成的经济损失就无法挽回。这种情况在贪污腐败案件当中尤为常见。如果任其横行，不建立有效的财产追回制度，不仅无法挽回相应的经济损失，更重要的是不能有力打击贪污腐败犯罪。因此，我国这次修改刑事诉讼法在特别程序一编中增加了“犯罪嫌疑人、被告人逃匿、死亡案件违法所得的没收程序”一章，并对具体程序作出明确规定，以此建立有效的财产追回制度。当然，追缴违法所得及其他涉案财产时要注意不能够损害其他人的合法权益，因此要给予犯罪嫌疑人、被告人的近亲属和其他利害相关人申请参加诉讼的权利，这有利于法官了解具体情况，对利害关系人的合理请求予以支持。

本案当中，被告人的妻子孙某作为被告人的近亲属与检察机关申请扣押、查封、冻结的财产有利益上的关系，认为如果查封、扣押将损害到自己的利益，故提出申请参加诉讼，合法合理。法院在接受申请之后组成合议庭开庭审理，可依法作出予以没收或者驳回申请的裁定。

【法条指引】

中华人民共和国刑事诉讼法

第二百八十一条 没收违法所得的申请，由犯罪地或者犯罪嫌疑人、被告人居住地的中级人民法院组成合议庭进行审理。

人民法院受理没收违法所得的申请后，应当发出公告。公告期间为六个月。犯罪嫌疑人、被告人的近亲属和其他利害关系人有权申请参加诉讼，也可以委托诉讼代理人参加诉讼。

人民法院在公告期满后对没收违法所得的申请进行审理。利害关系人参加诉讼的，人民法院应当开庭审理。

第二百八十二条 人民法院经审理，对经查证属于违法所得及其他涉案财产，除依法返还被害人的以外，应当裁定予以没收；对不属于应当追缴的财产的，应当裁定驳回申请，解除查封、扣押、冻结措施。

对于人民法院依照前款规定作出的裁定，犯罪嫌疑人、被告人的近亲属和其他利害关系人或者人民检察院可以提出上诉、抗诉。

最高人民法院关于适用《中华人民共和国刑事诉讼法》的解释

第五百一十三条 对申请没收的财产主张所有权的人，应当认定为刑事诉讼法第二百八十一条第二款规定的“其他利害关系人”。

犯罪嫌疑人、被告人的近亲属和其他利害关系人申请参加诉讼的，应当在公告期间提出。犯罪嫌疑人、被告人的近亲属应当提供其与犯罪嫌疑人、被告人关系的证明材料，其他利害关系人应当提供申请没收的财产系其所有的证据材料。

犯罪嫌疑人、被告人的近亲属和其他利害关系人在公告期满后申请参加诉讼，能够合理说明原因，并提供证明申请没收的财产系其所有的证据材料的，人民法院应当准许。

第五百一十四条 公告期满后，人民法院应当组成合议庭对申请没收违法所得的案件进行审理。

利害关系人申请参加诉讼的，人民法院应当开庭审理。没有利害关系人申请参加诉讼的，可以不开庭审理。

第五百一十五条　开庭审理申请没收违法所得的案件，按照下列程序进行：

（一）审判长宣布法庭调查开始后，先由检察员宣读申请书，后由利害关系人、诉讼代理人发表意见；

（二）法庭应当依次就犯罪嫌疑人、被告人是否实施了贪污贿赂犯罪、恐怖活动犯罪等重大犯罪并已经通缉一年不能到案，或者是否已经死亡，以及申请没收的财产是否依法应当追缴进行调查；调查时，先由检察员出示有关证据，后由利害关系人发表意见、出示有关证据，并进行质证；

（三）法庭辩论阶段，先由检察员发言，后由利害关系人及其诉讼代理人发言，并进行辩论。

利害关系人接到通知后无正当理由拒不到庭，或者未经法庭许可中途退庭的，可以转为不开庭审理，但还有其他利害关系人参加诉讼的除外。

第五百一十六条　对申请没收违法所得的案件，人民法院审理后，应当按照下列情形分别处理：

（一）案件事实清楚，证据确实、充分，申请没收的财产确属违法所得及其他涉案财产的，除依法返还被害人的以外，应当裁定没收；

（二）不符合本解释第五百零七条规定的条件的，应当裁定驳回申请。

第五百一十七条　对没收违法所得或者驳回申请的裁定，犯罪嫌疑人、被告人的近亲属和其他利害关系人或者人民检察院可以在五日内提出上诉、抗诉。

第五百一十八条　对不服第一审没收违法所得或者驳回申请裁定的上诉、抗诉案件，第二审人民法院经审理，应当按照下列情形分别作出裁定：

（一）原裁定正确的，应当驳回上诉或者抗诉，维持原裁定；

（二）原裁定确有错误的，可以在查清事实后改变原裁定；也可以撤销原裁定，发回重新审判；

（三）原审违反法定诉讼程序，可能影响公正审判的，应当撤销原裁定，发回重新审判。

第五百二十条 在审理案件过程中，被告人死亡或者脱逃，符合刑事诉讼法第二百八十条第一款规定的，人民检察院可以向人民法院提出没收违法所得的申请。

人民检察院向原受理案件的人民法院提出申请的，可以由同一审判组织依照本章规定的程序审理。

第五百二十一条 审理申请没收违法所得案件的期限，参照公诉案件第一审普通程序和第二审程序的审理期限执行。

公告期间和请求刑事司法协助的时间不计入审理期限。

▶ 46. 对强制医疗决定不服的该怎么做？

【宣讲要点】

强制医疗程序，即依法不负刑事责任的精神病人的强制医疗程序，是指对实施暴力行为，危害公共安全或者严重危害公民人身安全，经法定程序鉴定依法不负刑事责任的精神病人，有继续危害社会的可能的，由人民法院决定予以强制医疗的程序。因为精神病人失去了辨别控制能力，那么其在不具备刑事责任能力的情况下对其实施的危害行为并不负刑事责任。但是也不能对其放任不管，威胁社会公共安全。因此，出于维护社会秩序，防止其继续实施危害行为损害他人的人身、财产安全的目的，同时也是出于保障精神病人的健康，帮助其积极治疗，早日恢复的目的，新修订的刑事诉讼法规定了强制医疗程序，对这些精神病人给予一定的人身自由限制并对其采取强制医疗措施。

对精神病人强制医疗的，由人民法院来决定。公安机关发现精神病人符合强制医疗条件的，应当写出强制医疗意见书，移送人民检察院。对于公安机关移送的或者在审查起诉过程中发现的精神病人符合强制医疗条件的，人民检察院应当向人民法院提出强制医疗的申请。人民法院在审理案件过程中发现被告人符合强制医疗条件的，可以作出强制医疗的决定。

人民法院在受理强制医疗的申请之后，应当组成合议庭进行审理。对于被申请人或者被告人符合强制医疗条件的，应当在 1 个月以内作出强制医疗的决定。被决定强制医疗的人、被害人及其法定代理人、近亲属对强制医疗决定不服的，可以向上一级人民法院申请复议。

对不服强制医疗决定的复议申请，上一级人民法院应当组成合议庭审理，并在 1 个月内作出复议决定。复议决定有三种：一是被决定强制医疗的人符合强制医疗条件的，应当驳回复议申请，维持原决定；二是被决定强制医疗的人不符合强制医疗条件的，应当撤销原决定；三是原审违反法定诉讼程序，可能影响公正审判的，应当撤销原决定，发回原审人民法院重新审判。合议庭应根据个案情况，妥当运用自由裁量权，依法作出合法合理的决定。

【典型案例】

2012 年 11 月 30 日下午，宋某在北京地铁 2 号线鼓楼大街站将正在候车的李某推下站台，致其肋骨骨折。2013 年 1 月 6 日，经法医鉴定，宋某为精神病人不负刑事责任。次日，宋某被释放，并于同日被采取临时保护性约束措施。此案在庭审中，海淀检方认为宋某可能具有社会危险性，建议对其强制医疗。宋某的家人则表示，自己有条件进行看护并为其治疗，并保证不再发生危害社会的行为，请求法院驳回检方申请。

一审法院经审理后认为，宋某有继续危害社会的可能，于 2013 年 3 月 17 日对宋某作出予以强制医疗的决定。决定作出后，宋某的母亲作为其法定代理人，向北京市第一中级人民法院申请了复议。

市第一中级人民法院在受理了强制医疗决定的复议申请后，依法组成合议庭进行审理。在查阅卷宗后，承办此案的法官专程前往北京市安康医院，不仅亲自会见宋某本人，还针对其病情及治疗现状，向宋某主管医生进行了详细的询问，并听取了宋某法定代理人、诉讼代理人及被害人的意见，同时征求了检察机关的意见。法官在认真研究案情并综合考量目前宋某的疾病程度、治疗状态及其监护人的看管情况后，认为宋某有多年的精神病史，在其被诊断患有精神分裂症后曾在多家医院接受治疗，但病情一直未能有效缓解，案发前曾多次发生过暴力性伤人毁物的行为，曾经踹坏过小区内停放的车辆，也曾打伤过他人。因此，宋某目前仍存在继续危害社会的可能，他的法定代理人无法保证其不再作出危害社会安全的举动，应当予以强制医疗。最终合议庭作出驳回复议申请，维持原决定的复议决定。

【专家评析】

根据刑事诉讼法第287条之规定，被决定强制医疗的人、被害人及其法定代理人、近亲属如果认为被决定强制医疗的人未患精神病或者虽患精神病但不符合强制医疗条件，对强制医疗决定不服的，可以向作出强制医疗决定的人民法院的上一级人民法院申请复议，即申请重新审查。上一级人民法院对于不服强制医疗决定的复议申请，应当组成合议庭进行审理，并在1个月之内作出复议决定。

在本案当中，一审法院经审理对宋某作出予以强制医疗的决定。决定作出后，宋某的母亲作为其法定代理人，不服一审法院作出的强制医疗决定，向北京市第一中级人民法院申请了复议。北京市第一中级人民法院在认真研究案情之后，作出了驳回复议申请，维持原决定的复议决定。

至于本案的复议结果，我们结合强制医疗措施实施的条件和本案具体情况可以看出，宋某将被害人李某推下站台，致其肋骨骨折，是实施了暴力行为，严重危害公民人身安全。并且经法定程序鉴定，宋某确实属于依法不负刑事责任的精神病人。而在考察目前宋某的疾病程度、治疗状态及其监护人的看管情况后，法院认为其有继续危害社会的可能性，因此作出了维持原决定的复议决定，这一决定合法合理。

【法条指引】

中华人民共和国刑事诉讼法

第二百八十七条　人民法院经审理，对于被申请人或者被告人符合强制医疗条件的，应当在一个月以内作出强制医疗的决定。

被决定强制医疗的人、被害人及其法定代理人、近亲属对强制医疗决定不服的，可以向上一级人民法院申请复议。

最高人民法院关于适用《中华人民共和国刑事诉讼法》的解释

第五百三十四条　人民法院在审理第二审刑事案件过程中，发现被告人可能符合强制医疗条件的，可以依照强制医疗程序对案件作出处理，也可以裁定发回原审人民法院重新审判。

第五百三十五条　人民法院决定强制医疗的，应当在作出决定后五日内，向公安机关送达强制医疗决定书和强制医疗执行通知书，由公安机关将被决定强制医疗的人送交强制医疗。

第五百三十六条　被决定强制医疗的人、被害人及其法定代理人、近亲属对强制医疗决定不服的，可以自收到决定书之日起五日内向上一级人民法院申请复议。复议期间不停止执行强制医疗的决定。

第五百三十七条　对不服强制医疗决定的复议申请，上一级人民法院应当组成合议庭审理，并在一个月内，按照下列情形分别作出复议决定：

（一）被决定强制医疗的人符合强制医疗条件的，应当驳回复议申请，维持原决定；

（二）被决定强制医疗的人不符合强制医疗条件的，应当撤销原决定；

（三）原审违反法定诉讼程序，可能影响公正审判的，应当撤销原决定，发回原审人民法院重新审判。